한반도 안보 리포트 2025

한반도 안보 리포트 2025

북한의 군사력 및 전쟁위협 평가

2025년 8월 19일 1쇄 찍음
2025년 8월 27일 1쇄 펴냄

엮은이 국방대학교 국가안전보장문제연구소
지은이 박영준, 함형필, 김태현, 강동수, 김영준, 손한별

편집 김천희·김찬호
디자인 김진운
마케팅 유명원

펴낸이 윤철호
펴낸곳 ㈜사회평론아카데미
등록번호 2013-000247(2013년 8월 23일)
전화 02-326-1545
팩스 02-326-1626
주소 (03993) 서울특별시 마포구 월드컵북로6길 56
홈페이지 www.sapyoung.com
이메일 academy@sapyoung.com

ISBN 979-11-6707-191-0 93340

한반도 안보 리포트 2025

북한의 군사력 및 전쟁위협 평가

국방대학교 국가안전보장문제연구소 편

박영준 함형필 김태현 강동수 김영준 손한별 지음

사회평론아카데미

머리말

『한반도 안보 리포트 2025』 발간에 붙여

박영준(국방대학교 국가안보문제연구소장)

미국과 일본을 포함한 주요 국가들은 자신들의 안보정책을 수립함에 있어서 자국의 안보에 현재적 혹은 잠재적 위협이 되는 국가의 안보정책이나 군사능력을 면밀하게 평가하는 작업을 소홀히 하지 않는다. 미국의 경우 2000년대 이후 국방부가 중심이 되어 매년 중국 안보정책과 군사능력에 관한 보고서를 작성하여 의회에 보고해오고 있다.[1] 일본의 경우도 방위성 산하 방위연구소가 중심이 되어 자국의 잠재적 위협 대상이라고 간주하는 중국의 안보정책에 관한 리포트를 매년 발간하고 있다.[2]

....

1 최근 발간된 보고서는 아래 참조. U.S. Department of Defense, Military and Security Developments involving the People's Republic of China: 2024 (Department of Defense, 2024).

2 최근 발간된 방위연구소의 중국안전보장 리포트는 아래 참조. 防衛研究所, 『中国安全保障レポート2025—台頭するグローバルサウスと中国』(2025). 일본 방위연구소는 이 보고서를 일

한국의 국가안보정책을 생각할 때, 가장 큰 안보위협의 대상인 북한의 군사능력과 의도를 정확하게 파악한다는 것은 무엇보다도 중요한 과제가 아닐 수 없다. 국방부나 합참 등 주요 정책 부서에서는 소관 부서를 중심으로 북한의 국방이나 군사정책을 면밀히 분석하고 있다. 그럼에도 불구하고, 국내 연구기관 가운데 북한의 군사능력이나 그 의도를 지속적으로 심도 있게 분석하는 작업은 그다지 눈에 띄지 않는다. 이러한 현실에 대한 반성과 문제의식을 바탕으로 국방대학교 국가안보문제연구소는 2024년도 정책현안연구과제로서 "북한군사리포트: 북한의 전쟁수행역량과 전략"을 기획하여 교내외 전문가들로 필진을 구성하여 보고서 간행을 추진했고, 동시에 러시아-우크라이나 전쟁 및 이스라엘-하마스 분쟁을 중점적으로 분석하면서, 한반도 미래전쟁의 양상을 전망해 보는 정책현안연구과제로서 "두 개의 전쟁과 미래 전쟁" 연구를 추진하여, 북한이 한반도에서 수행할 수 있는 미래전쟁 양상을 전망해 보았다.

이들 연구과제들은 원래 비매품으로 간행하여 국방부와 합참, 각군 등에 정책참고자료로 제공해 오는 것이 관례였다. 그러나 북한의 군사능력이나 의도, 그리고 한반도에서의 미래전쟁 가능성에 대한 연구자들의 분석 결과가 우리의 안보 및 국방정책 수립의 핵심적인 토대가 됨은 필지의 사실이다. 때문에 이 연구결과를 사회 전체에 널리 공유하여 보다 광범위한 국민적 공감대 속에 우리의 안보나 국방정책을 수립하는 것이 필요하다는 판단하에 두 개의 보고서 가운데 북한 군사 관련 연구를 재편집, 보완하여 『한반도 안보 리포트

....

본어본 외에도 영문본 및 중문본으로도 간행하고 있다.

2025: 북한의 군사력 및 전쟁위협 평가』의 제하에 일반 독자들에게 제공하기로 결정하였다.

본서는 북한의 '전쟁역량과 군사전략'의 핵심 분야를 핵전력과 전략, 재래식 군사력과 군사전략, 국방과학기술과 군수공업, 대외 군사관계, 미래 군사도발 및 전쟁 양상 등 다섯 가지 영역으로 구분하여, 관련 전문가들이 체계적으로 분석하고 평가하고자 하였다.

제1장에서는 MIT 대학에서 핵공학 분야로 박사학위를 취득하고 국방부와 외교부 등 정책부서에서 우리의 북핵대응정책 수립에 깊이 관여해온 KIDA의 함형필 박사가 북한의 핵능력과 핵전략을 집중적으로 분석한다. 함 박사는 북한이 자신의 핵전략을 구현하는 데 필요한 최적 규모의 핵능력을 최대한 확보하려 할 것이라는 가정을 전제로 핵전략과 핵능력을 실체적으로 규명한다. 북한의 현재 핵능력을 핵프로그램(핵연료주기), 전문인력, 시설, 핵물질 생산능력 등으로 평가한 다음 핵무기 보유량을 추정하며, 연간 핵물질 생산수준을 토대로 향후 핵능력의 발전 추이와 핵전력 규모를 전망한다. 또한 북한 핵전력을 운반하는 핵 투발수단을 유형별, 종류별로 분석하여 제시하면서, 각각의 체계가 어떤 목적과 표적을 대상으로 활용될 수 있는지를 분석하고 있다. 마지막으로, 북한 핵무기에 대한 관리 및 유지, 유사시 사용을 위한 지휘통제체계를 이론적으로 분석하고 그 중 북한에 적용 가능한 모델을 식별하여 제시한다.

제2장에서는 국방대학교에서 북한 군사 분야를 다년간 연구하고 교육해온 김태현 교수가 북한의 재래식 군사력과 군사전략을 분석한다. 특히 2023년 12월부터 북한이 '새로운 전략노선'으로 공표한 '영토평정' 전략에 주목하면서, 김 교수는 북한의 재래식 군사전

력 발전추세와 특징, 비대칭적 요소 등이 영토평정과 무력통일 노선을 구현하기 위한 수단의 하나로서 의의를 갖고 있다는 시각을 제시한다. 북한 재래식 군사력을 분석함에 있어, 김 교수는 공개 출처(open sources)의 다양한 자료를 활용하여 10-20년간 남북한 군사력 균형의 추세를 비교분석하고, 이에 기초하여 북한 군사력 변화와 지속의 의미를 포착하려 하고 있다. 특히 제1장에서 분석되고 있는 북한 핵능력 및 핵전략의 변화 양상과 연계하여, 김 교수는 북한 군사전략이 재래식-핵의 배합전략(CNI, Conventional Nuclear Integration) 양상을 갖고 있음을 강조하고 있다. 이를 통해 북한의 영토평정 전략이 핵 및 재래식 전력 증강이라는 수단을 토대로 공세적 목표를 달성하기 위한 군사전략임을 제시하고 있다.

제3장에서는 컴퓨터 공학을 전공한 국방대학교 국방과학학부의 강동수 교수가 북한의 국방과학기술과 군수공업을 분석한다. 북한은 과학기술과 관련된 논문, 특허 등의 연구활동이 활발한 편이 아니지만, 공개된 자료분석과 문헌 연구를 통해 북한의 과학기술 현황 분석을 시도하고 있다. 북한은 제8기 제9차 전원회의(2023.12.)를 통해 핵무기생산 지속 방침을 밝혔고, 정찰위성 발사 추진 및 현대전 특성에 부합하는 무인 장비들과 전자전 수단 개발을 표명하고 있어 이에 대한 기술 수준을 진단하고 있다. 특히, 북한의 사이버전자전, 탄도미사일, 우주(위성, 발사체) 등 첨단과학기술 분야와 연계된 전력발전 추세를 분석하고 있다. 북한은 핵개발 자금을 지원하기 위한 목적으로 암호화폐 개발과 병행하여 금융기관에 대한 사이버공격 및 랜섬웨어범죄를 더욱 증대할 것으로 예상되며 첨단기술을 탈취하기 위한 북한의 해킹도 지속될 것으로 전망된다. 강 교수의 연구는 북한의

핵개발 및 다양한 군사수단 개발을 뒷받침해온 북한 과학기술 관련 제도적 기반과 능력에 대한 새로운 조망을 제시할 것이다.

제4장에서는 냉전기 북러 관계로 미국 캔사스 대학에서 박사학위를 취득한 국방대 김영준 교수가 북한의 대외 군사관계 전반을 다룬다. 김 교수는 북한의 대외 군사관계를 동맹외교, 방산 및 무기이전, 군비통제와 군축, 국제 분쟁관리 등 네 가지 분야에 걸쳐 분석하고 정책적인 함의를 제시하고 있다. 특히 김교수는 북한이 주체사상 중심의 자력 갱생을 위한 핵미사일 능력 강화와 경제 성장을 위한 병진 노선을 넘어서, 러시아와의 적극적인 동맹 외교, 핵미사일 능력 개발을 통한 북한식 방산 수출 및 무기이전, 국제 군비 경쟁 속에서 핵 무장 국가로서 군비통제와 군축 정세를 활용한 핵보유 국가로 지위를 인정받는 데 국가적 노력을 집중하고 있음을 분석한다. 무엇보다, 최근 러시아-우크라이나 전쟁 장기화 과정에서 북한과 러시아가 체결한 '포괄적 전략동반자 조약' 분석을 통해 북러군사협력 관계를 집중적으로 분석하면서, 향후 북한의 대외관계가 무기거래와 기술이전, 연합훈련 등 다양한 군사협력으로 이어질 수 있는 가능성을 전망할 것이다.

마지막으로, 제5장에서는 국방대학교에서 핵전략 및 동맹문제를 연구하고 교육해온 손한별 교수가 북한의 미래 도발 양상을 전망하고, 한반도에서 발생 가능한 다양한 군사 분쟁 시나리오를 분석한다. 이 장에서 중점적으로 다루는 연구대상은 한반도에서 군사 충돌을 촉진하거나 억제하는 국제적·지역적 허용요인과 정치, 외교, 군사, 경제, 사회, 정보적 영향요인이다. 특히, 미중 전략경쟁의 장기화, 남북한 간 정치외교적 긴장 지속, 북한 내부의 정치사회적 불안정성과 같은 허용요인을 강조하면서, 한반도의 전쟁 양상이 양국의 군사력 및 전략만으로 결정되지 않음을 강조한다. 이에 따라 북한이 군사적 도발과 전쟁을 감행할 가능성을 장기 군사경쟁(회색지대 위협), 역내 지역분쟁에의 연루, 국지도발 및 제한전, 그리고 핵무기를 포함한 전면전 등 네 가지 주요 시나리오로 구분하여 심층적으로 평가한다. 특히 북한이 자체 핵능력에 대한 과도한 자신감, 중국이나 러시아와의 전략적 협력 강화, 사이버와 우주 공간의 무기화 등을 활용하여 제한적 도발이나 전면적 침략을 시도할 가능성을 분석하고, 이에 따른 한국과 한미동맹의 전략적 대응방향도 제시하고 있다.

이와 같은 구성을 갖는 본서는 북한 군사 분야의 각 주제들에 대해 개별적인 연구자들이 분담하여 집필하였기 때문에, 체제의 불일치나 상호 내용의 중복 등 미비한 점들이 적지 않을 것으로 생각한다. 그러나 북한의 군사능력과 그 의도에 대해 국방대학교 국가안보문제연구소 같은 연구기관이 지속적이고 심도 있는 분석과 연구를 소홀히 하고, 그 연구 결과를 관련 정부 부서뿐 아니라, 우리 사회와 널리 공유하지 않는 것은 직무유기에 다름 아니라고 생각한다. 비록 첫 시도여서 불비한 점이 있겠지만, 이 같은 한반도 안보정세 및 북한군사전략과 능력에 대한 평가를 향후에는 매년 추진하여, 그 결과를 일반 국민들과 공유하는 노력을 지속하겠다는 다짐을 드린다. 부디 첫 번째 간행되는 『한반도 안보 리포트 2025』 보고서가 정부 관련 부서에서 우리의 안보정책을 수립하는 데, 그리고 북한 문제를 바라보는 우리 사회의 인식에 공감대를 형성하는 데 조금이라도 기여하기를 바라는 마음 간절하다.

차례

제1장

북한의 핵능력과 핵전략

함형필(한국국방연구원 안보전략연구센터)

북한은 헌법에 핵보유국을 명시하는 등 핵능력 확보를 공식화하고 있다. 이러한 북한의 행보는 단순히 수사적 표현에 그치는 것이 아니라 "핵반격 가상종합전술훈련" 등 실전 준비를 방불케 하는 핵무기 운용 연습에까지 이르고 있다. 특히, 북한은 2021년 1월 8일 개최한 제8차 당대회에서 핵무력 강화 정책을 공식 선언한 이후 전술핵무기 개발 및 전력화에 주안을 두면서 탄도미사일, 순항미사일, SLBM 등 다양한 전술·전략핵 투발 수단을 개발하는 데 박차를 가하고 있다. 한편으로 대남 선제 핵공격을 위협하면서 다른 한편으로는 대미 타격능력 확보에 열을 올리고 있는 양상이다. 북한은 어떤 핵전략를 추구하기에 이러한 능력을 추구할까? 그리고 북한은 궁극적으로 핵무기를 어떻게 활용하고자 하는 것인가? 또한 북한은 핵

* 이 장은 국방대 국가안보문제연구소의 2024년도 정책현안연구과제인 "북한군사리포트: 북한의 전쟁수행역량과 전략"의 일부를 보완한 것임을 밝힙니다.

개발 및 핵전력 구축 관점에서 최종 목표로 하는 상태를 기준으로 현재 어떤 수준에 도달했는가 등을 규명하는 문제는 한반도 및 글로벌 안보에 있어서 초미의 관심사이다. 이번 장에서는 이러한 연구 질문을 중심으로 북한의 핵전략과 핵능력에 대해 자세히 알아보고자 한다.

I. 북한의 핵전략 현황과 향후 변화 전망

1. 북한의 핵전략과 핵개발 목표

1) 북한 핵전략 정의와 주요 특징

한미에 비해 재래식 전력이 열세한 북한은 핵교리 측면에서, 핵무기에 적극적인 임무와 역할을 부여하고자 하는 강한 동기가 있는 것으로 보인다. 북한의 김정은 정권은 유사시 전면적 핵전쟁으로의 확전(nuclear escalation) 위협을 통해 미국의 군사개입과 전시 증원을 억제, 저지, 지연, 방해함과 동시에 남한 주요 표적에 대한 핵·재래식 전력을 결합한 효과적인 타격작전 수행을 통해 승리를 달성할 수 있다는 믿음을 가질 것이다. 이를 위해 북한은 미국과 자신은 물론, 중·러 등 주변국들이 받아들일 수 있는 수준으로 한반도 무력분쟁의 수준과 범위를 제한하고자 할 것으로 예상된다. 물론 북한이 이러한 능력을 확보했는지, 아니면 미래에 확보할 수 있는지 하는 문제와는 별개로 북한이 의도적으로 한반도 분쟁을 제한하려고 시도한다면 이러한 통제 능력의 보유 여부는 주요한 변수가 될 전망이다.

이러한 논리적 토대 위에서 북한의 핵전략은 소위 "핵 확전 위협을 통한 제한핵전쟁 또는 제한핵전 수행전략"으로 정의할 수 있다. 결국 북한의 핵전략은 재래식 전력에 의한 군사력 충돌 시에도 전술핵의 사용 가능성을 열어두면서 핵전력과 재래식 전력을 배합 또는 결합하는 형태의 확전 위협을 추구한다는 측면에서 현재 러시아의 핵교리(escalate-to-de-escalate)와 가장 유사한 모습을 보이고 있으며, 냉전 초창기 미국의 핵전략과도 어느 정도 유사성을 가진다고 할 수 있다. 미국의 핵전략은 전반적으로 냉전기뿐 아니라 탈냉전 이후에도 방위전략보다는 억제전략의 성격이 강하다고 볼 수 있지만, 북한의 핵전략은 평시의 억제보다는 억제가 실패한 상황, 즉 유사시에 대비한 "전쟁 수행 전략"으로서의 측면이 강한 특징을 갖고 있다. 즉, 북한의 전략적 의도는 높은 수준의 전쟁 수행 태세 구축을 통해 평시 전쟁 억제도 달성하면서 위기 및 유사시에 대해서도 동시에 대비하겠다는 의도로 풀이된다.

무엇보다 최근까지 북한이 단거리 탄도미사일(SRBM) 개발에 집중해 왔다는 점에서 일면 파키스탄의 핵전략과도 유사한 측면이 있으나, 파키스탄의 핵무기는 인도에 대한 전략적 억제에 중점을 두고 있지만, 북한은 이를 실제 전장 환경에서 핵타격 또는 핵·재래식 배합 등 전술적인 목적으로 사용하려 할 가능성이 있다는 점에서 다소간 상이하다고 할 수 있다.

결국 북한의 전략적 의도는 자신의 강점을 최대한 활용하기 위해 핵 및 재래식 통합 공격을 가함으로써, 한국군 작전 수행에 직접적인 타격을 입힐 수 있는 주요 표적들을 일거에 무력화한 가운데 미국에 대한 직접타격 위협을 통해 북한의 승리를 보장하기 위해 미국의 한반도 적시 증원 및 결정적인 핵보복을 확실하게 차단하고자 하려는 것으로 정리할 수 있다.

이러한 전략 구상을 뒷받침하기 위해 북한은 2022년 9월 8일 핵무력정책의 법제화를 통해 소위 공세적인 성격의 핵 교리로의 전환을 시도했다는 것이 일반적인 평가다. 2013년 발표한 '자위적 핵보유국 지위법'에서는 핵무기의 역할을 억제·보복·격퇴 등으로 명시함으로써, 수세적 혹은 방어적 임무 수행에 주안을 두었다. 이처럼 2013년 처음으로 공개된 북한의 핵 교리가 방어적인 목적에 주안을 둔 방어적 핵 교리였다면, 2022년 핵무력정책 법령은 핵 선제타격(nuclear preemptive strike) 및 선제 핵사용(nuclear first use) 등 분쟁 시 핵무기의 적극적 개입을 전제하는 공세적 핵 교리를 표방하고 있다.

혹자는 북한이 전략핵을 교환하는 전면 핵전쟁의 위험까지 감수하는 것은 무모하다고 주장할 수 있지만, 반대로 북한은 미국이 이러한 전면핵전 위험 감수를 혐오한다는 점을 악용함으로써, 오히려 자신이 추구하는 한반도에서의 제한핵전 성공에 대한 환상을 가질 수 있다는 점을 간과해서는 안 된다.

북한은 의도한 제한핵전 상황에서 자신의 우세를 유지하기 위해서는 최소한 다음과 같은 물리적 또는 비물리적 조건(Warden 2018)을 충족해야만 한다. 첫째, 북한은 미국이 북한의 핵사용 문턱이 충분히 낮다는 인식을 갖도록 유도해야 한다. 이것은 미국에서 한반도 사태 개입에 대한 심사숙고와 확전에 대한 경계를 불러오는 데 도움이 될 수 있다. 결국 북한은 미국이 한반도에서 핵 확전 통제(nuclear escalation control) 또는 핵 강압 자체가 불가능하다는 인식을 갖도록 신뢰할 만한 위협을 부과할 수 있어야 한다. 둘째, 북한은 미국에 상당한 위협을 가함과 동시에 어느 정도 자신이 상정한 위기 상황을 원하는 대로 통제할 수 있을 정도의 유의미한 수준의 핵능력, 즉 미국과 대등하지는 않더라도 충분하게 핵전쟁을 통제할 수 있는 능력 수준에 도달해야 한다. 즉 미국 또는 미국의 의사결정자에 대해 충분한 영향력을 발휘할 수 있어야만 한다. 셋째, 북한은 전구 핵전쟁(theater nuclear war)과 전략 핵전쟁(strategic nuclear war) 간 명확한 구분을 할 수 있는 능력을 갖춰야 한다. 북한의 ICBM 역량은 언제든 미국 본토 공격을 감행할 수 있는 능력으로서, 미국의 대(對)확전(counter escalation) 실행 노력을 저지하기 위해 활용되어야 한다. 북한에 의한 전구 차원의 핵교전이 동아시아 확전, 또는 전략 핵전쟁이나 글로벌 전쟁으로 확전될 가능성 자체가 미국 스스로 자신에 대한 억제력(자제력 또는 통제력)으로 작용할 수 있기 때문이다. 넷째, 북한은 실질적으로 다수의 지상 및 해상, 수중표적 등을 대상으로 다양하게 타격할 수 있는 충분한 핵공격 역량을 구비해야 한다. 이를 뒷받침하기 위해서는 표적화, 핵무기 폭발 효과분석 등에 대한 광범위한 핵무기 운용 관련한 지원 역량도 갖춰야 한다.

2) 북한의 핵전략 목표

북한은 최단 시일 내 핵전략 구현에 필요한 핵무력을 건설하고, 이를 토대로 '완성된 전쟁 수행 태세 구축'을 일관성 있게 추진하고 있다. 김정은과 김여정은 각종 연설과 담화를 통해 핵무기의 사명(임무) 및 역할을 핵공격 억제에 한정하지 않고 있다. 그들은 핵무력의 기본 사명이 전쟁 억제에 있으나, 둘째가는 사명으로 억제 이상의 목적을 언급하는 등 핵 선제사용 및 전쟁 수행(제2의 사명) 가능성을 시사한 바 있다.

2023년 4월 25일 김정은은 조선인민혁명군 창건 제90주년 경축 열병식에서 행한 연설을 통해 "우리 핵무력의 기본 사명은 전쟁을 억제함에 있지만…… 우리의 핵이 전쟁 방지라는 하나의 사명에만 속박되어 있을 수는 없습니다. 어떤 세력이든 우리 국가의 근본이익을 침탈하려 든다면 우리 핵무력은 의외의 자기의 둘째가는 사명을 결단코 결행하지 않을 수 없을 것입니다."라고 언급했다. 한편, 2023년 4월 4일 김여정은 개인 명의의 담화를 통해 "전쟁 초기에 주도권을 장악하고 타방의 전쟁 의지를 소각하며 장기전을 막고 자기의 군사력을 보존하기 위해서 핵전투무력이 동원되게 된다. 이런 상황에까지 간다면 무서운 공격이 가해질 것이며 남조선군은 괴멸, 전멸에 가까운 참담한 운명을 감수해야 할 것이다."라고 위협했다. 이는 북한 핵전략이 한미동맹의 선제공격과 강압을 억제하여 정권의 생존을 보장하는 현상유지적이며 방어적인 억제전략에만 머무르지 않겠다는 것을 시사한다. 비록 북한이 한미동맹에 비해 재래식 전력 측면에서는 절대적 열세에 놓여 있지만, 현재 북한의 군사태세는 수도권을 직접 위협하는 수백 문의 장사정포와 70% 이상의 전진 배치된 재래식 전력 운용 등을 통해 전쟁 억제라는 소기의 목적을 달성하는 데에는 부족함이 없는 상태이다. 그러므로, 북한의 핵무기 개발은 사실상 억제 이상의 목적을 달성하기 위한 지향점, 즉 핵전쟁 수행 태세 구축을 정조준하고 있다고 봐야 할 것이다.

우선 북한은 중장기적인 핵전략 목표로서 '전쟁 수행 태세 완비를 통한 충분한 억제력의 바탕 위에서 한반도의 현상변경을 위한 군사 주도권 확보'를 추구하고 있는 것으로 보인다. 북한은 2023년 말 개최된 당중앙위 제8기 9차 전원회의, 2024년 시정연설 발언 등을 통해 대내외적인 환경만 허락한다면 유사시 "한반도 영토완정"이라는 목표를 추구할 의지가 있음을 표명했다. 이는 대외를 향한 위협 차원의 메시지 발신이라기보다는 북한이 처한 현실을 직시하면서 북한 내부의 관련 인원들에 목표 달성을 독려하고 더욱 매진하라는 신호 전달의 의미로 해석된다.

무엇보다도 북한은 공세적 핵전략을 구현하기 위해 ▲미국 본토에 대한 신뢰할 수 있는 전략핵 보복 역량과 ▲실효적인 대남 전술핵 공격 능력의 확보가 절실히 필요한 것이다. 김정은은 생존성이 보장된 미국에 대한 제2격(보복) 능력의 구비와 함께 한반도 또는 한반도 인근에 대한 효과적인 전술핵 공격 능력을 확보한다면, 유사시 미군의 한반도 지원을 충분히 저지, 방해 또는 차단할 수 있다고 인식할 가능성이 크다. 이를 통해 한미동맹을 균열, 와해 또는 분리(de-coupled)시키고, 나아가 한반도의 군사 주도권을 확보하겠다는 것이 평양의 핵전략이 지향하는 최우선적인 목표로 분석된다. 이런 전략적 기조 아래 ▲한미 연합연습 중단, ▲전략자산 전개 중지 등을 평상시 지속 요구하면서 ▲한미일 공조체제 균열, ▲주한미군의 대(對)한반도 영향력 감소, ▲대북제재 해제 또는 무력화 등에 대한 압박을 강화하고 있다.

2. 북한 핵개발의 최종상태[1]

북한이 궁극적으로 확보하고자 하는 핵전력의 규모는 핵전략 목표와 밀접한 관계를 가진다. 현재 기준으로 볼 때, 북한은 미국에 대한 전략핵 보복 능력과 전술핵 공격 역량을 확보하기 위해 최종적으로 최소 300기 이상의 다양한 투발 수단으로 구성된 핵전력을 확보할 것으로 판단된다.[2] 이를 위해서는 무엇보다 김정은 정권이 이를 달성하는 데 요구되는 정치적, 군사적, 경제적, 기술적 제약 요인들을 여하히 극복하느냐가 관건이 될 전망이다. 현재 세계적으로 북한을 포함하여 총 9개 국가가 핵무기를 보유하고 있다. 그중에서 500기 이상의 핵무기를 보유한 미국, 러시아, 중국 등이 핵 강대국을 형성하고, 그 뒤를 이어 프랑스와 영국이 350기 내외의 중간 규모의 핵전력을 구비하고 있다. 그 외에 인도와 파키스탄이 약 150~200기 정도의 전력 규모를 유지하고 있고, 이스라엘은 약 90기 내외의 소규모 핵전력을 운영하는 것으로 알려져 있다(Davenport 2023).

그렇다면 과연 북한은 온갖 어려움에도 불구하고 자신의 체제 유지와 핵전략 목표를 달성하는 데 필요한 핵전력의 최적 규모 및 구성을 어떻게 판단하고 추구할 것인가? 북한 정권이 추구하는 핵전력 완성의 최종상태를 가늠하는 문제는 정보 접근의 한계로 인해 거의 불가능에 가깝지만, 나름대로 합리적인 추론을 통해 논리적으

....

1 함형필(2024, 105-107).

2 참고로 브루스 베넷·최강 외(2023, 18)에서는 김정은이 최소 300~500개의 핵전력을 계획하고 있으며, 2030년경 300개의 문턱에 도달할 수 있을 것으로 평가한다. 박용한·이상규(2023)도 북한의 핵무기 목표 수량을 300기 내외로 평가했다.

로 접근해 보는 것도 의미가 있다. 우선, 북한이 추구하는 핵전략 목표를 달성하기 위해서는 충분한 대미 핵보복 및 타격 역량을 갖춰야 한다. 이를 위해서는 유사시 미국 또는 한미동맹의 선제적 재래식 거부작전으로부터 분산, 은폐, 방호 등을 통해 핵전력의 생존성을 확보하고 난 다음, 핵미사일 발사와 미국의 미사일 방어망을 성공적으로 회피한 후 미국 본토에 상당한 타격을 가할 수 있는 역량을 갖춰야 한다.

북한은 전략핵 수단으로 현재까지 고체 및 액체연료 ICBM과 전략핵잠수함(SSBN) 등 2축 체계를 중점적으로 개발하고 있다. 이러한 전략핵 투발 수단에는 기본적으로 고위력, 즉 최소 200kt 이상의 위력을 가진 수소탄(핵융합탄) 핵탄두를 장착할 개연성이 크다. 한편, 북한의 기술력이나 경제력을 고려컨대, 북한이 전략핵 3축을 완성하기 위해 외부 지원이 일절 없이 자체적으로 전략폭격기를 확보하는 시나리오는 기술적·경제적 제약성으로 인해 거의 실현되기 어려울 것으로 보인다. 향후 예상되는 북한의 전역핵무기를 포함한 전략핵 역량은 다음과 같은 추정치를 토대로 볼 때, 최소 총 110~120기 정도에 이를 것으로 판단된다. 우선, 북한은 고체 및 액체 ICBM(지상 및 수중 silo, TEL)으로 약 30기[3] 정도가 필요해 보이며, 전략핵잠수함 및 잠수함발사탄도탄(SLBM)은 최소 3척에서 약 30기[4] 정도를 운영해야 할 것으로 보인다. 이에 더하여 인도·태평양 각 지역

....

3 ICBM 4개 기지에서 각 기지당 TEL 2기×2발 총 16기, 지상 사일로 10기, 수중 사일로 4기 등 운용을 가정한 것으로 현 미국 GBI 요격률 57% 가정 시 이 중 절반가량은 미국 본토를 직접 위협할 수 있을 것으로 고려한 추정치.

4 잠수함 1척당 10기의 발사관 탑재를 감안한 추정치.

에 분산된 표적을 위협할 수 있는 전역핵무기(IRBM) 약 50~60기[5] 정도를 추가 소요로 확보할 것으로 전망된다.

또한, 북한은 유사시 한반도를 석권하고 한미동맹으로부터 제한전 승리를 달성하는 데 필요한 충분한 전술핵 역량도 구비해야 한다. 이를 위해 북한은 2023년 초 표준화된 전술핵 탄두인 '화산-31'을 공개한 바 있고 이를 운반할 8종의 다종화된 핵무기 투발 수단까지 공개한 바 있다. 북한은 여러 계기에 유사시 한국군의 지휘시설, 비행장, 항만 등을 전술핵 공격의 핵심적인 표적으로 천명하고 있다. 이를 토대로 한반도 전체에 대한 석권 및 주요 군사표적 타격에 필요한 전술핵 역량은 총 180~200기 정도에 이를 것이며, 그 구성은 다음과 같이 추정된다. 우선, 북한은 지휘시설 타격용 핵탄두로 약 40기,[6] 비행기지 타격용 핵탄두로 약 80기,[7] 항만 타격용 핵탄두로 약 40기,[8] 그리고 기타 표적 타격 및 전략예비용 핵탄두로 약 20~40기[9] 정도의 수량을 확보하려고 할 것으로 보인다.

이를 종합해 보면, 북한은 미국에 대한 직접 타격을 위해 100여 기 내외, 대남 타격을 위한 전술핵 약 200기 내외 등을 모두 합쳐 총 300기 이상의 핵전력 보유를 최종 목표로 추구할 것으로 판단된다. 이것은 영국 및 프랑스에는 못 미치지만, 인도 및 파키스탄의 핵능력을 다소간 웃도는 규모이다. 실제 이처럼 중간 규모의 핵전력을

....

5 인도 태평양 지역의 주요 미군 기지(하와이, 괌, 알래스카 등) 및 유엔사 후방기지 등 표적 수를 고려한 추정치.

6 북한이 공언한 대로 작전사급 이상 지휘시설에 각각 4발씩 타격할 것으로 예상한 추정치.

7 북한이 공언한 대로 군 비행기지에 각각 4발씩 타격할 것으로 예상한 추정치.

8 북한이 공언한 대로 군 항만에 각각 4발씩 타격할 것으로 예상한 추정치.

9 기타 남한의 대도시 또는 기동전력에 대한 타격, 기타 예비용을 고려한 추정치.

생산 및 유지 관리하기 위해서는 상당한 규모의 시설과 인력 등 인프라를 유지해야 하며, 생존성 확보와 의도치 않은 사용 및 접근을 방지하기 위한 안전 및 보안체계, 견고한 핵 지휘통제 체계의 발전 등 경제 및 과학기술적 뒷받침도 필수적으로 뒤따라야 한다.

II. 북한의 핵능력 평가[10]

1. 현재 핵능력 평가

1) 핵탄두

2021년 1월 8일 제8차 당대회에서 북한은 순수 핵분열탄, 수소탄 등 2종류의 핵탄두 개발 사실을 공식화했다. 북한은 현재까지 총 6번의 핵실험을 통해 축구공 형태의 핵분열탄과 땅콩 형태의 수소탄 등 2종류의 핵탄두 성능을 확인한 바 있으며, 실물을 대내외에 전격적으로 공개했다.

그간 북한의 발표를 종합해 보면, 2023년 공개한 '화산-31'은 북한이 제8차 당대회에서 언급한 '소형·경량화, 규격화, 전술무기화된 원자탄'이라는 사실을 나타낸다. 즉, 이는 전술무기화된 핵탄두로서, 북한이 2016년 공개한 축구공 형태의 핵분열탄에서 발전된 형태로서 컴퓨터 시뮬레이션이나 고폭실험 등 지속적인 개량 작업을 통해 전술 무기화했다는 것을 알 수 있다.

....

10 함형필(2024)을 참조하여 정리함.

그림 1-1 북한이 공개한 3종류의 핵탄두 모형. (위부터 시계 방향으로) 핵분열탄두, 핵융합탄두(수소탄), 전술핵탄두(화산-31)

표 1-1 제8차 당대회 사업총화보고에서 공개된 핵·미사일 개발 현황

개발 완료된 무기체계	전략무기 5대 과업(개발 예정)
i. 초강력 다연발 공격무기 초대형 방사포 ii. 소형·경량화, 규격화, 전술무기화된 원자탄 및 초대형 수소탄 iii. 전술핵무기: 압도적 상용탄두 위력의 신형전술미사일, 중장거리 순항미사일 iv. 중거리탄도미사일: 화성-12형 v. 대륙간탄도미사일: 화성-15형 vi. 전지구권타격미사일: 신형ICBM(액체) vii. 북극성 계열 수중 및 지상발사탄도 미사일: 북극성-1·3형, 북극성-2형	① 다양한 전술핵무기 개발 및 초대형 핵탄두 생산 ② 15,000km 사정권 명중률 제고 - 다탄두개별유도기술(MIRV) 연구사업 마감단계 ③ 극초음속 활공비행 전투부 시험 제작 ④ 수중 및 지상 고체발동기 ICBM 개발 ⑤ 핵잠수함 및 수중발사 핵전략무기 보유 - 중형잠수함 무장 현대화 목표의 기준 설정 및 시범 개조 - 핵잠수함(SSBN) 설계연구 종료 및 최종심사단계 * 군사정찰위성 설계 완성, 500km 종심 정찰 무인기 개발

출처: 『조선중앙통신』(2021.1.9.) 발표 내용을 토대로 정리.

북한은 2013년 5월 노동신문 기사를 통해 15kt 이하 위력을 갖는 것을 소형화의 개념으로 밝힌 바 있다. 따라서 북한이 공개한 화산-31의 위력은 대략 5~15kt 수준인 것을 알 수 있으며, 화산-31은 대량생산을 위한 규격화 조건도 갖춘 것으로 보인다. 특히, 화산-31 직경은 기존 축구공 형태의 핵분열탄 탄두에 비해 직경이 다소 줄어든 약 50cm 내외이므로, 북한의 주장처럼 최소한 8종류의 투발 수단[11]에 탑재가 가능할 것으로 보인다. 이 외 나머지 활용할 수 있는 핵탄두는 핵분열탄 또는 1Mt 이상의 초대형 수소탄으로서 미국의 전략 표적이나 인도·태평양 지역의 주요 핵심표적을 타격하기 위한 중거리 탄도탄(IRBM) 이상의 전략적 투발 수단에 탑재될 것으로 추정된다.

2024년 초 스톡홀름 군축연구소(SIPRI)는 2023년 말 기준 북한은 50여 기의 핵탄두를 보유하고 있으며, 이에 더해 40여 기의 핵탄두를 제조할 수 있는 핵분열성 물질도 보유하고 있다고 발표하였다(SIPRI 2024). 만약 북한이 이를 전량 무기화했다고 가정한다면 2023년 말 기준으로 최대 100여 기의 핵탄두를 이미 확보했다고 볼 수 있다.[12] 특히, SIPRI는 북한이 2017년 수소탄 실험을 한 차례 수행한 것 이외에는 추가적으로 농축우라늄을 사용한 적이 없다는 점에 착안하여 열핵무기 제조에는 아주 적은 양의 농축우라늄이

....

11 2023.3.27. 김정은의 핵무기병기화 사업 지도 시 〈화산-31〉 표준형 핵탄두와 탑재할 8가지의 투발 수단 공개: 1) 초대형 방사포(KN-25), 2) 무인수중공격정(해일-1&2형), 3) 화살-1형, 4) 화살-2형, 5) 신형전술유도무기, 6) KN-24, 7) 전술유도탄(KN-30), 8) 소형 전술 SLBM 등.

12 한편 데이비드 올브라이트 ISIS 소장은 2023.4.10. 보고서를 통해 전량 순수 핵분열탄 기준으로 2022년 말 현재 55~96기(중간값 72기)를 북한이 보유하고 있다고 평가했다.

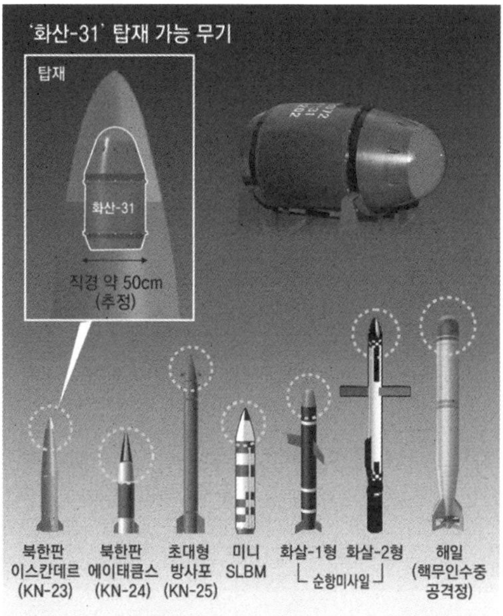

그림 1-2 화산-31 탑재 추정 핵투발 수단

출처: 『동아일보』(2024.9.13.).

사용되었으며, 대부분의 농축우라늄은 단일단계의 핵분열탄 제조에 사용되어 준중거리 탄도미사일(MRBM)이나 중거리탄도미사일(IRBM)에 사용된 것으로 평가한다.

순수 핵분열탄을 기준으로 놓고 보면, 핵무기 제조에는 플루토늄(Pu)과 무기급 우라늄(WGU) 등 무기급 핵물질이 필요하다. 북한은 현재까지 총 6차례의 재처리를 통해 약 70kg의 Pu을 확보하였고 무기급 우라늄도 영변과 기타 시설에서 매년 상당한 양을 생산하고 있는 것으로 알려져 있다.[13] 산술적으로 현재의 핵물질 생산 용량을 기준으로 보면, 북한은 매년 약 8~10기 정도의 핵탄두를 제조할 수 있을 것으로 보인다. 그렇다면 북한이 원하는 핵전력 구성을 위

13 국방부(2022, 29). 2025년 초 북한은 7번째 재처리 활동을 실시하고 있는 것으로 추정된다. 연합뉴스(2025.3.8.).

한 최종 목표인 300기에 도달하기 위해서는 적어도 20년 이상의 추가적인 시간이 필요해 보인다. 물론 북한은 핵물질의 생산 속도를 높이기 위해 생산설비를 개선하거나 설비의 용량을 추가로 증설할 수도 있고,[14] 핵탄두의 설계 변경을 통해 핵물질 소요량을 줄임으로써 충분한 핵무기를 생산하는 데 필요한 시간을 앞당길 수도 있다. 그러나 어떠한 경로를 선택하더라도 최소 10년 이상의 추가 시간은 필요할 것으로 판단된다.

2) 대미 전략핵 타격과 대남 전술핵 공격 능력

북한이 미국 본토를 직접 타격하기 위한 전략핵 수단으로 개발하고 있는 것은 ICBM과 전략핵잠수함(SSBN) 등 2종류이다. 우선, 북한은 ICBM으로서 총 네 종류의 미사일 유형을 개발하고 있다. 그중 화성-15형(액체)은 북한이 2017년 11월 최초 시험발사한 이후 이미 개발을 완료하였고 단일 탄두를 탑재할 것으로 보인다. 이에 더하여 북한은 15,000km 사거리를 가지며 다탄두를 탑재할 가능성이 높은 '전지구권 타격미사일'로 불리는 화성포-17형(액체)도 시험발사를 완료하였다. 현재까지 화성-15형은 총 3차례의 고각발사 방식의 시험발사를 수행하여 3번 모두 성공함으로써, 대체로 비행 안정성 및 신뢰성을 확보한 것으로 보이지만, 아직 제대로 된 정상각도 시험발사를 수행하지 않음으로써 완전한 수준의 탄두 재진입 성능을 입증하지는 못했다고 볼 수 있다.

....

14 북한은 2024년 9월 최초로 원심분리기가 설치된 우라늄농축시설을 전격 공개하고 기존보다 분리능력이 개선된 개량형 원심분리기 개발 사실을 공개 천명하였다. 조선중앙통신(2024.9.13.).

표 1-2 북한의 주요 핵투발 수단 개발 현황

구분	작전 운용 가능	양산/작전 배치	연구/개발
전략 (ICBM급)	-	화성-15형 ICBM	화성-17·18·19 ICBM, 북극성-3·4·5, 대형 SLBM, 전략핵잠
전역 (IRBM급)	무수단, 화성-12형	-	극초음속미사일(글라이더형, 원추형), 고체 IRBM
전술 (MRBM급 이하)	스커드 계열(B, C, ER, 귀날개형), 노동, KN-23(이스칸데르) 계열 전술유도무기, 신형전술유도무기	북극성-1·2형, 소형 전술SLBM, 해일-1·2형, 화살-1·2형, 중형잠수함	핵추진잠수함

출처: 북한의 조선중앙통신 및 노동신문 발표를 토대로 저자 작성.

한편, 화성-17형의 경우 북한은 현재까지 8차례의 고각발사 방식의 시험발사를 수행하였지만, 그중에서 가장 최근인 2023년에 발사한 2차례의 시험발사만 성공함으로써, 아직은 충분한 신뢰성을 확보하지는 못했다고 볼 수 있다. 나아가 최초의 고체 ICBM인 화성-18형은 2023년 2차례(4.13, 7.12.)의 고각발사 방식의 시험발사를 모두 성공한 바 있다. 또한, 이를 더욱 개량한 화성-19형은 2024년 10월 31일 7,000km 이상 고도를 가진 고각발사를 통해 최초의 시험발사를 성공한 바 있다. 그렇지만 북한은 고체 ICBM도 액체 ICBM과 마찬가지로 정상각도 발사를 시행하지 않음으로써, 탄두 재진입체의 완전한 개발 여부를 확인하지 못한 상태다. 현재까지는 북한이 개발하고 있는 네 종류의 ICBM은 서로 각기 다른 장점과 특성이 있으므로 궁극적으로 북한은 네 종류의 ICBM을 모두 작전 운용할 것인지 아니면 고체 ICBM만으로 한정해서 운용할 것인지를 지켜봐야 한다.

한편, 북한은 제8차 당대회에서 핵잠수함과 수중발사 핵미사일의 개발 사실을 천명하였다. 북한은 이로부터 약 3년이 지난 2023년 가을 시범적으로 개조한 중형잠수함인 '841 김군옥 영웅함'(전술핵공격잠수함 진수식, 2023.9.8.)을 진수하였다. 핵추진 잠수함(SSBN)과 관련해서는 2025년 3월 8일 건조 현장을 전격 공개하고 압력선체가 조립된 잠수함 실물을 공개하였지만, 아직 전반적 기술 개발은 초기 단계에 머물러 있는 것으로 보인다.[15]

앞서 살펴본 ICBM과 함께 부족한 핵추진 잠수함 역량으로 인해 북한은 현재 기준으로 전략핵 보복 또는 제2격을 수행할 수 있는 역량을 완전하게 갖추지는 못했다고 볼 수 있다. 물론 북한이 ICBM 핵탄두의 재진입 속도를 늦추는 방식이나 EMP 공격을 가하는 방식으로 어느 정도 미국을 위협할 수는 있지만, 완전한 수준의 2격 능력을 확보했다고 볼 수는 없다. 이는 북한의 핵능력이 미국의 인식에 영향을 미칠 만큼 위협적인 수준까지 도달했다고 볼 수 없는 까닭이다.

북한은 대남 전술핵 공격 능력과 관련해서는 KN-23 등 전술유도무기, 장거리 순항미사일 등 일부 전술핵 운용 능력을 구비 중이나 수량의 절대 부족, 중앙집권식 통제 등을 이유로 아직 실전배치를 공식 선언하고 있지는 않다. 한편, 2023년 초 노동당 중앙군사위 제

....

15 2025년 3월 8일 북한은 김정은의 현지 지도를 통해 최초로 전략핵잠수함 건조 시설을 공개했다. 『조선중앙통신』(2025.3.8.).

8기 제4차 확대회의(2023.2.6.)를 계기로 김정은은 '전쟁 준비 태세 완비'를 노골적으로 강조하였고, 이에 따라 2023년 여러 가지 주목할 만한 성과를 이루어냈다. 우선 방사포, SRBM, 순항미사일, 지하 사일로 발사(2023.3.19.), 고체 ICBM 시험발사(2023.4.13/7.12.), 액체 ICBM, 핵무인수중공격정 등 핵무기 발사 플랫폼 및 발사 방식의 다양화를 추구했다. 둘째, 화산-31 소형 전술핵 탄두 및 해일-1, 2 핵무인수중공격정을 공개(2023.3.27.)했다. 셋째, 핵무기 실전 운용 능력을 과시하기 위한 '핵반격 가상종합전술훈련' 및 모의공중폭발 실험을 실시(2023.3.20.)했다. 넷째, 핵무기종합관리체계(핵방아쇠) 등 핵 지휘통제 체계 구축 사실을 과시했다.

표 1-3 제8기 제6차 노동당 전원회의에서 제시된 군사 분야 결정과업

2023년 군사 분야 결정과업	i. 신형(고체) ICBM 개발 ii. 전술핵무기 대량생산 iii. 핵탄두 보유량 기하급수적 확대 iv. 4월 기한 군사정찰위성 발사 v. 인민군의 군사기술적 위력 강화

결국, 북한은 일정한 수준의 대남 전술핵 공격 능력을 갖추었지만, 가장 큰 제한 사항은 〈표 1-3〉에서 나타난 바와 같이 2022년 말 당 전원회의에서 결정된 과업 목록을 통해 엿볼 수 있다. 즉, 충분한 수량의 핵탄두를 아직은 확보하지 못했으며, 이를 위해 핵탄두 보유량의 기하급수적 확대와 전술핵무기의 대량생산을 요구했다는 점이다.

3) 핵물질 생산 및 지원 역량

북한의 핵 프로그램은 핵물질 생산에 관여하는 플루토늄 프로그램과 우라늄 농축 프로그램, 그리고 핵무기 제조와 관련된 핵무기 프로그램으로 구분할 수 있다.

우선, 플루토늄 프로그램은 평안북도 영변에 있는 영변 핵과학 연구센터를 중심으로 진행됐다. 북한은 1986년 이래 영변 5MWe 원자로를 가동하여 주기적으로 플루토늄을 생산하고 있다. 영변 흑연감속 원자로에서는 매년 약 6kg 내외의 플루토늄이 생산된다. 2~3년을 주기로 원자로를 가동하고 사용한 핵연료의 재처리를 통해 핵무기에 사용 가능한 플루토늄이 추출된다. 또한, 플루토늄을 생산하고 있는 영변 5MWe 원자로를 대상으로 핵분열 탄두의 수율을 높이는 데 사용될 수 있는 삼중수소(tritium)의 생산 가능성도 끊임없이 제기되고 있다. 하지만 북한이 이를 언급하거나 실제 생산 징후가 포착된 바는 없다. 한편, 북한은 2010년부터 건설한 실험용 경수로의 초기 운전 단계에 도달한 것으로 보인다. 왜냐하면, 2023년 11월 이후 경수로에서 온수가 배출되는 것이 지속해서 포착되었기 때문이다. 경수로는 민간용 전력생산을 위해 설계된 것으로 보이지만, 무기급 플루토늄이나 삼중수소 생산용으로 활용될 가능성도 배제할 수는 없다(Kristensen et al. 2024). 만약 플루토늄 생산에 전용된다면, 2025년 이후부터는 매년 20kg의 추가적인 플루토늄 생산이 가능할 것으로 보인다(Albright et al. 2024).

둘째, 우라늄 농축프로그램은 국제 사회의 감시하에서 플루토늄 생산량이 제한되는 부분을 극복하기 위해 추진되었다. 북한은 1990년대 파키스탄과의 비밀 협력을 통해 기술적 돌파구를 마련한 뒤, 2000년대 중반 이후부터는 비밀시설을 중심으로 고농축우라늄의 자체 생산에 성공한 것으로 평가된다. 현재는 핵무기용 탄두 생산을 위해 고농축우라늄을 생산하여 상당량을 비축한 것으로 알려져 있다(Kristensen et al. 2024). 북한은 황해북도에 위치한 평산 우라늄 정련 농장을 통해 농축의 원료가 되는 옐로우케이크를 생산한 다음, 이를 영변의 변환공장 또는 핵연료가공공장으로 보내 다시금 불화우라늄 형태로 변환한다. IAEA 발표에 따르면, 북한은 고농축우라늄 생산을 위해 영변 단지 내의 우라늄 농축공장과 평양 남서쪽 30km 지점에 있는 강선에서 비밀 우라늄 농축시설을 가동하고 있는 것으로 알려져 있다. 또한, 북한은 자체적으로 농축에 필요한 원심분리기를 제작하고 있는 것으로도 알려져 있다. 그러나 대부분의 농축시설과 북한의 정확한 농축 역량과 관련해서는 상당히 많은 불확실성을 내포하고 있어 평가가 제한된다. 하지만, SIPRI는 북한이 현재 280~1,500kg 상당의 무기급 농축우라늄을 확보한 것으로 평가했다(Kristensen & Korda 2024, 342). 반면 미국 국제과학안보연구소(ISIS)의 데이비드 올브라이트 소장은 2022년 말 현재 북한의 무기급 고농축우라늄(WGU) 확보량은 1,425~2,185kg에 달한다고 평가했다.

2. 향후 핵능력 발전 추이[16]

향후 북한의 핵능력 발전은 우라늄 농축 용량에 달려 있다 해도

16 박용한·이상규(2023, 4-7).

과언이 아니다. 한국국방연구원의 박용한·이상규(2023)의 분석에 따르면, 북한이 〈표 1-4〉와 같이 P-2 원심분리기 기준 약 2,000기 정도로 구성된 8,000kg-SWU 용량의 농축시설 1개를 보유하고 있다면,[17] 연간 무기급 우라늄을 약 42.6kg 생산할 수 있을 것이다. 만약 북한이 2022년 말 김정은의 지시에 의해 우라늄 생산 용량을 4배까지 증설한다면(『조선중앙통신』 2023.1.1.), 농축우라늄 생산량도 이에 비례하여 4배 정도 배가될 것이다. 박용한·이상규는 북한이 현재까지 대략 12년간 농축시설을 가동했다는 전제하에 최대 2,044kg의 우라늄을 확보했을 가능성을 제기하였다. 이는 올브라이트의 우라늄 평가치의 상한값과 거의 유사하다. 확보한 무기급 우라늄 양을 토대로 단일한 단계를 가진 순수 핵분열탄 1기에 약 25kg을 사용한

표 1-4 북한 우라늄 농축프로그램에 의한 고농축·농축우라늄 생산능력

구 분 (보유량 가정별)	무기급 고농축우라늄	
	연간 생산량	약 12년 가동 가정 시 생산량
8,000kg-SWU 시설 × 1개 보유	42.6kg	511kg
8,000kg-SWU 시설 × 2개 보유	85.2kg	1,022kg
8,000kg-SWU 시설 × 3개 보유	127.8kg	1,533kg
8,000kg-SWU 시설 × 4개 보유	170.4kg	2,044kg

출처: 이상규(2022, 42).

17 2010년 지그프리드 헤커 박사가 영변 방문 시, 북한의 기술자는 영변 우라늄농축공장의 용량을 8,000kgSWU라고 언급한 바 있다.

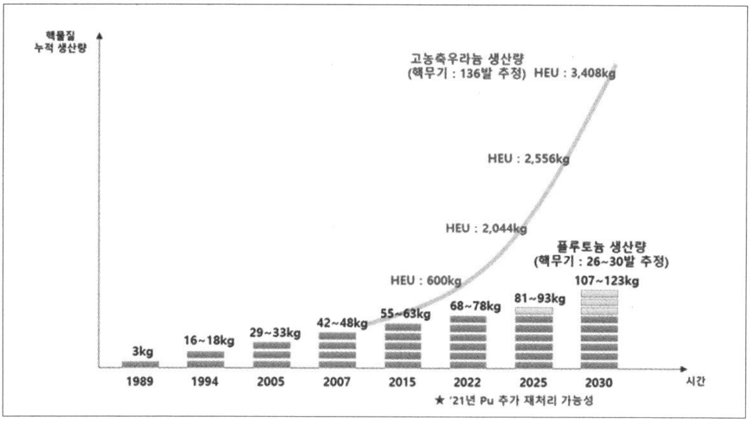

그림 1-3 북한 핵물질 및 핵무기 보유 추정

출처: 이상규(2022, 42).

다고 가정하면, 이는 약 80기 정도의 순수 핵분열탄에 해당한다. 이런 생산 추세를 가정하면 북한은 2030년까지 3,408kg의 고농축우라늄과 136발의 우라늄탄을 확보할 것으로 평가된다.

박용한·이상규는 나아가 〈그림 1-3〉에서 제시된 바와 같이 현재 북한의 플루토늄 보유량을 약 68~78kg으로 전제하고 2030년에는 플루토늄을 107~123kg 추가 생산해 26~30발 정도의 핵분열 탄두를 추가로 제조할 수 있을 것으로 판단했다.

앞서도 언급했듯이, 북한의 향후 핵능력 추이는 결국, 북한이 과연 얼마만큼이나 플루토늄, 우라늄 등의 핵물질 생산 용량을 증설할 수 있느냐에 달려 있다고 해도 과언이 아니다. 궁극적으로 북한이 추구하는 핵전략을 구현하기 위해서는 이를 뒷받침하기에 충분한 핵탄두를 보유해야 하며 성능도 담보함으로써 무기로서의 신뢰성을 확보해야 한다. 이를 위한 선결과제는 북한이 핵물질 소요 기준과 양을 얼마만큼 충족하느냐 여부에 달려 있다.

III. 북한의 핵 투발 수단 분석

1. 개발을 완료한 핵 투발 수단

1) 초대형 방사포(KN-25)

초대형 방사포는 대표적인 핵과 재래식 탄두의 탑재가 가능한 이중 용도 무기체계이다. 즉, KN-25는 화산-31 전술핵 탄두 탑재가 가능하여, 핵 및 재래식 탄두의 동시 운용을 보장함으로써, 핵 또는 재래식 무기 간 구별을 어렵게 하여 한미의 맞춤형 대응에 상당한 장애를 초래할 것으로 보인다. 특히 KN-25는 16초 이내 연발 사격이 가능하며, 300mm, 240mm 방사포 등 여타 방사포와 섞어 쏘기도 가능하여 집중 운용 시 미사일 방어체계를 이용한 요격이 현실적으로 어려울 것으로 보인다. 재래식 무기로 활용할 경우에는 확산탄

그림 1-4 북한 초대형 방사포(KN-25)

을 이용하여 병력에 대한 직접적 피해 유발이 가능하다. 초대형 방사포의 사거리는 약 400km로서 비무장지대 인근에서 사격할 경우 남한 내 주요 표적에 대한 타격이 가능할 것으로 보이며, 비행장, 항만 등 핵심표적 공격 시 한미 연합군의 요격미사일 소진을 강요하고 필요 시 전술핵 탄두를 통해 대(對)군사타격 수단으로 사용될 것으로 예상된다.

2) 신형전술미사일(화성-11형 계열)

초대형 방사포와 마찬가지로 핵 및 재래식 탄두 겸용의 이중용도 투발 수단으로서 전장에서 매우 유용한 표적에 대한 정밀타격 수단으로 활용이 예상된다. KN-23(이스칸데르급), KN-24(ATACMS급), KN-30(2.5t 탄두), KN-35(신형전술유도무기, 120km) 등 다양한 형태의 전술 탄도미사일의 개발이 완료됐다. 이와 함께 북한은 2024년

그림 1-5 신형전술미사일(KN-23)

7월 초 시험 발사한 화성포-11다-4.5(4.5t 탄두)도 개발 중이다. 신형전술미사일은 초대형 방사포에 비해 중량이 무거운 재래식 탄두나 화산-31형 전술핵 탄두의 장착이 가능하므로 보다 견고한 표적을 타격하는 데 활용이 가능하다. 대체로 600~800km 사거리를 가진바, 한반도 전역에 대한 정밀타격 수단으로서, 비행장, 항만, 지휘통제시설 등 남한 내 주요한 한국군 또는 주한미군 군사표적 타격을 위해 활용이 예상된다.

3) 중장거리 순항미사일(GLCM)

중장거리 순항미사일은 화산-31 전술핵탄두 탑재 수단 중 하나로 지명되었으며, 지상표적에 대한 정밀타격용으로 활용될 가능성이 높다. 하지만, 추후 해상에 있는 항모, 대형 함정 등을 대상으로 한 정밀타격 용도로도 운용될 가능성이 높다. 북한의 주장에 의하

그림 1-6 중장거리순항미사일: 화살-2형

면, 최대 사거리가 1,800km 이상으로 추정되는바, 오키나와 또는 모든 주일미군기지에 대한 타격이 가능하다. 극초음속 탄도미사일과 병행 운용 시 한반도 인근 군사 표적에 대한 직접 타격이 가능해짐에 따라, 주일미군을 포함하여 인태지역 안에서 한반도 증원을 저지하거나 방해할 수 있을 것으로 판단된다.

4) 중거리 탄도미사일(IRBM): 화성-12형(액체)/화성-16나형(고체, 극초음속 비행체)

중거리 탄도미사일은 핵분열탄 또는 수소탄 탑재가 가능할 것으로 보이며, 사거리는 3,000~5,000km 정도를 가진바, 미국의 전략자산 운용에 필수적인 요충지인 괌이나 알래스카 타격을 보장한다. 이에 따라 미국의 한반도 증원전력을 사전에 무력화하거나, 미국 본토 증원을 차단하기 위한 강력한 메시지 발신을 위한 지역 타격 목적으로 활용이 예상된다. 북한은 지금까지 3차례의 화성-12형 정상각도 발사를 수행하여 실전 성능을 성공적으로 테스트한바, 유사시 역내 미군을 직접 위협할 목적으로 활용이 유력하다. 화성-12형은 2012년부터 개발을 시작하여, 2016년에 엔진시험, 2017년에 시험발사를

그림 1-7 중거리탄도미사일: 화성-12형(좌), 화성-16나형(우)

완료하고 전력화한 것으로 알려졌다. 이와 함께 북한은 기습타격 능력을 향상시키기 위해 2024년 초 고체 IRBM으로 극초음속 탄두를 탑재한 화성-16나형을 두 차례나 시험발사한 바 있다. 이로써 북한은 재래식 탄두 사용 단계와 핵탄두 사용 단계를 구분하면서 위기를 고조시킬 수 있는 역량 확보를 추구하고 있는 것으로 평가된다.

5) 대륙간탄도미사일(화성-15형)과 전지구권 타격미사일(화성-17형)

앞서도 살펴본 바와 같이 화성-15형, 화성-17형 모두 전략핵(수소탄) 탄두가 탑재될 것으로 보이며, 단일 탄두가 탑재될 것으로 보이는 화성-15형과 달리 화성-17형은 최소 3개 이상의 탄두가 다탄두개별목표재진입체(MIRV) 형태로 탑재될 것으로 추정된다. 지금까지 정상각도가 아닌 고각발사 방식의 시험발사를 통해 시현함으로써, 재진입 성능 확보 여부에 대한 논란은 있지만, 대체로 미국 본토에 대한 타격 능력을 가진 것으로 추정된다. 두 미사일 모두 액체 2단 추진체로 TEL에서 발사함으로써, 어느 정도의 생존성을 보장한다고 생각된다. 이를 토대로 북한은 미국에 대한 직접 타격을 통한 보복수단임을 과시함으로써, 북한의 미국에 대한 전략적 억제력

그림 1-8 중거리탄도미사일: 화성-15형(좌), 화성-17형(우)

을 확보하고 유사시 미국의 한반도 개입을 차단하기 위한 강압 수단으로 활용이 예상된다. 북한이 추구하는 제한핵전 전략을 위해 최소한의 필수 수단으로서 의미를 가지며, 다탄두개별목표재진입체(MIRV) 기술을 어느 정도 완성하면 미국의 미사일 방어망을 초과하는 능력 보유를 의미하게 될 것이다.

6) 북극성 계열 수중(북극성-1&3형) 및 지상발사(북극성-2형) 탄도미사일(MRBM급)

북극성 계열 미사일들은 모두 고체 탄도미사일로서 핵 또는 재래식 탄두를 겸용할 것으로 추정되며, 약 1,300~1,900km 사거리로 오키나와를 비롯한 주일미군 기지 또는 원거리에서 남한에 있는 군사 표적 타격을 위해 활용이 가능하다. 기본적으로 잠수함이라는 플랫폼에서 운용됨으로써, 생존성을 보장받을 수 있지만, 여타 많은

그림 1-9 북극성 계열: 북극성-3형

투발 수단이 같은 목적을 달성하는 데 사용될 수 있어서 현재 수준으로는 북극성만의 특별한 의미를 가지기는 어렵다. 은밀성과 생존성이 뛰어난 잠수함 플랫폼에서 운용되는 SLBM인 북극성-1형과 3형은 현재 시험발사까지 성공했지만, 플랫폼 개발 및 운용 제한으로 실전 배치는 되지 않은 것으로 평가된다. 북극성 계열 미사일들은 당분간 2023년 가을 진수한 김군옥 영웅함에서 추후 운용될 것으로 보이지만, 지금까지 전력화 과정에 있는 것으로 보인다.

2. 향후 핵 투발 수단의 개발 전망

1) 다양한 전술핵무기 개발과 초대형 핵탄두 생산

미국에 대한 확실한 보복 능력과 남한에 대한 핵공격 능력을 갖추기 위해서는 우선 전술핵 탄두를 다양한 투발 수단과 결합하여 다양한 작전 및 전술 임무 수행을 보장할 수 있는 전술핵무기를 확보해야 할 필요성이 있다. 또한 미국 본토 위협을 위해서는 제2격 능력인 ICBM과 SLBM에 탑재할 충분한 수량의 초대형 핵탄두가 확보되어야 한다. 이러한 핵탄두 수요를 충족하기 위해 김정은 2023년 수행 과업으로 이미 핵탄두의 대량생산을 지시한 바 있고, 이에 따라 영변 및 기타 비밀 핵시설의 용량이 일부 증대된 징후가 포착된 바 있다.

2) 15,000km 사정권 명중률 제고

미국의 미사일 방어망을 회피하여 본토에 있는 전략 표적을 타격하기 위해서는 MIRV 형태의 재진입 기술을 확보해야 할 것으로 보인다. 지금까지 MIRV 기술을 완성하지 못했기에 북한이 미국에 대한 확실한 보복능력을 갖추었다고 보기는 어렵다. 15,000km 사정권은 화성-17형이 제공할 것으로 보이며, MIRV를 개발 완성하는 데에는 상당히 많은 시험 과정이 있을 것으로 보인다. MIRV에 수소탄이 탑재될 것으로 추정되며, 완성된다면 미국에 대한 효과적인 전략적 억제 수단으로서 가치를 인정받을 수 있을 것으로 보인다. MIRV 완성을 위해서는 반드시 정상각도 발사를 통해 재진입 기술의 신뢰성을 확보해야 할 것이며, 만약 이 과정이 생략된다면 그만큼 신뢰성을 갖지 못하게 될 것이다.

3) 극초음속 활공비행 전투부(HGV)

극초음속 활공비행 전투부는 최초 화성-12형 추진체에 탑재되었으나, 2024년 초 화성-16나형은 고체 IRBM에 탑재된 형태로 시험 발사된 바 있다. 따라서, 완성된 형태는 괌 또는 알래스카 등을 신속 타격하기 위한 목적을 가질 것으로 추정된다. 현재까지 북한이 극초음속 활공비행 전투부에 핵탄두의 탑재를 언급하지 않은바, 우선은 재래식 탄두가 탑재될 것으로 추정된다. 그러나, 충분한 기술력 확보 시 핵탑재 병행으로 선회할 가능성도 상존한다. 북한은 기동형과 활공형 등 2가지 종류의 극초음속 비행체를 개발 중으로 완성 시 한미의 미사일 방어체계 운용에 상당한 부담을 줄 것으로 예상된다.

극초음속 비행체는 현재 러시아와 중국만이 실전 배치한 무기체계로서 세계 및 미국을 대상으로 첨단 군사 기술력에 대한 능력을 과시하고, 유사시 미국의 미사일 방어망을 회피한 가운데 미국의 항모전단 및 괌에 대한 타격 위협을 가시화할 것으로 추정된다. 러-북 간 군사기술 협력을 토대로 향후 HGV 개발에 가속력을 받을 가능성이 있다.

4) 수중 및 지상 고체발동기 ICBM 개발

고체 ICBM인 화성-18형은 2023년 모두 3차례, 화성-19형은 2024년 1차례 등 시험 발사된바, 북한이 이를 완성한다면 액체 ICBM과 더불어 미국 본토에 대한 상당한 보복력을 갖게 된다. 3단 고체추진체로서 화성-17형에 비해 길이 및 직경이 다소 축소되었고, 탄두부가 둥글고 뭉툭하며 다탄두 탑재 형상으로 MIRV 탑재 가능성이 있다. TEL에서 운용되지만, 8차 당대회에서의 언급으로 보아, 추후 간이 사일로(지상) 또는 수중 사일로(수중) 형태로 운용될 가능성도 배제할 수는 없다. 북한이 추구하는 한반도에서의 제한 핵

그림 1-10 고체 ICBM: 화성-18형

전쟁이 발생하려면 기본적으로 미국에 대한 제2격 능력을 토대로 한 북한의 핵 확전 위협이 작동되어야 하며, 이를 위해 ICBM 또는 전략핵잠수함 탑재 SLBM 능력이 필수적으로 구비되어야 한다.

5) 핵잠수함 및 수중발사 핵전략무기 보유

핵잠수함(SSBN)과 전략핵 탑재 SLBM은 생존성이 보장된 궁극적인 제2격 능력을 상징한다. 따라서 북한은 궁극적으로 전략핵 기반의 MIRV가 탑재된 전략핵잠수함을 보유하려고 할 것으로 전망된다. 개량형 로미오급 디젤잠수함인 김군옥 영웅함은 연안 인근에서 운용하면서 작전 및 전술 용도로 활용한다면, 전략핵잠의 경우는 전략적 억제력이자 최후의 보복 수단으로서 김군옥 영웅함보다는 원거리에서 활용할 것으로 예상된다. '수중발사 핵전략무기'는 일단 원잠에 탑재되는 SLBM, SLCM 등으로 읽히지만, 핵무인수중공격정

그림 1-11 김군옥 영웅함

(해일)을 포함해서 지칭할 가능성도 배제해서는 안 된다. 핵무인수중공격정은 항만 인근에서 폭발시켜 인공 해일을 유발함으로써, 항구의 기능을 마비시키는 효과를 발생하는 무기체계이다. 유사시 남한의 주요 항구를 타격하기 위해 사용될 가능성이 높으며, 위기나 개전 초기 은밀하게 혼란을 조성할 목적으로 활용될 것으로 추정된다. 러시아의 포세이돈과 유사한 무기체계로 보이며, 실제 사용 경험이 없어 정확한 위력과 효과를 산정하기가 제한될 수 있다.

6) 군사정찰위성 및 500km 종심정찰 무인기 개발

북한은 한미 연합전력에 상대적으로 열세한 우주정찰 감시역량을 확보하고 있기 때문에 남한의 종심 상 감시 및 정찰, 운용이 가능한 다목적 무인기 구비를 추진하고 있다. 2024년 우주발사체의 추진체를 백두산 계열에서 전면 변경한바, 러-북 군사기술 협력의 일환으로 액체산소-케로신 조합의 새로운 추진제를 사용한 것으로 추정된다. 북한은 군사 감시정찰위성을 발사함으로써, 무엇보다 표적정보를 획득하고 유사시 통신 및 핵 지휘통제를 지원할 수도 있을 것이다. 정밀한 타격을 위해서는 정확한 표적정보를 얻는 것은 필수

그림 1-12 무인기: 글로벌호크 유사형(좌), MQ-9 유사형(우)

적인 과업이다. 이를 위해 북한은 무인기와 군사정찰위성의 2가지 수단을 최우선적으로 확보하려고 하고 있다. 북한은 군사정찰위성을 단순한 촬영 용도로만 사용해서는 효율적이지 않기에 향후 통신, 관제, 중계, 지휘통제 등 다양한 기능과 용도를 위해 사용할 가능성이 높다.

IV. 북한의 핵 지휘통제 체계 분석 및 발전 전망

북한은 김정은 1인에 의해 핵사용 관련 의사결정이 독단적으로 이루어지는 '중앙집권적 핵 지휘체계(centralized nuclear command)'를 적용하고 있다. 이러한 중앙집권적 지휘통제 체계는 핵무기 통제를 1인에게 집중시키는 체계로서 전체 의사결정 과정 중에서 단일지점에 의한 실패가 전체 시스템 붕괴로 이어질 수 있기에 참수작전 등 외부로부터의 위협에 취약하지만, 절대권력자에 통제권이 집중됨으로써 정치적 안정성 유지 및 내부적인 도전에 대해서는 강점을 발휘한다(Smith and Bernstein 2022).

한편, 북한은 핵무기의 보관·관리 및 운용을 철저히 구분한 이원화 관리 체계를 적용하고 있는 것으로 보인다. 즉, 핵무기 보관 및 관리는 투발 부대와 분리하여 당 군수공업부 산하 핵무기연구소에서 평소 핵탄두의 생산, 보관, 유지나 정비, 운반, 결합, 조립 및 해체 등 일체의 관리를 전담하는 체계를 가동하고 있는 것으로 분석된다. 무엇보다 외부로부터의 공격 위험으로부터 핵무기를 안전하게 관리하기 위해서는 외부 험지에 분산 보관하는 것이 유리하지만, ▲김정은이나 당에 의한 관리 감독의 용이성, ▲지리적 중심부에 자리잡은 위치성, ▲전문가집단에 의한 안전한 관리 보장 등을 이유로 현재까지는 단일기관에서 관리하는 것으로 추정된다. 다만 이원화된 관리 체계로 인해 ▲핵탄두 이송시간의 추가 소요, ▲이송 간 외부 노출 불가피, ▲이송명령 수령·탄두 불출·수송·인계·조립 등 발사 전 준비 소요 증가 등으로 인해 불순 의도를 가진 내·외부 위협 요인에 취약해질 가능성은 주요한 취약점으로 지적된다.

1. 북한의 핵 지휘통제 유형과 이론적 고찰

2022년 핵무력정책법을 통해 북한은 핵 지휘통제에 대한 윤곽을 발표했지만, 북한의 역량 증대와 현실적 여건 등을 고려하여 끊임없이 최적화시키고 있음을 이해할 필요가 있다. 북한은 핵 지휘통제 체계가 안정적으로 관리되고 있다는 메시지 발신 차원에서 국무위원장, 국가핵무력기구 등 국가기관에 의한 통제권 행사를 과시하고 있다. 그러나 당-국가체제의 본질을 고려할 때, 실질적으로는 김정은과 당에 의해 핵무기 통제권이 배타적으로 행사되고 있다고 분석된다. 북한은 핵무기 통제와 관련해서 긍정적 통제(positive control)와 부정적 통제(negative control) 측면 전체를 김정은에 의한 중앙집권적 통제 개념에 맞게 접목할 것으로 보인다. 결국, 김정은만이 핵무기 사용에 관한 결심을 할 수 있으며, 그가 결심하면 반드시 핵무기가 투발되어야 하고 김정은의 직접 명령 외에는 절대로 핵무기가 발사되어서는 안 되는 체계를 제도적·기술적으로 구현해 나갈 것이다.

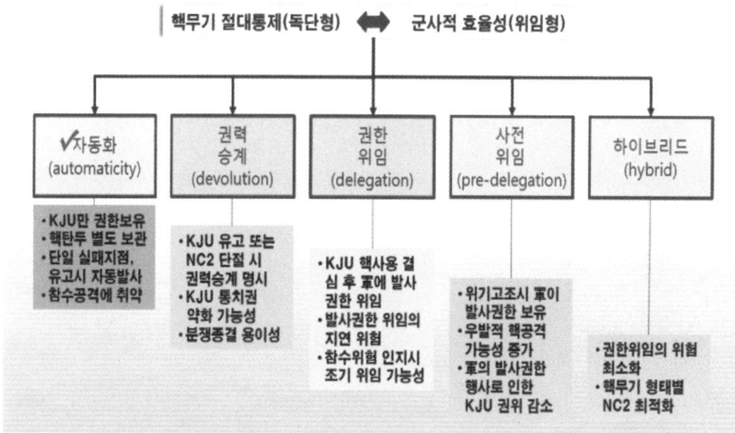

그림 1-13 북한의 예상 가능한 핵 지휘통제 모델 유형

2022년 미국의 쉐인 스미스 교수에 따르면(Smith and Bernstein 2022), 북한은 대체로 5가지 유형의 핵 지휘통제 체계의 채택이 가능할 것으로 보인다. 첫째, 자동화 모델은 김정은에 의한 중앙집권적 통제가 이루어지는 모델이다. 김정은에 핵통제권이 집중된 관계로 지휘통제 체계 전반에서 단일지점에서의 실패 가능성이 크다. 따라서 김정은은 유고 시 자동 발사하는 체계를 구축하여 이에 대비하고자 한다. 둘째, 권력승계 모델 유형이다. 이는 김정은 유고를 대비하여 권력승계자를 지정하는 모델이다. 지휘통제 유형이라기보다는 핵통제권을 포함한 전반적인 권력승계에 관련된 모델 유형이다. 권력승계자의 조기 지정은 권력의 분산 위험을 초래하므로 승계 시기가 관건이 될 가능성이 크다. 셋째, 권한 위임 모델 유형이다. 이는 김정은의 핵사용에 대한 정치적 결심 이후에 핵무기 사용 시기는 군부에 위임하는 유형이다. 발사 권한의 지연이 이루어질 가능성이 크며, 참수 위험을 조기에 인지할 경우에는 조기에 권한 위임이

이루어질 가능성이 크다. 넷째, 분쟁 이전에 핵무기 사용 권한을 군부에 위임하는 형태의 지휘통제 유형이다. 이는 핵통제권의 군부 위임에 따라 김정은의 권력이 약화할 가능성이 높으며, 군부의 핵사용 권한 보유에 따라 핵무기의 조기 사용 위험이 증대될 가능성이 높다. 다섯째, 하이브리드 유형으로서 다른 네 가지 유형의 지휘통제 모델 유형이 혼합된 형태이다. 실제 위기가 고조되고 한미 연합군의 공격이 임박하거나 생존 위기가 고조되었다고 인지될 경우 기존 중앙집권적 모델에서 다른 형태로 전환하는 유형이 될 가능성이 있다.

유사시 김정은은 군사적 효율성과 자신의 통제권 유지 간 딜레마에 처할 수 있다. 핵무기의 운용 및 발사 권한이 언제 누구에게 인계될 것인가는 김정은의 지속적인 권위 유지 및 군(軍)에 대한 통제권 보유 여부 등에 지대한 영향을 미칠 수 있다. 결국, 끝까지 김정은 본인이 핵 지휘통제 권한을 가져가고자 한다면, 배반이나 쿠데타 등 북한 내부로부터의 위협을 최소화할 수는 있겠지만, 참수작전 등 외부로부터의 자신에 대한 위험은 극대화되는 단점이 있다. 결국, 이러한 딜레마를 최대한 극복하기 위해 북한은 미국이나 러시아 등 선진국에서 적용하고 있는 2인 원칙(two man rule) 등과 같은 상호 견제 장치가 내재된 핵 지휘통제통신(NC3) 및 최신 정보통신기술을 지휘통제 체계에 접목하는 노력 등을 적용할 가능성이 있다.

2. 북한의 핵 지휘통제(NC2) 분석과 지휘통제통신체계(NC3) 주요 특징

첫째, 핵무기 사용 관련 의사결정은 김정은에 의해 최종 결정되는 독단적 체계를 적용하고 있다. 앞서도 살펴보았듯이 독단적 통제 체계는 핵무기 통제를 1인에게 집중시키는 체계로서 단일지점에 의한 실패가 전체 시스템 붕괴로 이어질 수 있기에 외부로부터의 위협에 취약하다. 하지만, 절대권력자에게 통제권이 집중됨으로써 정치적 안정성 유지 및 내부적인 도전에 대해서는 강점 발휘 가능하다.

핵무력정책법 제3조에서는 '국무위원장의 유일적 지휘'와 이에 대한 보좌기구로서 '국가핵무력지휘기구'를 언급했지만, 이는 체계적인 법질서 및 국가체계에 의해 핵무기가 안전하게 이상 없이 관리되고 있다는 메시지를 대내외에 전달하기 위한 목적이다. 실질적으로는 당-국가체제에서 당 총비서에 의한 유일영도체계가 유지되고 있음을 감안할 때, 당 총비서(수령)가 당중앙위원회 합의 절차를 거쳐 최종적으로 결정할 것으로 예상된다. 당중앙위원회 합의 과정은 개최 당시 여건을 고려하되, 우선 현 의사결정체계를 감안 시 당 전

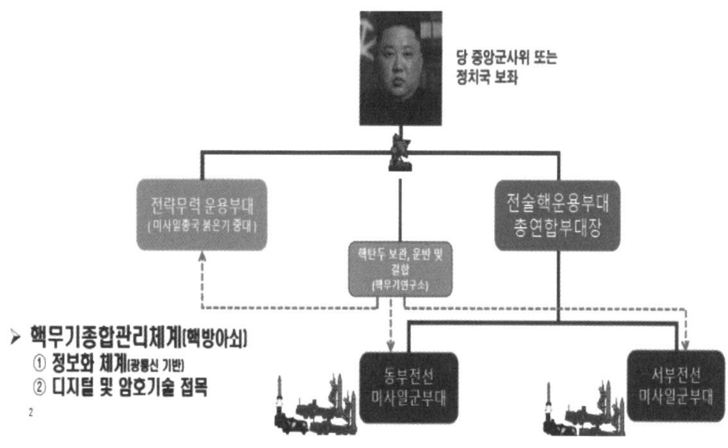

그림 1-14 북한의 지휘통제 체계 개략도

출처: 북한의 발표를 토대로 저자가 작성함.

원회의 또는 당 정치국 회의나 확대회의에서 이루어질 가능성이 크다. 자신과 백두혈통, 국가의 운명을 군사적 판단에 의해서만 의존할 수 없으므로 가장 권위 있는 협의체에서 결정을 시도함으로써, 결정의 권위 및 정당성을 부여하고자 할 것이다.

핵무기 사용 승인 이후 김정은 및 당의 지시에 대한 실행 감독은 핵무기 관련 전략 및 전술 운용부대를 관장하는 '당중앙군사위원회'에서 이루어질 가능성이 크다. '당 중앙군사위원회'에 부여된 역할은 '당의 군사노선과 정책을 관철하기 위한 대책을 토의 결정하며 혁명무력을 강화하고 군수공업을 발전시키기 위한 사업을 비롯하여 국방사업 전반을 당적으로 지도한다'이다.[18] 핵무기를 당에서 관장하므로 혹시 김정은의 급작스러운 변고가 발생하더라도 당의 시스템이 유지되는 한 핵무기 관리도 이상 없이 이루어질 것으로 예측된다. 따라서, 가장 이상적인 시나리오로서 김정은 사망 시 핵무기의 통제권은 자연스럽게 후계승계를 하는 백두혈통이나 정권엘리트에게 이양될 것으로 예상된다.

둘째, 북한은 핵무기의 보관·관리 및 운용을 철저히 구분한 이원화 관리 체계를 적용하고 있다. 핵무기 보관 및 관리는 당 군수공업부 산하 핵무기연구소에서 평소 핵탄두의 생산, 보관, 유지 및 정비, 운반, 결합, 조립 및 해체 등 일체의 관리를 전담하는 체계를 유지하고 있다. 현재 북한은 전략무력에서 운용하는 수소폭탄 형태의 탄두와 전술핵 운용부대에서 운영하는 '화산-31' 표준형 핵탄두 2종류를 개발 및 운용하고 있는 것으로 판단된다.

....

18 『조선노동당 규약』(2021.1.) 제30조.

북한은 평양 소재 핵무기연구소 지하저장고 또는 외부의 별도 저장시설에서 핵무기를 통합 보관하고 있으므로 저장시설의 보안 상태는 매우 높은 수준을 유지하고 있을 것으로 추정된다. 외부로부터의 공격 위험으로부터 핵무기를 안전하게 관리하기 위해서는 외부 험지에 분산 보관하는 것이 유리하나, ▲김정은 및 당에 의한 관리 감독의 용이성, ▲지리적 중심부에 위치, ▲전문가집단에 의한 안전한 관리 보장 등을 이유로 현재까지는 단일기관에서 관리하고 있는 것으로 추정된다. 고정발사시설을 운영할 수준에 도달하게 되면, 수송의 어려움과 보안 취약성, 즉응성 등을 고려하여 핵탄두를 결합하여 즉각 발사 가능(hair-triggered) 상태를 유지하거나 인근 저장시설에 분산 보관할 가능성도 있다. 다만 이원화된 관리 체계로 인해 ▲핵탄두 이송 시간 추가 소요, ▲이송 간 외부노출 불가피, ▲이송명령 수령·탄두불출·수송·인계·조립 등 발사 전 준비소요 증가 등 불순의도를 가진 내·외부 위협요인에 취약해질 가능성이 있다.

셋째, 핵무기의 투발 및 운용 주체와 관련, 전략무력(핵)과 전술핵을 명확히 구분하고 있다. 2017년 말 이후 전략군의 중요성 및 노출빈도 감소 관측, 김낙겸 대장 이후 전략군사령관 상장 김정길의 위상 급락 목격은 북한의 전반적인 핵 지휘통제 체계 변화 양상과 무관치 않은 것으로 판단된다. 이는 전략군 사령관에게 통제권이 집중되는 것을 방지하기 위해 사령관을 거치지 않고 전략군 예하 여단급 부대들을 김정은이 직접 지휘통제하는 상황임을 반증한다.

특히 ICBM, SLBM 완성 여부 및 시한 미정 등 현재의 기술수준 감안 시, 북한 핵무력에서 가장 중요도가 높은 것은 전술핵 운용부대일 것으로 추정된다. 이에 전략무력에 대한 강조가 약화되고 새롭게 전술핵 운용부대에 집중하여 개선된 지휘통제 체계를 정립하고 있다. 화성-15, 17, 18, 19 등 전략무력에 해당하는 미사일 체계는 아직 시험개발 단계이므로 전력화 및 실전배치는 이루어지지 않고 있다. 이에 'ICBM 시험발사'는 국방과학원 및 전신인 제2경제위 4기계총국 인원이 포함된 미사일총국의 붉은기중대(1중대: 액체, 2중대: 고체)에서 전담하고 있으며, 향후 양산 및 전력화 단계를 거쳐 실전운용 시 전략군으로 인계 또는 임무가 전환될지는 미지수이다.

TEL 기반의 ICBM 같은 경우는 전장이 20m가 넘는 관계로 이를 안정적으로 운용할 수 있는 장소는 극히 제한되며, 특히 현재 ICBM 기지로 판단하고 있는 북-중 국경 인근의 장소들은 대체로 좁은 산악 협곡 지형이므로 어려울 것으로 판단된다. 이러한 점을 극복하기 위해서 북한은 궁극적으로 사일로 형태의 발사 체계를 구축해 나갈 것으로 예상된다. 현재 전략군에서 운용하고 있는 스커드 또는 노동 미사일은 1980~1990년대 배치되었고 무수단은 2000년대 배치된 액체연료 기반의 탄도미사일로서 즉응성 및 신뢰도의 결여, 노후화 증가 등 고려 시 점차 고체 추진 탄도미사일로의 교체 가능성이 대두되고 있다. 이에 이러한 무기체계를 운용 중인 점으로 인해 이것이 전략군 자체에 대한 중요도 감소의 원인으로 작용할 가능성이 크다. 그렇다고 전략군이 핵무력과 완전히 무관한 부대라고 판단하기는 시기상조이며, 지속적인 정보수집 및 추가 확인이 필요하다. 비록 평상시에는 핵탄두가 배치 및 운용되지 않을지라도 유사시 핵탄두를 접수하여 투발 임무가 부여될 가능성을 배제할 수는 없다. 또한, 핵무기 외에도 재래식 탄두 또는 화학무기 투발 임무를 병행할 가능성도 있다. 실전배치 또는 운용 단계에 이르기 전까지는 미사일총국 예하부대들에 비해 전략적 가치 및 김정은의 주목도가 떨어질 가능성이 높다. 향후 북한의 전략무력 관련해서는 사거리에 따라 전략용, 전역용, 전술용 등으로 구분되어 재편될 가능성에 주목해야 할 필요가 있다.

넷째, 북한의 전술핵운용 총연합부대의 실체는 베일에 가려져 있다. 전술핵운용 총연합부대 및 예하부대들은 전략군사령부와는 별도의 지휘계통에 의해 통제되는 조직으로 관찰된다. 현재까지 편성, 위치 및 운용되는 무기체계, 태세, 운용방식, 지휘관 등에 관한 정보가 거의 포착되지 않은 상황이나, 총연합부대라는 명칭의 특성상 지상군, 해군, 공군 등으로 구성된 부대임을 나타낸다. 전술핵운용 총연합부대는 최고사령관(총비서)과 당에 의해 직접 통제되는 부대로서 총참모부 예하의 어떠한 병종사령관도 전술핵운용 총연합부대에 직접적으로 협조 및 통제를 할 수는 없을 것이다. 오로지 당과 총비서에게 건의를 올리고 김정은이 승인할 때만 협조가 가능할 것으로 예상된다.

북한은 2023년 3월 27일 김정은의 핵무기병기화 사업 지도 시 〈화산-31〉 표준형 핵탄두와 탑재할 8가지의 투발 수단, 즉 초대형 방사포, 무인수중공격정, 화살-1형, 화살-2형, 신형전술유도무기(KN-35), KN-24, 전술유도탄(KN-30), 소형 SLBM(KN-33) 등을 공개했다. 이 중에서 현재까지 실전배치 가능성이 높은 무기체계는 초대형 방사포(KN-25), 전술유도탄(KN-30), 신형전술유도무기(KN-35) 등이며, 이러한 무기체계는 기존 SCUD-B, C, ER 및 KN-02 등을 대체할 것으로 보인다. 하지만, 해당 무기체계의 운용부대들이

전략군에 속하는 것인지 아니면 전술핵 연합부대에 편성된 것인지 아닌지에 대해서는 추가 확인이 필요해 보인다. 대체로 이러한 무기체계를 관장하는 부대들은 현재로서는 전술핵 연합부대에 포함될 것으로 예상되며, 기타 무기체계들의 양산, 전력화, 실전배치 등에 관해서는 자세히 알려진 바 없다.

다섯째, 미국 국제전략안보연구소(CSIS) 연구소 분석에 따르면, 북한은 현재 핵전력의 생존성을 고려하여 핵운용부대를 동·서부로 분산배치 및 지역적으로 위에서부터 아래까지 3단계 상중하로 구분된 통신망을 유지하고 있다(Bermudez Jr, Cha, and Lisa 2018). 북한의 핵무력 운용부대들은 적의 선제타격으로부터의 생존성을 높이고 적국의 정보 획득에 대한 부담을 가중시키며, 필요시 제2격(보복타격)을 효율적으로 시행하기 위해 동부와 서부로 나눠서 분산배치하고 있다. 핵투발부대를 동부전선 관하 구분대와 서부를 구분하는 조선중앙통신 보도 등을 통해 볼 때, 전략군 예하 14개 여단을 동부와 서부 권역으로 구분하고 전술핵운용 총연합부대도 동부와 서부 권역으로 구분될 것으로 보인다. 결국, 북한은 동부와 서부 권역을 다시 상·중·하로 구분, 총 6개 구역으로 구분하여 독립된 통신망을 구성함으로써, 혹시 발생할 수 있는 배반 및 쿠데타의 가능성을 원천적으로 배제하는 것으로 분석된다.

북한이 이처럼 파편화된 통신망을 유지하려는 의도는 혹시 어떤 부대에서 지시를 이행하지 않거나 못하더라도 다른 부대에 대한 독단적 지휘통제를 유지함으로써, 제2격의 수행 가능성을 높이기 위함이다. 이처럼 김정은이 특정 투발부대로 명령을 하달하고 이를 직접 운용할 경우 보안유지, 상호 정보교환 및 쿠데타 방지 등에 기여할 것이다. 각 부대들에 대한 지휘통신망은 유무선, 전령에 의한 직접전달 등 다양한 방법을 강구할 것으로 보이며, 주 통신망은 유선으로서 광통신망을 이용할 것으로 예상된다. 현재까지 각종 대륙간탄도미사일 발사 및 핵실험 등 계기에 김정은의 친필 서명을 공개한 바, 핵사용 최종결정에 따른 명령 하달도 그 출발점인 김정은의 친필 서명을 통해 차례대로 하달될 가능성이 크다.

여섯째, 북한은 적의 제1격에 대비한 지하 및 수중발사(silo) 시설을 구축할 것으로 보인다. 적의 제1격을 흡수하고 신뢰성 있는 제2격 임무 수행을 위해 이동형 TEL 발사 시스템 외 은밀하게 지하사일로를 구축할 가능성이 크다. 미국의 국방정보기관(DIA) 분석에 의하면 대략 10개 정도의 지하 발사시설을 구축하고 있는 것으로 추정된다.[19] 앞서 언급한 6개 구역, 서부 및 동부권역 지휘부에 각 1개씩 8개 시설, 이외 평양 지휘부 인근에 2개 시설 등 총 10개 시설을 건설할 것으로 분석된다. 북한의 지하 발사시설은 고비용이 들어가는 미국과 달리 지리적 이점을 최대한 활용하여 산악지대에 있는 기존 부대시설을 최대한 활용하여 저비용이면서도 생존성이 보장되도록 설치, 위장 등을 통해 최대한 시설보안을 유지할 것이다. 추후 지하사일로에서 운영되는 ICBM들은 즉응성 등을 고려하여 핵탄두가 결합된 상태로 운영될 가능성이 높다.

일곱째, 북한은 평양 인근 순안비행장 일대에서 최고의 경계 태세로 운영되는 신속대응 핵전력 운영 및 지휘통제망을 구성하고 있을 가능성이 크다(『동아일보』 2020.5.7.). 최근 액체 및 고체 ICBM을

....

19 군사전문가 인터뷰 결과(2024.7.1.).

비롯한 다양한 전술핵 무력들의 시험발사가 평양 순안비행장을 중심으로 진행되고 있다. 순안비행장 일대 시설은 상당한 규모의 갱도 시설과 수송용 철도, 보안 경계설비 구축, 미사일 지원시설 등을 구비한 실전운용 시설로 추정된다. 여러 가지 종류의 TEL과 미사일이 보관되어 있고 평양 인근에 있는 관계로 이는 김정은의 즉각적인 공격 및 반격 명령을 수행할 수 있는 부대로서 높은 경계태세에 놓여 있는 즉시 운용 가능한 핵전력일 가능성이 있다.

여덟째, 북한은 SLBM 및 SLCM 탑재 잠수함 전력을 지휘통제하기 위한 NC3 체계를 구비하지 못하고 있다. 앞서 살펴본 바와 같이 북한은 미국에 대한 제2격 능력을 향상시키기 위해 장거리 운항이 가능한 SLBM 탑재 대형잠수함 건조에 착수했다. 장거리 운항 중인 잠수함과의 원거리 통신을 위해서는 중계를 담당할 통신위성 개발이 긴요하며, 김정은에 의한 지휘통제를 보장하기 위한 지휘통제통신 체계 개발이 필요한 상황이다. 북한은 가까운 시일 내 대형잠수함 건조가 제한되는 관계로 우선 기존 잠수함에서 운영할 수 있는 잠수함발사 순항미사일(SLCM) 체계를 개발 및 향후 운용할 것으로 추정된다. 3~30kHz 대역의 초저주파(VLF)나 30~300kHz 대역의 저주파(LF)와 같은 대역 통신시스템을 활용한다면 수심 20~30m 내외에서 통신이 가능할 것이다.

아홉째, 북한은 TEL 기반 이동식 발사시스템에 대한 NC3 체계를 구축 중에 있다. 이론상 이동식 발사시스템은 발사 시 노출된 미사일 기지에서 이격된 발사 장소로 이동하기 때문에 생존성을 보장받을 수 있다고 알려져 있다. 그러나 북한의 여건상 이동 가능한 도로가 제한되며, 최첨단 정보 감시 자산에 의해 노출될 가능성이 상존한다. 기본적으로 이동식 발사시스템에 대한 통신은 무선통신시스템에 의존할 수밖에 없다. 이는 실질적으로 감청 또는 전자파 공격, 공중공격 등으로부터 취약성이 노출된다.

2022년 3월 24일 북한이 공개한 ICBM 발사 과정을 통해 볼 때, 이동식 발사체계는 3단계 운용 절차를 적용할 가능성이 크다. 우선, 1단계는 김정은의 친필 서명 또는 구두지시가 하달되는 단계다. 2단계는 발사 명령을 지시받은 미사일총국 지휘관이 예하 발사부대(TEL) 지휘관에게 명령을 하달하는 단계다. 그리고 마지막 3단계는 TEL에서 발사 실행 및 연구원·기술자에 의한 육안 및 텔레메트리 신호추적 등 비행 관측이 이루어진다. 현장에서는 지휘관이 포함된 지휘통제팀, TEL 운용 및 제원입력팀, 연구원 또는 기술자 등으로 구성된 관측팀 등 총 3개 팀 20여 명이 임무를 수행한다.

3. 북한 핵 지휘통제 체계에 대한 도전요인 및 취약성

김정은 1인이 장악하고 있는 독단적 지휘통제 체제의 특성으로 인해 김정은 제거 자체가 핵통제권에 대한 상실이나 공백을 야기할 가능성이 있다. 김정은이 건재하거나 관리된 권력승계가 이뤄진다면 안정적인 핵통제권이 유지될 수 있지만, 이 과정에서 예기치 않은 변수가 발생한다면 핵통제권 장악 여부가 북한 내부뿐 아니라 외부에서 제일 큰 관심을 끌 수밖에 없을 것이다.

현 체제 내에서 핵 지휘통제 체계 전반에 대한 지식 및 정보를 가지고 있는 사람은 손에 꼽을 정도이기에 김정은 유고 상황 시 이러한 소수 인원에 의해 북한의 권력 지도가 재편될 가능성이 크다, 특히 혹시라도 권력에 대한 도전 세력이 존재한다면 핵통제권에 대한 우선 장악을 통해 세력 규합 또는 담합 등을 통해 기존 권력에 대한 도전을 시도해 볼 개연성이 있다. 전략군(전략무력)이나 전술핵 운용 총연합부대 등 김정은에 의한 별도의 핵무력 지휘체계로 인해 총참모부의 통제하에서 움직이는 일반 부대와 달리 이들 부대에 대한 군부 내 위화감을 조성할 가능성이 크다.

또한, 군부 내 이원화된 조직 간 충돌 위험이 내재한다. 특히 급변 상황에서 모든 정보가 차단되고 일부 군부 내 세력에서 다른 조직을 장악하려고 할 때 무력 집단 간 충돌 상황이 연출되고 이는 내전으로 비화될 가능성도 배제가 불가하다. 특히 총참모부를 중심으로 군사 지휘 체계가 확립된 관계로 핵미사일 운용을 담당하는 전략군 및 전술핵 운용 부대에 대한 장악 시도가 가장 가능성 높은 시나리오 중 하나이다.

북한이 구축하고 있는 핵무기 이원화 관리 체계에 의거 핵무기의 집중보관 및 관리가 핵무기연구소에 의해 전담되므로 군수공업부 또는 연구소 핵심 관계자에 의해 승인되지 않은 접근 등을 포함한 다양한 위험성이 상존한다. 핵통제권이 안정적으로 유지되는 조건에서 단일시설 내 집중보관은 가장 효과적이고 보안성 유지에 유리한 방식이다. 그러나 권력투쟁이나 정치적 변동이 발생할 경우에 핵무기의 집중보관은 핵통제권 탈취에 대한 상당한 위험성을 내포할 가능성이 있다. 특히 내부자가 개인적 도피, 망명 또는 거래를 위한 불법적인 핵탄두 또는 기술 탈취, 사보타지에 의한 핵폭발 발생 등의 상황도 상정해 볼 수 있다. 북한 내 상황 진전과 관계없이 가장 취약한 지점은 보관된 핵탄두를 불출하여 수송하는 전체의 과정이다. 최종적으로 투발부대가 원거리에 이격되어 있는 경우라면 중도에 불법 탈취 및 이전, 도난, 무장공격 등의 위험성이 증가할 것이다.

4. 핵통제권 관련 위험 시나리오 고찰

최고권력자 1인에게 국가권력 및 핵 지휘통제권이 집중된 북한의 현실을 고려할 때, 급격한 변화의 가능성은 김정은의 권력승계와 관련된 상황의 변화에서 찾아볼 수 있을 것이다. 김정은의 급격한 건강 악화 또는 사망 등 급작스런 변고로 인해 권력승계 상황이 발생될 수 있다. 김정은의 건강문제 등에 따른 개인신상의 급격한 변화로 인해 야기되는 상황은 자연스럽게 권력승계 문제로 이어질 것이다. 이 경우 핵통제권 문제는 크게 부각되지는 않을 것이다. 그러나 쿠데타 또는 신변 보호 실패로 인해 김정은이 제거되는 상황은 급작스러운 혼란과 권력 공백으로 인해 핵무기 보안상 심각한 위험을 초래할 가능성이 있다. 예를 들면 쿠데타 세력이 핵무기 통제권 확보를 시도하는 과정에서 물리적 충돌 또는 폭력 사태가 발생할 가능성이 높으며, 상황에 따라 핵무기의 탈취 및 불법 사용의 가능성도 완전히 배제할 수는 없다.

무엇보다 김정은의 권력승계와 관련하여 ▲관리된 권력승계, ▲권력승계 경쟁, ▲승계 실패 등 대체로 3가지 상황을 상정해 볼 수 있다. 우선 관리된 권력승계 상황은 김정은 일가 또는 백두혈통에 의한 권력승계에 성공하는 경우를 가정한다. 자연스럽게 권력을 김정은의 장남이 승계하거나 여동생인 김여정에 의해 권력이 승계되는 상황이다. 이런 경우는 시간이 지남에 따라 김정일에서 김정은으로 권력이 성공적으로 승계되었듯이 자연스럽게 안정적으로 상황을 유지할 가능성이 크며, 핵통제권 문제도 당 중앙위원회 추대 등 절차를 통해 공식적으로 정리될 가능성이 크다. 물론 김정은의 유고 상황을 기회로 삼아 일부 군부 또는 당내 권력엘리트에 의한 배반의 가능성을 완전히 배제할 수는 없지만, 이들이 단시일 내 감시 및 견제 체제를 벗어나 세력을 규합하고 집단행동까지 도모할 가능성은 매우 낮다고 할 것이다.

둘째, 권력승계 경쟁 상황은 권력투쟁이 발생하는 상황이다. 즉 김정은의 자녀 또는 백두혈통에 의한 권력승계에 반대하는 제3의 엘리트 세력이 등장하는 상황이다. 우선 이 경우는 ▲백두혈통에 의한 배반, ▲당 엘리트에 의한 배반과 ▲군부에 의한 배반 가능성 등 3가지를 상정해 볼 수 있다. 우선 급작스러운 권력 공백 상황이 발생할 때 승계가 지명되지 않은 백두혈통에 의한 배반의 가능성이 있다. 가령 김여정이 승계에 욕심을 부리는 상황에서 김정은의 자녀들이 아직 어린 연고로 김여정에게 권력이 승계될 경우, 이에 불만을 품은 백두혈통, 이설주 또는 당내 엘리트들이 김정은의 자녀들을 내세워 김여정에 반기를 드는 경우가 여기에 해당한다. 둘째, 당내 엘리트에 의한 권력투쟁은 빨치산 혈통 또는 만경대 혁명학원 출신의 최고위층 인사에 의해 주도될 가능성을 나타낸다. 김정은의 변고에 의한 권력 공백기를 활용하여 김씨 일가가 아닌 당내 제3의 세력이 권력을 잡을 가능성이 있다. 특히 당 중앙위원회 최고위층 인사가 이를 주도하거나 추인한다면, 보다 쉽게 권력을 장악할 수 있으며, 핵통제권 자체가 당 중앙위원회에 귀속되어 있기 때문에 군부, 전략군 및 전술핵운용 총연합부대도 보다 수월하게 장악할 수 있을 것으로 보인다. 물론 당내 엘리트에 의한 권력장악 시나리오도 군부에서 얼마나 협조하느냐에 따라 유혈사태 또는 권력투쟁의 장기화 여부에 지대한 영향을 미칠 것이다. 이러한 당내 권력투쟁의 성패는 네트워크 동원력, 군부장악력, 통치력, 자금력 등에 의해 좌우될 전망이다. 어느 국가건 무장력을 상징하는 군부가 쿠데타를 일으킬 가능성이 가장 큰 세력일 것이며, 여기에는 북한도 예외가 될 수 없을 것이다. 북한의 군부엘리트는 당적 및 직위 또한 동시에 가지고 있으며, 이는 여타 당내 엘리트 집단과 쉽게 연결될 수 있는 개연성을 부여한다. 당 중앙군사위원회에 속한 핵심 군부엘리트들은 당 중앙위원회 정치국에도 참가하는바, 권력승계에 관한 논의 참여 등 정보를 쉽게 접할 수 있어 권력투쟁 상황에서 상대적으로 유리한 여건이다. 군부엘리트가 핵통제권을 가진 당 중앙위원회를 얼마나 물리적 충돌 없이 신속하게 장악할 수 있느냐 여부가 내부적으로 극단적 형태의 폭력 사태로 발전될지를 가늠할 수 있을 것이다. 군부엘리트에 의한 쿠데타 발생은 상황에 따라 전면적인 내전이나 체제 붕괴로까지 발전할 가능성이 있으며, 특히 핵통제권을 장악하기 위한 무력충돌 사태로 이어질 가능성도 배제할 수 없다.

셋째, 북한 체제가 전면적으로 붕괴되는 상황으로서 권력승계 실패 상황이다. 이는 1990년대 전후 동유럽 각지에서 발생했던 상황이 북한 내부에서 다시 일어나는 상황으로서 현재 북한의 체제상 그렇게 가능성이 크다고 볼 수는 없다. 북한 내부 상황의 안정도에 따라 여러 가지 위험에 노출될 가능성은 상존한다. 특히 상황이 악화될 경우 핵무기 관련 시설이 특정 인원들에 의해 점거되고 관련 물질 및 부품, 장비 등에 접근 및 접촉이 이뤄질 가능성도 있다.

혼란 상황을 틈타 핵무기를 보관 및 관리하고 핵무기연구소에서 내부를 잘 알고 있는 전문가나 관련 인원에 의해 핵무기 도난 및 탈취, 불법거래 등이 시도될 개연성이 있다. 나아가 핵무기연구소 또는 핵무기 운용부대에서 사보타지에 의한 핵물질 유출 및 핵폭발의 위험성도 상존한다. 또한, 핵미사일 관련 핵심 인력에 대한 내외부에서의 관심도가 높아질 가능성이 크므로 이러한 전문 인력 및 기술 유출의 위험도가 증가될 전망이다.

한편, 김정은의 핵 지휘통제권에 대한 잠재적 도전 세력으로는 ▲승계에서 밀려난 백두혈통, ▲당 중앙위원회 핵심엘리트, ▲군부엘리트, ▲당 군수공업부 또는 핵무기연구소 관계자, ▲전략무력 또는 전술핵운용 총연합부대, ▲기타 외부세력, 내부자 등으로 압축될 듯하다.

핵통제권 관련하여 예상할 수 있는 위험 양상으로는 ▲핵통제권 확보를 위한 권력투쟁(정치 혼란 또는 변동), ▲군부쿠데타, ▲무장충돌, ▲보관·이송 중인 핵무기 탈취, ▲핵시설 사보타주, ▲핵무기기술 또는 탄두·물질, 전문인력 불법유출 및 거래·이전 등이 될 것이다. 점차 북한 핵전력 규모가 확대됨에 따라 핵통제 소요는 기하급수적으로 증대될 것이고 이는 또 다른 내부 불안정성 야기 요인으로 인식할 것이다. 이에 김정은은 핵무기 통제와 관련된 각종 이해당사자(stakeholder) 및 관여 기관의 확대를 주저함과 동시에 이에 대한 감시·보안체계를 점차 강화해 나갈 전망이다.

결국, 북한 내부의 급격한 정치 변동 발생 시 '핵통제권'이라는 새로운 고려요소의 등장으로 인해 이전과는 전혀 다른 양상으로 상황이 급전될 가능성이 크다고 할 수 있다. 핵통제권을 둘러싼 북한 내부에서의 사태 추이를 자세히 지켜봐야 하며, 북한 내부에 대한 영향력 행사를 위한 다양한 영향력 수단, 연결지점, 대응계획 등을 개발할 필요가 있다.

V. 소결론: 정책적 함의

북한은 현재 실전 운용할 수 있는 수준의 핵능력 및 핵기술 수준에 도달한 것으로 보인다. 그러나 비록 북한이 최근 전술핵 운용 연습 및 핵반격 종합훈련 등을 통해 해당 부대의 숙련도를 제고시키고 국제사회에 대해 핵 위협 신호를 발신하고 있지만, 북한의 전반적인 핵태세는 아직도 초기 수준의 억제 태세에 머물러 있다고 평가할 수 있다. 충분한 대미 타격 역량과 남한에 대한 전술핵 공격 역량을 완전한 수준까지 확보하기 전까지는 핵탄두 생산을 위한 핵물질 생산과 투발 수단의 다양화 및 정밀화에 매진해 나갈 전망이다. 현재 북한은 약 90~100여 기 수준의 핵탄두 또는 이를 제조할 수 있는 핵물질을 보유하고 있다고 국제사회에 의해 평가받고 있다. 북한이 목표로 추구하는 약 300기 정도의 핵전력 규모에 도달하기까지 핵 개발은 향후 수년 또는 수십 년간 지속할 전망이다.

특히, 북한은 핵전력의 크기가 커지면 커질수록 이에 대한 종합관리 및 지휘통제 체계 구축에 신경을 집중할 것이다. 핵무기에 대한 정치적 통제력을 강화하면서 대외에는 공세적인 위협 신호 발신에 적극적으로 나설 공산이 크다. 기존의 핵보유국들처럼 핵무기의 긍정적 통제와 부정적 통제를 제도적·기술적으로 해결하고자 노력할 것이다. 문제는 러-북 군사기술 협력 사례에서도 보듯이, 북한이 이러한 핵미사일 기술을 경제적·외교적 이익을 위해 제3국에 이전할 위험성이 증대할 것이라는 점이다.

또한, 간과할 수 없는 부분은 신장된 핵능력에 기반하여 북·중·러 대(對) 한·미·일 간 신냉전 구도 형성과 같이 한반도를 둘러싼 전략 지형을 재편하려고 시도하거나 중국이나 러시아 등 북한 자신의 외교력 및 전략적 입지를 강화하는 수단으로 활용할 가능성이 크다는 점이다. 북한은 자신을 핵보유국으로 자리매김함은 물론 자신의 전략적 영향력을 적극적으로 모색하려는 행보에 나설 가능성이 크기 때문이다.

북한이 추구하는 핵전략과 핵개발 목표를 달성하는 여정은 그리 순탄하지만은 않을 것이다. 핵능력이 확장되면 될수록 한미의 확장억제 협력은 강화되면서 핵·재래식 통합 역량은 강화될 것이다. 이는 김정은의 불안감을 부추기면서 안보 딜레마를 조성할 개연성이 높다. 결국, 김정은은 한반도에서의 핵 및 전략 균형을 달성할 방안에 대해 고심하며, 이를 외부에는 공세적인 도발이나 메시지 형태로 표출할 가능성이 크다. 따라서 북한이 원하는 최종상태에 도달하기 전까지는 한반도에 불안정한 상황이 지속될 가능성이 크다.

참고문헌

국방부. 2022.『2022년 국방백서』. 서울: 국방부.

박용한·이상규. 2023. "북한의 핵탄두 수량 추계와 전망."『동북아안보정세분석』. 한국국방연구원.

브루스 베넷·최강 외. 2023. "한국에 대한 핵보장 강화방안." 연구보고서. www.rand.org/t/RRA2612-1

이상규. 2022. "북한 핵 능력 평가와 핵 실험 전망." 2022년 하반기 북한군사포럼: 북한 전략 환경 평가와 핵 위협 전망. 서울: 한국국방연구원.

이춘근. 2023.『북한의 핵패권』. 인문공간.

정보사령부. 2020.『세계의 군사력: 세계의 군사력과 국방경제에 대한 연례 평가 보고서』.

정연봉. 2023. "북한 핵위협 상쇄를 위한 우리의 대응전략."『한국국가전략』8(1): 63-83.

차두현 외. 2020. "재래전력을 통한 북핵 억제는 가능한가?" 아산정책연구원 이슈브리프(12.24.).

함형필. 2024. "북한의 핵·미사일 능력 평가 및 전망: 러·북 군사기술 협력이 미칠 영향."『한국국가전략』9(1): 101-124.

Albright, D. 2023. "North Korean Nuclear Weapons Arsenal: New Estimates of its Size and Configuration." Institute for Science and International Security, April 10.

Albright, D. et al. 2024. "North Korea's ELWR: Finally operational after a long delay." Institute for Science and International Security, Jan. 23.

Arceneaux, Giles David and Peter D. Feaver. 2022. "The Fulcrum of Fragility: Command and Control in Regional Nuclear Powers." Vipin Narang and Scott D. Sagan ed., *The Fragile Balance of Terror: Deterrence in the New Nuclear Age*. Ithaca and London: Cornell University Press.

Becker, Joseph D. 2020. "Strategy in the New Era of Tactical Nuclear Weapons." *Strategic Studies Quarterly* 14(1): 117-140. https://www.jstor.org/stable/10.2307/26891886.

Bermudez Jr., Joseph, Victor Cha, and Lisa, Collins. 2018. "Undeclared North Korea: Missile Opearting Bases Revealed." Beyond Parallel, November 12. https://beyondparallel.csis.org/north-koreas-undeclared-missile-operating-bases/

Davenport, Kelsey. 2023. "Nuclear Weapons: Who Has What at a Glance." Arms Control Association, Last Reviewed June 2023. https://www.armscontrol.org/

factsheets/Nuclearweaponswhohaswhat
Jervis, Robert. 1978. "Cooperation Under the Security Dilemma." *World Politics* 30(2): 167-214.
Kristensen, Hans M. and Matt Korda. 2024. "North Korean Nuclear Forces." *2024 SIPRI Year Book.*
Kristensen, Hans M., Matt Korda, Eliana Johns, and Mackenzie Knight. 2024. "North Korean nuclear weapons." *Bulletin of the Atomic Scientists* 80(4): 251-271. DOI:10.1080/00963402.2024.2365013.
Lieber, Keir A. and Daryl G. Press. 2017. "The New Era of Counterforce: Technological Change and the Future of Nuclear Deterrence." *International Security* 41(4): 9-49.
Mahnken, Thomas. 2014. *Cost-Imposing Strategies: A Brief Primer.* Washington DC: Center for a New American Security.
Sagan, Scott D. 2000. "The Origins of Military Doctrine and Command and Control Systems." in Peter R. Lavoy, Scott D. Sagan, and James J. Wirtz, eds. *Planning the Unthinkable: How New Powers Will Use Nuclear, Biological and Chemical Weapons.* Ithaca: Cornell University Press.
SIPRI. 2024. *SIPRI Yearbok 2024.* Stockholm: SIPRI.
Smith, Shane and Paul Bernstein. 2022. "North Korean Nuclear Command and Control: Alternatives and Implications." Defense Threat Reduction Agency.
Warden, John K. 2018. "Limited Nuclear War: The 21st Century Challenge for the United State." (Livermore Papers on Global Security No. 4). LLNL.
Zhao, Tong. 2011. "Conventional Counterforce Strike: An Option for Damage Limitation in Conflicts with Nuclear-Armed Adversaries?" *Science & Global Security: The Technical Basis for Arms Control, Disarmament, and Nonproliferation Initiatives* 19(3): 195-222.

"600mm 초대형방사포병구분대들이 위력시위사격을 진행한데 대한 보도." 『노동신문』, 2024.5.31.
"군, 北 신리 시설 내부노출 최소화....ICBM 등 핵심무기 연관." 『동아일보』, 2020.5.7.
"당 중앙위원회 제8기 제6차 전원회의 공보." 『조선중앙통신』, 2023.1.1.
"北, 대남 전술핵 '화산-31' 건전지 끼우듯 넣어 쏜다." 『동아일보』, 2024.9.13.
"영변 핵시설 지속적 가동 징후...'김정은 지시 이행 보여줘'." 『연합뉴스』, 2025.3.8.
『조선노동당 규약』, 2021.1.
『조선중앙통신』, 2021.1.9.
『조선중앙통신』, 2021.9.13.
『조선중앙통신』, 2025.3.8.

제2장

북한의 재래식 전력과 군사전략

김태현(국방대학교 전략학부)

I. 머리말

본 글은 '영토평정'으로 새롭게 등장한 북한의 전략 노선의 본질을 분석하고, 군사전략 방향을 설명하고 전망하는 데 목적이 있다. 본 연구는 북한이 2023년 12월 전원회의에서 제시했던 '적대적 2국가' 및 '영토평정' 노선이 국제적 신냉전 기류에 편승하여 한반도에서의 현상변경을 추구하는 '전략적 기회주의'의 관점으로 파악하였다. 그리고, 북한의 기회주의적 대전략하에서 추진하는 군사전략은 핵무기를 핵심적 수단으로 하는 공세 전략으로 나타날 것이라고 전망한다. 본 글에서는 북한의 군사전략이 '방어-타격 배합전'의 성격을 띠게 될 것이며, 궁극적으로는 '핵-재래식 배합'에 기반을 둔 전

....

* 이 장은 국방대 국가안보문제연구소의 2024년도 정책현안연구과제인 "북한군사리포트: 북한의 전쟁수행역량과 전략"의 일부를 보완한 것임을 밝힙니다.

략적 공세로 진화하게 될 것으로 분석한다. 특히, 북한의 새로운 안보전략을 대남전략, 대외전략, 군사전략이라는 다각적인 각도에서 접근함으로써, 북한의 군사적 능력과 야심을 공세적 군사전략과 연계하여 설명하고자 한다.

최근 북한 군사전략의 변화를 분석함에 있어 주목되는 변수는 크게 두 가지이다. 첫째, 북한이 핵무장을 했음에도 불구하고 재래식 군사력은 한국에 비해 전반적으로 열세에 처해 있다는 점에 주목한다. 일반적으로 북한과 같이 재래식 군사력이 열세한 핵무장국가는 전술핵무기를 활용하여 '제한 핵전쟁'의 가능성을 상대에게 인식시킴으로써 적의 월등한 재래식 전력을 상쇄하고 재래식 공격을 억제하는 이른바 '핵보상(nuclear compensation)'의 효과를 기대할 것이다(Bruusgaard 2021, 9-10). 하지만, 그러한 핵무장국의 핵의존도가 높아지면 높아질수록 핵 문턱 아래의 저강도 위기관리와 확전통제에 취약해지는 패러독스에 직면할 수 있다. 그렇게 될 경우 핵무장국은 다시 재래식 재균형과 재조정 과정을 거쳐야 할 것이며, 결국 군사전략 방향은 '재래식-핵 배합'의 논리로 진화하게 될 것이라는 점을 주요 논점으로 제시한다.[1]

둘째, 2023년 이후 급진전하고 있는 북러 군사관계의 밀착이 북한군에 미치는 영향을 주목할 필요가 있다. 북한은 2022년 러시아-

....

1 Clausewtiz(1991). 배합(Combination)은 통합(Integration)보다 현실적 전략개념으로서, 군사 계획과 작전적 필요에 따라 재래식 전력과 핵전력 개별 요소가 독립성을 유지하면서도 군사 목표를 달성하기 위해 조합하는 데 주안을 둔다. 본 연구에서 주목하는 '배합'은 클라우제비츠의 핵심 전략사상으로 제시된 '콤비나치온(kombination)'에서 연원한 개념으로 전쟁의 마찰과 모순을 극복하고 전쟁 노력의 극대화를 위해 상이한 요소들의 상호작용을 의미한다.

우크라이나 전쟁이 장기화하면서 러시아에 대한 무기지원을 고리로 러시아와 군사협력을 심화시키고 있다. 2023년부터 북한은 러시아에 대한 탄약, 포탄, 미사일 지원을 노골적으로 추진해왔다. 2024년 6월 북러 간 군사동맹 신조약(포괄적인 전략적 동반자관계에 관한 조약)이 체결된 이후 북한은 같은 해 10월부터 약 1만 명 이상의 전투병력을 우크라이나 전쟁에 파병한 것으로 파악된다. 막대한 피해와 손실이 발생한 것으로 알려진 가운데, 북한은 파병의 희생을 지렛대로 러시아로부터 막대한 군사적, 전략적 지원을 반대급부로 얻게 될 것이라는 평가가 지배적이다.

북한의 새로운 전략노선은 이 두가지 관점에 더해서 '핵고도화'를 추가하면 그 윤곽이 보다 선명하게 드러나게 된다. 사실, 북한이 새롭게 내놓은 '전략 노선'은 모순적으로 비치는 것이 사실이다. 2023년 12월 조선노동당 제8기 9차 전원회의에서 내놓은 '2국가론'과 '영토평정'은 상반된 두 가지 시그널을 발산하였다. 북한은 남북관계를 동족·동질관계가 아닌 '적대적인 두 국가관계'와 '전쟁 중에 있는 두 교전국 관계'로 규정하면서도, 다른 한편으로는 "핵무력을 포함한 모든 물리적 역량과 수단을 동원하여 남조선 영토를 점령, 평정, 수복, 편입"하려는 '영토평정' 노선을 제시하였다.[2] 여기서, 2국가론은 '국경선 긋기'와 '장벽' 건설로 구체화되고 있다. 2024년 1월 김정은이 '영토 헌법'을 언급하며 '대한민국은 철저한 타국, 가장 적대적인 국가'로 규정하고 '주권 행사 영역'을 지시한 이후,[3] 북

....

2 "김정은 제8기 9차 전원회의(2023. 12. 31)." 『조선중앙통신』(2023. 12. 31).

3 "김정은 최고인민회의 제14기 제10차 회의 시정연설(2024. 1. 15-16)." 『조선중앙통신』(2024. 1. 16.).

한은 '해상국경선', '남쪽국경선', '국경선 인근', '국경 제1선부대' 등의 개념을 사용하는 등 '국경'의 개념 속에 남북 경계선을 포함하였다.[4] 그러면서, 최근 들어 북한군은 군사분계선 인근에 '콘크리트 장벽'을 건설하고 전술도로를 건설하는 정황이 포착되었다.[5] 다른 한편, 북한은 핵미사일 고도화 노선을 변함없이 추진하면서 전술핵무기를 전방 지역으로 조기에 전력화하여 실전 배치하려는 의도를 철저히 관철하고 있다. 북한이 2022년 핵무력 정책법을 제정하고 2023년 핵무력정책을 헌법에 반영할 때만 해도 공세적 핵교리를 '제도화'하는 데 머물렀다면, '2국가론-영토평정'의 연계 논리는 대남 핵공격에 대한 '심리적 문턱'을 제거하려는 것처럼 보인다.[6]

이러한 북한의 상반된 행태를 두고 크게 두 가지 해석이 나온다. 첫째, 북한의 '2국가론'과 '국경선' 논리에 주목하는 해석은 북한의 안보전략이 근본적으로 '현상유지'에 집착을 하는 수세적 동기의 발로라는 주장을 내놓고 있다. 북한의 2국가론과 국경선화 정책·장벽 건설 시도가 궁지에 몰린 김정은 정권의 수세적 인식과 열악한 대내외 상황을 반영한 것이다. 이러한 관점에 따르면 체제경쟁에서 폐색이 짙어진 북한 정권이 한국 주도의 흡수통일 방지하기 위해 북한 주민을 외부로부터 고립시키고 이탈을 방지하면서 국경 내에서

....

4 "김정은 '연평·백령도 북쪽에 해상 국경선'… 도발 명분 쌓기 나서." 『조선일보』(2024. 2. 15.); "김정은 북한 국무위원장의 신형 전술탄도미사일무기체계 인계인수 기념식 연설." 『조선중앙통신』(2024. 8. 5.).

5 "北, 휴전선 따라 장벽 건설…김정은 反통일에 '국경선' 만드나." 『조선일보』(2024. 6. 15.).

6 "북핵문제의 의의와 경과, 우리정부의 입장과 북핵문제 해결방안." 대한민국 외교부 공식 홈페이지. https://www.mofa.go.kr/www/wpge/m_3972/contents.do (검색일: 2024. 8. 19.).

공포통치의 권력을 마음대로 휘두르는 '노예국가(salve state)'를 공고하게 만드는 데 목적이 있다.[7] 북한이 '장벽'을 전방지역에 건설하면서 '국경선의 실질화'에 열을 올리는 것도 남북 간 민족적 유대감을 끊어내고 북한 주민의 대남 동경심을 원천적으로 차단함으로써 영구 분단을 고착화하고, 그럼으로써 체제보전에 방점을 두는 것으로 평가한다.

둘째, 반대로 북한의 '영토평정' 논리에 주목하는 해석은 북한의 안보전략이 핵무기를 앞세운 군사전략에 압도적으로 지배받는 '현상변경' 전략이라는 입장이다. 이 관점에 따르면 북한의 '2국가론'은 체제생존의 본원적 욕구를 넘어서는 공세적 욕구가 내재되어 있다고 평가된다. 여기서, '2국가, 국경선, 장벽'과 같은 수세적으로 인식되는 논리선은 핵이라는 군사적 요소와 연결시켜 보면 '영토평정론'과 동일한 궤도에서 현상타파적 지향점으로 수렴될 수 있다는 것이다. 그렇게 되면, 2국가론은 한국을 '적'으로 규정하여 핵무기를 사용하는 데 거리낌이 없도록 법적, 사상적 선행작업을 한 것으로도 해석할 수 있다. 또한, '남쪽 국경선'은 기존 한반도 질서에 도전하는 명분을 축적하고, 위기 조성과 공격 등 현상타파를 위한 기만과 위장의 도구가 될 수 있다. 더욱이 '서해국경선'을 둘러싸고 갈등과 군사적 충돌의 소지가 적지 않다(고재홍 2024, 5-6).

'현상유지'와 '현상변경'이라는 두 가지 관점은 북한의 안보전략에 대한 각각의 설명력의 한계를 가지고 있다. 현상유지에 치우친 수세주의적 해석은 북한의 2국가론과 국경선 논리가 왜 현재보다

7 "Republican Party platform calls N. Korea 'Kim family's slave state'." *Yonhapnews Agency* (2016. 7. 19.); Lee(2017).

더 열악한 체제붕괴 위협에 시달리던 1990년대와 2000년대 초반에 등장하지 않고 북한 핵고도화와 북러 협력으로 대내외 상황이 호전이 되는 시점에 등장한 것인지 설명하지 못한다. 무엇보다, 최근 북러 간 협력이 민생경제가 아닌 무기거래 등 군사 분야에 초점이 맞추어지고 있으며, 북한이 왜 억제와 방어 목적이상으로 핵과 투발수단을 대량으로 고도화하는지에 대해 명확한 설명을 하지 못한다. 역으로, 현상변경에 치우친 공세주의적 해석도 북한의 전반적인 대남 경쟁에서의 열세와 국제적 고립의 불리한 객관적인 현실을 충분하게 설명하지 못하는 한계를 가지고 있다. 특히, '영토평정'과 같은 무력통일 전략은 북한 재래식 군사력과 전쟁지속능력의 열세한 추세, 동맹정치의 구조적 상황과 같은 대내외적 현실을 비추어볼 때 실질적인 전략노선이라기보다 대내 결집을 위한 '정치적 구호'가 아니냐는 의문이 제기되기도 한다.

이러한 상반된 평가 속에서, 본 논문은 최근 북한이 주장하는 '영토평정' 노선을 대남전략, 대외전략, 군사전략의 연계성을 고려하되 군사전략적 관점에 비중을 둔 해석을 시도한다. 본 논문은 북한의 안보전략이 단순히 한반도 안보구도에 매몰되기보다 국제적 신냉전구도의 기회적 공간을 파고들어 북러 군사밀착을 매개로 자신의 전략적 가치를 높이는 한편, 대남 군사노선을 강화하여 현상변경의 토대를 구축하려는 일종의 '전략적 기회주의'의 산물이라고 주장한다. 그러한 관점에서 본고는 북한의 '적대적 2국가' 노선과 '영토평정' 노선이 북한의 '방어-타격 배합전(defense-strike combination)'의 군사전략으로 수렴되고, 최종적으로는 '핵-재래식 배합체계(nuclear-conventional combination)'로 진화할 것으로 전망한다.

이러한 맥락에서, 북한은 최근 전략환경 변화(유럽-중동 전쟁, 북러 군사관계 밀착, 핵전략)를 이용하여 '김정은식 국방혁신'을 추진할 것으로 보인다. 김정은식 국방혁신은 핵무기와 배합전을 수행할 수 있는 수준의 '현대화'된 재래식 전력을 구비하는 데 주안을 두면서 그간 '구호'에 머물렀던 '전군 현대화'를 추진함으로써 도약적인 전력증강을 추구할 것으로 전망된다. 본고에서는 북러관계에 기반을 둔 북한의 군사현대화 노력이 핵무기체계(nuclear weapon system) 뿐만 아니라 재래식 전력의 전반적인 전력상승에 장기적 영향을 미칠 것으로 파악한다. 그리고, 그 영향력은 한반도 재래식 군사력 균형의 추를 근본적으로 변화시키지 못하더라도 '영토평정'의 공세적 야심을 키우고, 핵-재래식 배합전략을 구현하는 선까지 진화할 가능성을 배제하지 못한다.

결국, 북러 간 군사협력과 북한군 현대화는 북한 군사전략이 '방어-타격 배합체계'로 변화하는 데 기여할 것으로 전망된다. 여기서, '방어-타격 배합전'의 논리에서 보면 '영토평정'과 '국경선 강화'의 모순적인 논리 관계는 상당 부분 해소될 수 있다. 최근, 북한은 '전방 지역의 강화'와 '미사일 기반의 공포전력' 기지를 축성하여 전방군단의 전투력을 증강하는 데 주력하고 있는데, 이것은 북한이 한국 영토 전체를 '불바다'로 만들 수 있는 '미사일 기반의 공포적 타격 체계'를 구축하여 전평시에 걸쳐 강압과 회색지대 전략 등 유연한 전략적 공세를 전개하려는 전략의 일환으로 평가된다. 북한이 최근 '미사일 무력 1단계' 전략으로서 전방군단에 신형 전술탄도미사일 발사대 250여 대를 배치한다고 밝힌 것도 바로 그러한 맥락에서 이해할 수 있다.[8] 최종적으로, 북한은 핵-재래식 배합에 기반을 두고 전략적 공세로 대전환을 함으로써 궁극적으로 지향하는 '영토평정'을 구현하려는 구상을 지향할 것으로 보인다.

본 논문의 구성으로 제2절에서는 북한의 재래식 전력에 대한 평가를, 제3절에서는 북한의 전쟁지속능력을 평가한다. 제4절에서는 북한 군사전략의 본질을 규명하고 평가하는 데 주안을 둔다.

II. 재래식 군사력 평가

1. 대규모 재래식 군대와 전력구조 개편의 난항

북한은 핵 능력을 양적, 질적으로 고도화했음에도 불구하고 재래식 전력도 여전히 대규모로 유지하고 있다. 북한은 핵무기를 개발함으로써 대남 군비경쟁에서 재래식 전력의 열세를 상쇄하려는 이른바 '핵대체 효과'(nuclear substitution)를 노렸던 것으로 보인다(Butt 2015; Glaser 2010, 44). 하지만, 핵무기는 모든 스펙트럼의 분쟁에서 효과적일 수는 없다. 핵무기는 절대무기로 가공할 만한 살상력을 가지고 있기 때문에 군사적 용도로서 신뢰성을 가지기 위해서는 상당히 높은 수준의 '핵 문턱'을 넘어서야 한다. 예를 들어, 1998년 핵무장 이후 파키스탄은 핵무장 초기에는 핵무기를 통해 핵대체 효과가 나타날 것으로 기대하면서 재래식 군비감축을 시도하려 하였으나, 결국에는 핵무장 이후에도 인도를 겨냥한 재래식 전력의 규

....

8 "北, 수도권 겨냥한 미사일 타격 여단 신설." 『조선일보』(2024. 8. 10.).

모가 오히려 10퍼센트 가까이 증가했던 역설적인 현상이 나타났다(Butt 2015, 234). 이것은 한 국가의 전략목표가 '현상변경'에 주안을 두고 있거나, 전략목표가 현상 유지에 국한된다 하더라도 핵 능력만으로 주요 위협을 억제하지 못하는 상황에서는 핵 대체 효과가 발휘되기 어렵다는 점을 시사한다. 바꾸어 말하면, 아무리 핵 문턱을 낮춘다 해도 핵무장국가가 중저강도 분쟁 단계에서 발생하는 다양한 위기 상황에 유연하게 대응하기 위해서는 비례성 있는 '재래식 전력'을 충분히 보유해야 한다.

북한은 전술핵무기를 실전 배치하여 '핵전투수행 태세'를 구축함으로써 핵 문턱을 낮추고, 그것을 통해 남북 재래식 군비경쟁에 소모되는 비용과 부담을 경감하는 데 관심을 가질지 모른다. 하지만, 지난 15년 넘게 북한이 병력을 감축하거나 전력과 장비를 감축했다는 근거는 없다. 단적으로, 병력 면에서 북한은 100만 명이 넘는 대병주의를 변함없이 고수하고 있다. 국제전략연구소(IISS)의 *Military Balance*에 따르면(2006-2022) 북한은 2022년 118만 명을 유지하면서 한국군(42만 명)에 비해 압도적인 우위를 점유하고 있다. 한국군이 2014년 이후부터 50만 명 이하 수준으로 지속해서 감소한 반면, 북한은 대내외적 열악한 상황과 핵고도화에도 불구하고 오히려 병력 수가 계속해서 증가하는 추세를 보이고 있다. 뿐만 아니라 북한은 준군사조직으로서 내무성 예하에 국경경비대와 사회안전군을 포함하여 약 18만 명이 넘는 병력을 보유하고 있다는 점도 북한이 군사력의 '양적 규모'에 집착하고 있음을 방증한다. 이러한 추세라면, 현상변경과 공세적 전략목표에 변화가 없는 한 핵을 통한 재래식 군사력의 획기적인 감축과 같은 '핵대체 효과'는 발생

표 2-1 남북한 지상군 기동장비의 비교

전차	장갑차
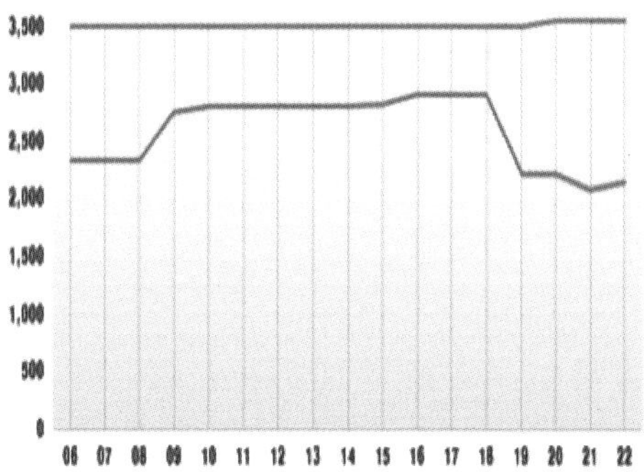	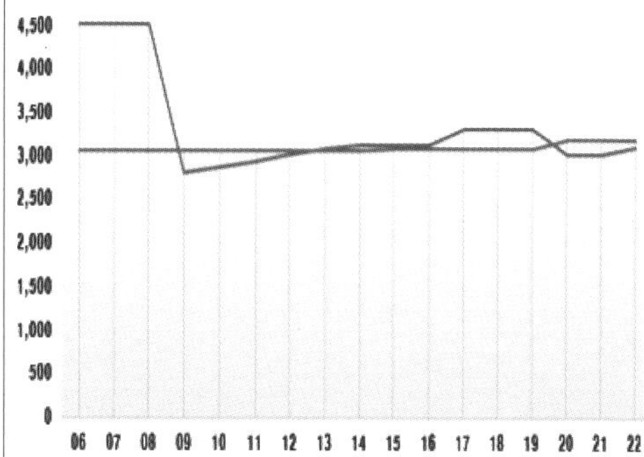

출처: IISS(2006-2022).

하지 않을 것이며, 이로써 북한의 대남 공격의 기본역량은 당분간 유지될 것이라는 전망이 힘을 얻을 것이다.[9]

북한의 군구조는 지상군 중심의 병력집약형 부대구조와 저비용 전력체계를 가지고 있다. 전략환경 변화에 적응하려는 북한의 국방혁신은 포괄적인 군사현대화보다는 선택적 성능개량에 초점을 두고 있다. 북한은 군사비 제한으로 무기체계의 전반적인 현대화보다는 필수 전쟁장비에 대한 선택적인 집중을 하고 있다. 북한군의 지상군 전력은 노후화된 장비와 전쟁지속능력의 약화로 전면전 수행능력은 떨어지지만, 공격용 기본 장비에 해당하는 전차, 장갑차, 야포의 세 가지 핵심무기체계의 규모는 축소하지 않고 있다. 북한군은 군사비 지출 면에서 한국에 비해 8-10배가량 열세에 처해 있음에도

9 김태현(2024a). 북한 재래식 전력 현황과 러시아의 영향에 대한 구체적인 분석은 위 논문을 참조.

불구하고, 이 세 가지 장비들을 양적으로 꾸준히 증강하고 있다.[10] 예를 들어, 북한의 기갑 및 기계화부대는 선군호 및 준마호 등의 장비를 통해 신형장비 혹은 부분적인 성능개량을 통하여 작전수행 능력을 향상시키고 있다. 북한 지상군의 기동·화력장비는 70% 이상이 평원선 이남에 배치되어 있어 수도권에 대한 대규모 기습공격이 가능하다는 점에서 한국에는 실존적 위협능력을 가질 수 있다.

한편, 첨단기술 기반의 고비용이 소모되는 해군 및 공군의 전력은 한국군에 비해 압도적인 열세에 처해 있다. 해군 전력의 경우, 북한 전력 대부분이 소형 함정으로서 지상작전과 연계하는 연안 작전에 치중하고 있다. 전체 함정 척수를 기준으로 수상함 전력을 비교해보면 북한이 한국에 비해 2006년 3.3배, 2012년에는 3.6배, 2022년에는 4.3배 이상의 수적 우세를 나타내고 있으나, 질적인 측면에는 한국군에 비해 압도적 열세에 시달리고 있다. 대표적으로 주전투함의 경우에는 북한이 2006년 8척에서 2022년 7척까지 비슷한 수준을 유지하고 있는 데 반해, 한국은 2006년 43척, 2022년 36척으로 오히려 한국이 5배 이상의 수적 우세를 보인다.[11] 구축함·호위

....

10 미래전 양상에 대비한 군사 장비 현대화와 첨단화를 추진할 기술과 예산 확보도 의문시된다. 세계군비·무기이전 보고서(WMEAT, 2021)에 따르면 북한이 지출한 국방비는 2009년 30.5억 달러에서 2019년 43.1억 달러로 증가하였던 반면, 한국은 2009년 261억 달러에서 2019년 439억 달러로 증가했다. 북한은 국내총생산(GDP) 대비 25%를 군비에 지출하고 인구 대비 병력 비율이 세계에서 가장 높음에도 불구하고, 국방비 전체규모는 한국에 10배가량 열세한 것으로 분석된다.

11 IISS(2006-2022). GFP에서 발표하고 있는 PowerIndex(PwrIndx) 지수와 해군력 순위의 산정방식에는 다소 차이가 있다. PwrIndx 지수는 계량적으로 재래식 지상, 해상, 공중 전력 평가결과에 자체 개발한 수식을 이용해 병력, 장비, 천연자원, 경제력 등의 50여 개 요소를 종합하여 군사력을 평가하고는 가중합 방법을 사용하고 있다. 미국 GFP(Global FIre Power)의 7개 주요 함형(항공모함, 구축함, 호위/초계함, 잠수함, 연안경비함, 기뢰함)의 보유 척수 평

함·초계함 등 중대형 함정의 경우 한국은 북한에 비해 13.2배(2012년), 19.4배(2022년)으로 매년 증가하는 추세에 있다. 따라서, 북한 해군은 수적 우세에도 불구하고 거부전력, 연안 전력 위주로 구성되어 있기 때문에 한반도 연근해에서의 국지적 해양우세에는 제한된 역량으로 평가된다.

더욱이, 북한 공군은 한국군에 비해 압도적으로 열세한 상황에 처해 있다(Cordesman 2016, 3-30). 항공 전력은 최첨단 기술과 고가의 장비로 구성되며 개발 후진국이 손쉽게 기술과 생산을 따라잡을 수 없기 때문에 북한은 그간 소련이나 중국으로부터 항공기를 도입하는 데 관심을 기울였다. 그러나, 탈냉전기를 지나면서 북한은 중국과 러시아와의 군사관계가 소원해지면서 1980년대 중반 MiG-29 전투기 도입을 마지막으로 신형전투기나 항공기를 더 이상 해외에서 도입할 수 없는 상황이 되었다. 특히, UN 안보리 결의 제1718호 채택으로 무기와 전략물자 등의 수출입이 금지된 2006년 이후 전투기 도입뿐만 아니라 수리부속품마저 제대로 공급할 수 없는 상황으로 내몰리게 되었다. 예를 들어, 북한은 비록 한국군이 보유하지 못한 폭격기 전력을 80대나 보유하고 있지만 이륙중량이 불과 3톤에 불과한 북한군의 Il-28 폭격기는 한국군의 KF-16 능력에도 미치지 못한다. 제공작전을 위한 전투기 역시 80% 이상이 1세대 또는 2세대 전투기로, 현대항공전에서 의미가 있는 제4세대 전투기는 오직 MiG-29 약 18대뿐이며, 3세대급 전투기도 MiG-23 56대에 불과하다. 따라서 북한의 3세대급 이상의 전투기는 74대에 불과하여 3세

....

가에 따르면, 2023년 기준 북한은 145개 국가 가운데 3위(519척), 한국은 19위(155척)로 평가하고 있다.

대 이상 전투기만 462대를 보유한 한국에게 비교조차 어려운 실정이다.

이러한 이유로, 북한은 열악한 조건을 고려하여 전투기 도입보다는 성능 개선에 노력을 기울이고 있다. 현재 북한의 주력전투기는 1950년대 기술에 바탕을 둔 2세대 전투기로서 수리부속 부품의 수급조차 어려운 것으로 평가되지만, 북한은 개조 가능한 수준에서 항공기 성능 강화와 항공력 유지에 방점을 둔다. 최근, 북러 군사관계가 밀착되면서 김정은이 2023년 9월 러시아 '유리 가가린' 전투기 공장을 방문하고 Su-35의 최종 조립 공정과 시험 비행을 참관하면서 신규전투기 도입 가능성도 조명을 받고 있다. 2021년부터 식별되어오던 순천기지 활주로 및 쉘터 공사가 대부분 완료된 상태에서 추가적인 기지 확장이 이루어지고 있으며,[12] 2021년 10월 개최된 자위-2021에서 신형 단거리 공대공 유도탄 2종을 공개함에 따라 기존에 북한군이 보유하지 못했던 차원의 신형 공대공 유도탄을 공개한 배경에는 해당 유도탄을 운용할 수 있는 보다 높은 차원의 항공기를 획득할 가능성이 있다는 분석도 있었다.

이에 반해, 한국군은 이미 F-35A 스텔스기를 전력화하고 한국형 전투기(KF-21)를 개발하여 노후 기종 F-4, F-5 도태에 따른 대체하여 향후 공군의 기반전력으로 활용하고자 하고 있다. 또한 KF-16과 F-15K를 성능 개량하여 공중우세와 정밀 타격 능력을 강화하고, 여기에 AESA레이더 장착을 통해 4.5세대급 전투기로 성능개량을 추진중이다. KF-21의 진화적 개발전략을 적용하여 최초 양산된 전

12 https://www.iiss.org/blogs/military-balance/2021/06/north-korea-air-force-inventory (검색일: 2024. 8. 12.).

투기의 전력화 시기는 Block-I 개발이 종료되는 2026년부터 2028년까지, 후속 양산된 전투기의 전력화는 Block-II 개발이 종료되는 2028년부터 2032년까지 이루어질 예정이다. 항공기 구성에 있어서도, 폭격기를 보유하고 있진 않지만, 모든 전투기가 3세대에서 4세대 이상의 전투기로 구성되어 있으며, 5세대 전투기인 F-35A 스텔스기를 최종 60대까지 도입 예정이다.[13] 또한 한국은 북한이 보유하지 않는 다양한 임무지원기로 전투수행 능력 격차를 배가하고 있다. 2011년 조기경보기를 도입한 이후 현재 4대를 운용중이며, 감시정찰(ISR) 임무기, 전자전(EW)·전자정보(ELINT)·신호정보(SIGINT) 임무기 등 30여 대의 지원기를 보유하고 있다. 앞으로도, 전투기 개발과 도입은 대규모 예산과 시간 투자가 필요한 국가사업이라는 점에서, 전투기 성능의 남북한 간 질적 비대칭성은 더욱 심화할 것으로 보인다.

정리해보면, 북한은 군사비 투자 여건의 악화로 인해 대규모 재래식 전력의 유지가 어려우며, 장비 노후화, 탄약과 유류 등 전면전 지속능력이 약화하고 있다. 미래전 양상에 대비한 군사 장비 현대화와 첨단화를 추진할 기술과 예산의 확보도 의문시되고 있다. 북한은 국내총생산(GDP) 대비 25%를 군비에 지출하고 인구 대비 병력 비율이 세계에서 가장 높음에도 불구하고, 국방비 전체 규모는 한국에 10배가량 열세한 것으로 분석된다. 이런 상황에서 북한 재래식 전력의 총량은 감소하지 않고 있어 군사력의 질적 퇴화는 계속 진행중이다. 전면전 수행에 필요한 공격용 기본 장비인 전차, 장갑차, 야

....

13 대한민국 정책브리핑 포탈(https://www.korea.kr/archive/speechView.do?newsId=132033116), "한국형 전투기(KF-X) 시제기 출고식 모두발언(2021. 4. 9.)."

포의 세 가지 핵심 무기체계의 규모는 2006년 이후 축소되지 않고 꾸준히 증가하는 추세다. 북한의 군사비가 한국에 비해 8배~10배 열세임에도 공격용 장비를 증강하고 있다는 것은 그만큼 재래식 군사 장비의 획기적인 현대화 사업이 이루어지지 않고 있음을 의미한다.[14] 결국, 제한된 군사비의 가용성은 북한으로 하여금 공격용 전력에 선택과 집중을 하게 만드는 요인이 되고 있다.

2. 치명적 타격체계와 비대칭 전력 강화

북한은 김정일 시대부터 대칭적인 재래식 군비경쟁의 한계를 인식하고 경쟁적 우위를 점할 수 있는 비대칭 전력을 집중적으로 강화해왔다. 북한은 예산이 많이 드는 재래식 전력 분야는 '유지와 관리'에 주안을 두면서, 핵심장비에 대해서는 선택적으로 성능개량을 추진하고, 주로 저렴한 무기를 통해 주도권을 잡을 방법을 모색하고 있다. 예를 들어, 북한은 해공군 전력 건설에서도 한국과의 대칭적인 군비경쟁은 피하면서도 치명적으로 한국을 위협할 수 있는 비대칭적 전력에 역점을 두고 있다. 북한은 수상함정에 있어서 한국과의 압도적인 전력열세를 극복하기 위해 군사분계선에 근접한 도서지역이나 연안지역으로의 침투를 위한 상륙정과 고속정 등 소형함정의 효과를 충분히 활용할수 있다. 무엇보다, 한국에 비해 잠수함은 양적으로 압도적인 우위를 가지고 있어 기습전력으로 활용이 가능하다.[15] 공군의 경우도 대칭적인 경쟁을 탈피하여 AN-2와 같은 특

14 Cordesman(2016); US Department of State(2021); "Military Expenditures." in: https://www.cia.gov/the-world-factbook/field/military-expenditures/ (검색일: 2024. 8. 25.).

수전 전력을 한국 남부지역으로 기습침투하는 비대칭적인 방식으로 운용하는 데 주안을 두고 있다.

북한의 노력이 집결된 분야는 '원거리 타격체계'라 할 수 있다. 북한은 한국의 '전략적 중심'인 수도권을 인질로 삼을 수 있도록 대량살상과 파괴를 가능하게 하는 화력 타격체계를 확충하고 있다. 북한의 재래식 전력의 양적 우세와 화력 위주의 전력은 한국의 전략적 중심(CoG, Center of Gravity)인 '수도권'을 타격하기에는 충분할 수 있다(Clausewitz 1975). 특히, 전방지역에 배치된 북한의 170mm 자주포와 240mm 방사포 등 장사정포는 수도권 지역에 대한 기습 대량 공격을 가능하게 하며, 최근 개발이 완료되어 일부 배치된 300mm 방사포는 한국의 중부권 지역까지 공격 가능하다(국방부 2022, 22-23). 북한은 600mm 초대형 방사포를 개발하고 실전배치를 앞당기고 있어 북한 전방지역의 화력타격 역량은 대폭 강화될 것으로 전망된다. 또한, 이스칸데르 미사일을 비롯하여 신형 지대지미사일 등 다양한 전략무기를 전략화하고 있어 북한의 대남 타격역량은 '더 장사정화'되고 '살상능력'이 확대되는 추세에 있다. 북한의 장사정포를 비롯한 북한의 대남 화력공격 능력은 서울과 경기 북부지역에 대해 수십 분 내에 수십만의 사상자를 유발하는 대량살상 능력을 가진 것으로 평가된다(Barnett et al. 2020). 이러한 북한의 대량 살상 및 파괴 능력은 한국민의 공포심을 조성하고 2,500만 이상이 거주하는 수도권과 '중부권'으로 확대된 대도시, 주요 군사시설을 군사적 인질로 삼아 정치적 압박할 수 있는 핵심 위협이다.

....

15 국방부(2022). 잠수함 전력은 남북한이 각각 10:70로 북한이 양적으로 우세하다.

표 2-2 남북한 포병 전력의 추세 비교

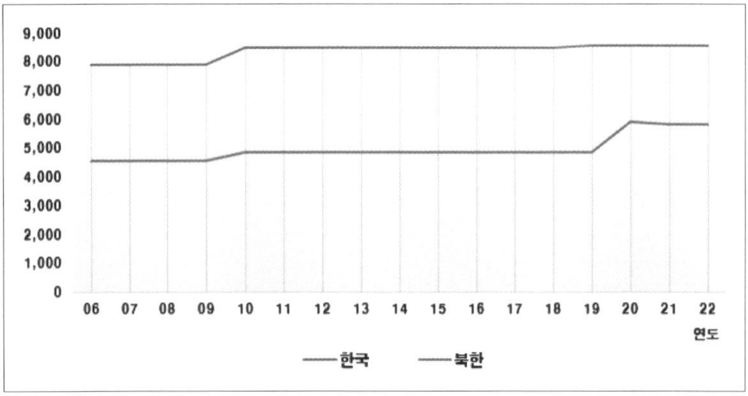

출처: IISS(2006-2022).

특히, 북한은 '방사포' 전력에 있어서 한국에 비해(다련장 로켓) 압도적인 우위를 유지하고 있다. 북한은 107mm, 122mm, 200mm, 240mm, 300mm 등 다양한 구경의 방사포를 보유하고 있으며, 600mm 초대형 방사포를 실전배치를 앞두고 있다. 북한은 방사포의 유도화, 탄종의 다양화, 발사 플렛폼의 차륜화 등 기술적 진화 노력도 병행하고 있어 방사포 수량 증가와 성능개량은 한국군에 주요한 위협이 될 것으로 보인다. 최근 대부분의 TEL이 차륜형으로 변경되었고, 300mm 방사포를 개발하면서 파편 지뢰탄, 지하 침투탄, 산포탄 등 3가지 탄종을 함께 개발하여 수도권뿐만 아니라 계룡대를 포함한 주요 군사지휘시설, 중부권의 공군기지와 탄도탄 기지를 무력화하기 위한 의지를 드러내고 있다.

화력 이외에도 북한은 특수작전 전력, 사이버 전력 등 비대칭 전력을 중점적으로 증강해왔다. 무엇보다, 북한의 특수전 병력은 현재 20만여 명에 달하는 것으로 평가되고 있는데, 11군단과 전방군단의

표 2-3 남북한 다련장 로켓(방사포) 현황의 추세 비교

구분	2006	2007	2008	2009	2010	2011	2012	2013	2014
한국	185	185	185	185	185	185	185	185	185
북한	2,500	2,500	2,500	2,500	5,100	5,100	5,100	5,100+	5,100+
구분	**2015**	**2016**	**2017**	**2018**	**2019**	**2020**	**2021**	**2022**	
한국	185+	214+	214+	214+	214+	334	298	298	
북한	5,100+	5,100+	5,100+	5,100+	5,500+	5,500+	5,500+	5,500+	

출처: IISS(2006-2022).

경보병 사·여단 및 저격여단, 해군과 항공 및 반항공군 소속 저격여단, 전방사단의 경보병연대 등 전략적, 작전적, 전술적 수준의 부대로 다양하게 편성되어 있다(국방부 2022, 23). 최근 들어 북한은 요인암살을 위한 전담 특수전 부대를 창설하는 한편 특수전군의 위상을 강화하는 등 전략적, 작전적, 전술적 수준의 부대로 다양하게 편성되어 임무의 영역을 확대하고 있다. 특수전 전력은 테러, 요인암살, 중요시설 점령, 한국의 후방지역으로 대규모 부대 침투와 미국의 증원전력 차단과 같은 다양한 임무를 유연하게 수행할 수 있는 작전적, 전략적 자산으로 평가된다.

나아가, 북한은 사이버전 역량 강화에 주력하였다. 현재 북한군의 사이버전 인력은 6,800여 명으로 알려져 있으나(국방부 2022, 21), 이러한 병력은 증가할 것으로 예상되며 관련 사이버사령부도 조직 확대를 하게 될 것으로 보인다. 북한의 사이버 금융해킹 능력은 세계 1위로 평가받고 있으며(Voo, Hemani, and Cassidy 2022), 2010-2020년대 북한은 사이버 해킹으로 핵프로그램 예산 등 군사비의 상당 부분을 충당해온 것으로 평가받을 수준으로 알려져 있다. 사이버

전사들은 인원 대비 군사적 효과가 매우 크며, 전시는 물론 평시에도 그 기여도가 매우 높기 때문이다. 북한은 비용대비 그 효과를 극대화시킨 사이버전을 통해 한국의 국가기반시설 및 전쟁수행체제를 무력화할 수 있으며, 이로써 국민의 전쟁수행의지를 박탈하는 심리적 효과를 발휘하는 것으로 보인다(국방부 2022, 23).

하지만, 북한의 강력한 비대칭 전력이 한국에 비해 압도적 우위를 가진다기보다는 '상대적, 선택적' 강점을 가지고 있다는 점에 유의할 필요가 있다. 한국군이 북한의 비대칭 위협에 대응하는 '역비대칭 전력'을 장기간 건설해왔기 때문에 '비대칭성'이 상쇄되고 있는 것으로 평가된다. 한국은 북한의 비대칭 위협에 대응적으로 전력을 발전시켜왔는데 그 중 '정밀타격능력(surgical strike)'은 북한에 치명적 위협으로 작용한다. 북한의 전략적 중심인 '김정은 지도부'를 직접 겨냥할 수 있는 전략무기로서 북한의 아킬레스건인 김정은의 동선을 감시하고, 족집게처럼 정밀타격할 수 있는 스텔스기와 유도무기의 도입은 북한에게 위협적이다. 한국군은 2021년 5월 21일 한미 '개정 미사일지침 종료'를 발표한 이후,[16] 미사일 사거리와 탄두 중량을 제한 규정이 완전 해제하고 고위력 탄두 개발을 진행하는가 하면,[17] 이미 2021년 9월 군은 '세계 최고 수준의 탄두 중량'을 가진 고위력 탄도미사일 개발에 성공했다고 발표하였다. 한국군은 핵탄두가 아닌 재래식 탄두로서 북한 지하 전략목표물을 파괴하는 능력을 갖추게 된 것이다.[18] 특히 북한은 현재 탄도탄 요격 능력이 전

....

16 대한민국 청와대(https://www1.president.go.kr/articles/10346). "한미 정상 공동성명(2021년 5월 22일)."

17 "국방부, 사거리 800km넘는 미사일 현무-5 만들까?" 『한겨레』(2021. 5. 31.).

무한 실정이다. 공격용과 달리 요격용 유도무기는 정밀도와 탐지·추적·지휘·통제 등의 기술 관점에서 훨씬 더 높은 난도가 요구된다는 점과 어려운 경제 여건 속에서 막대한 예산이 소요되는 탄도탄 요격체계를 충분하게 구축하기 어려울 것이다.

물론, 북한의 핵과 미사일 전력을 중심으로 한 타격기반의 '비대칭 전력'은 단순히 한국을 강압하는 수준에 머물지 않고 한국의 존립 자체를 위협하는 '치명적 전력'으로 변화하고 있다는 점을 주목해야 한다. 북한의 '핵 및 미사일 전력'은 더 이상 북한이 열악한 전략 상황을 극복하기 위해 수세적인 처지에서 개발하는 전략체계가 아니라 한국을 공격하여 전략적, 작전적 중심을 연속타격하여 전쟁의 전반적 흐름을 바꿀수 있는 게임 체인저로 고도화되고 있다는 의미이다. 이러한 점에서 북한의 대남 타격체계는 비대칭 공격 위협이 아니라 북한의 주공격 자산으로서 대남 전쟁전략의 '핵심적, 치명적 전력 자산'이라는 관점으로 접근할 필요가 있다.

3. 북러 군사 협력에 따른 군사현대화[19]

북한은 현대전과 미래전의 추세를 고려하여 자신의 여건에 맞게 변용하여 군사력 건설에 적용할 것으로 보인다. 북한은 제4차 산업혁명의 기술적 진화에 부응하기 위해 자신의 경제적 여건과 기술 수준을 고려하여 신기술의 국방 분야 적용이 가능한 분야를 식별하여 중점적으로 강화할 수 있다. 그러나, 경쟁이 가속화할수록 남북 간

....

18 "한국 독자 기술 개발 SLBM, 북한보다 먼저 잠수함 발사 성공." 『경향신문』(2021. 9. 15.).

19 김태현(2024a).

국방과학 기술의 격차는 벌어질 것으로 전망되며, 이미 남북 간에는 탄도미사일, 순항미사일, 잠수함 등 전략무기 경쟁이 치열하게 진행되고 있다. 여기서, 한국형 역비대칭 전력은 북한에 엄청난 '비용부과'와 함께 전략적 딜레마를 느끼게 할 것이며 북한은 한국의 은밀 공격과 정밀타격에 무방비로 노출되어 있는 가운데, 그렇다고 방패를 보강할 수도 없는 딜레마에 빠질 가능성이 있다. 앞으로 제4차 산업혁명 시대의 국방 첨단기술 경쟁 시대로 접어들 것으로 전망되는 가운데, 한국군은 점차 유무인 복합전투체계와 자율무기체계 중심의 미래전 전쟁 수행체계로 발전되는 추세지만, 북한은 한국군과 같이 미래전 수행에 대비할 만한 충분한 기술적, 경제적 자립도를 갖출 것으로 전망하기는 어렵다. 한국군의 군사기술 확대와 첨단전력의 지속적인 확보는 향후 군비경쟁이 진행될수록 한국에게 경쟁적인 우위를 가지게 할 것으로 보이며, 이로써 남북 간 역량관계는 한국에 상대적으로 유리하게 작동될 것으로 전망된다.

이러한 상황에서 북러군사 관계의 밀착은 북한에는 군사현대화를 위한 전환점이 될수 있다. 북러관계는 무기거래와 군사협력에 방점을 둔 상호 군사역량의 증강에 목표를 두고 군사밀착이 진행되고 있다. 2023년부터 본격화된 북러 간 군사밀착은 2024년 6월 19일 북러 간 '포괄적 전략적 동반자 관계에 관한 조약'(이하, '신조약')으로 연결되었다. 북러 간 '신조약' 체결은 최근 러시아-우크라이나 전쟁 장기화에 따른 러시아의 심각한 탄약·전쟁물자 부족이 북한의 핵·미사일 고도화와 맞물리는 상황에서 성사된 것이라 세계적인 주목을 끌었다. 러시아는 우크라이나 '전쟁지속' 능력 확보에 방점을 두고 있으며, 북한은 반대급부로 핵 및 미사일 위주의 '전쟁수행' 역량 확보에 중점을 두고 있다. 2024년 7월 19일 러시아 국방차관은 북한을 방문하였으며 북한 노동신문에서는 "두 나라 사이의 군사분야 협력의 중요성과 필요성에 대한 인식이 공유되었다"고 보도되었다.[20] 러시아 크레믈린 대변인도 북러 간 신조약을 '이행'하기 위해 작업을 하고 있으며 그 일환으로 대표단이 평양을 방문했다고 설명했다.[21]

북러 신조약을 중심으로 한 북러 간 군사협력은 북한의 핵무기체계와 대래식 전력에 대한 '포괄적인 군사현대화'의 모멘텀이 될 수 있다. 북러 군사관계의 중심은 '무기 거래'에 있음을 공식화하고, 2024년 6월 19일 신조약 체결에 반영했다는 것은 북한이 러시아에 대한 반대급부로 무엇을 받을지 분명해 보인다. 우선, 우크라이나 전쟁이 급한 러시아를 위해 북한은 무기와 탄약 군수공장의 생산공정을 변경하는 등 물량 증가를 꾀하고 있다. 북한은 러시아와 1차 정상회담 이전인 2023년 7월 열병식에서부터 무기 선전과 군수공장의 '대량생산'을 강조하였다. 2023년 7월 27일 열병식에서 러시아 국방 장관이 참석한 자리에서 ICBM, 핵어뢰, 무인기, 재래식 무기체계 등 최근에 개발한 무기를 선전하였다. 2023년 8월 6일 북한은 이례적으로 김정은의 군수공장 시찰 소식을 공개하면서 김정은이 초대형, 대구경방사포 공장에서 "정밀 가공능력을 제고하여 자동화를 실현, 새로운 탄종을 계열 생산하기 위한 능력조성사업 등 국방경제사업의 중요 방향을 제시"하였다고 하고, 전략순항미사일

....

20 "김정은, '방북' 러 국방차관 접견…군사협력 논의." 『동아일보』(2024. 7. 20.).

21 "Russian military delegation is in North Korea to help implement agreements reached by Putin, says Kremlin." *Reuters* (2024. 7. 19.).

과 무인공격 엔진 공장에서 '생산능력을 급격히 확대'해야 한다고 하였다.[22] 이러한 북한의 행동은 대남 전쟁준비와 함께 러시아 무기 지원을 염두에 두고 무기와 생산능력을 과시, 선전하려는 듯한 의도로 읽혔다. 북한은 러시아 무기지원에 사활을 걸면서 '국방공업 기업소'까지 신설하고, 완전 가동하는 체계를 구축하였다.

북한의 러시아에 대한 무기 탄약 지원은 전쟁의 흐름을 바꿀 정도는 아닐지라도 러시아의 전쟁지속능력에 적지 않은 보탬이 되고 있는 것으로 보인다. 2024년 2월 한국 국방부장관에 따르면 북한은 2023년 8월 이후 6,700여 개의 컨테이너에 152mm 포탄 약 300만 발(방사포탄 50만 발) 이상을 러시아에 전달한 것으로 추정된다.[23] 북한은 2024년 4월 22일 핵반격가상 종합전술훈련을 하면서 초대형 방사포를 발사하였는데, 이것은 러시아 대표단이 방북한 자리에서 러시아에 수출하기 위한 성능 시연의 복합적인 의도라고 평가되었다.[24] 2024년 5월 미의회조사국에 따르면 러시아는 매일 10,000발의 포병탄약을 소모하고 있는데, 이를 충당하기 위해서 국내생산량을 증가할뿐만 아니라 북한에 의존하고 있는 것으로 파악된다. 미국무부에 따르면 2023년 10월부터 2024년 5월까지 북한이 1만 개의 탄약 컨테이너(약 300만 발 이상의 포탄 적재 추정)를 러시아에 지원한 것으로 판단된다. 또한 미정보기관에 따르면 러시아는 2023년 12월부터 40개 이상의 북한산 탄도미사일을 발사한 것으로 추정하

....

22 "북 김정은, 군수공장 시찰… 대남위협과 러시아에 무기홍보 의도도." 『YTN뉴스』(2023. 8. 6.).

23 https://www.chosun.com/politics/diplomacy-defense/2024/02/27/UE4MK6IWB-5BALEMIWIL3DSI2VM/ (검색일: 2024. 8. 19.).

24 "합참 공보실장 발표문." 『연합뉴스』(2024. 4. 23.).

였다(Congressional Research Service 2024, 2). 2024년 6월 한국 국방부 장관은 최소 1만 개의 컨테이너가 북한에서 러시아로 보내진 것을 포착했으며, 여기에는 최대 480만 개의 포탄을 적재할 수 있다고 평가했다. 또한, 북한은 2024년 2월 하르키우 등 우크라이나 여러 도시에서 러시아 공습 후 북한산 탄도미사일 화성-11형 파편이 발견되는 등 러시아에 탄도미사일도 수십 기 보냈을 것으로 파악하였다.[25] 7월 15일 기준으로는 152mm 포탄 520만 발과 단거리 탄도미사일 수십 발이 수출되었다고 평가되었다.[26]

북한의 러시아에 대한 대대적인 군사지원을 포함한 북러 간 군사협력은 김정은이 갈구하는 '북한판 국방혁신'에 적지 않은 영향을 미칠 것으로 보인다. 우선, 북한의 지원에 대한 러시아의 보답품으로 제공되는 자본, 군사 첨단기술, 전문인력은 북한의 군사현대화에 효과를 나타낼 것이다. 뿐만 아니라, 러시아에 탄약과 무기를 대량으로 수출하기 위해 군수공장의 가동율을 높임으로써 군사공업에 활력이 생겨났다는 점은 북한 재래식 전력의 전반적인 수준향상에 도움이 될 것으로 보인다. 우크라이나 전쟁이 지속될수록 '전쟁특수'의 혜택이 북한군의 현대화로 이어질 가능성이 크다.

우선, 북한 핵무기체계의 진화적 발전이 전망된다. 러시아가 대놓고 첨단국방 기술을 북한에 이전하지는 않는다 할지라도 북러 군

....

25 https://www.bloomberg.com/news/articles/2024-06-14/kim-sent-russia-millions-of-artillery-shells-south-korea-says (검색일: 2024. 8. 18.); "러시아에 북한 포탄 이어 탄도미사일 공급도 확대될지 촉각." 『경향신문』(2024. 6. 19.).

26 "북한, 152mm 방사포 생산량 증가." 통일부 북한정보포털. in: https://nkinfo.unikorea.go.kr/nkp/news/view.do;jsessionid=TkGYq0QQ941HYjpWXczUDqtearmkBJnJPT-cLOIap.ins22?menuId=MAIN_NEWS&cntntsMngNo=5459348 (검색일: 2024. 8. 19.).

사협력의 밀착과 장기화는 북한군의 우주 정찰자산, 투발 수단, 지휘통제체계 발전에 상당한 도움을 줄 것으로 보인다. 북러 간 신조약 제8조에는 1961년 7월 동맹조약에서 규정되지 않은 조항으로서 러시아의 우크라이나 전쟁 수행에 필요한 병참 소요와 북한 핵개발을 위한 협력을 반영하였다. 또한, 제10조에는 러시아의 전방위적 대북 지원을 통해 대북제재 무실화와 핵개발 묵인 등 북한의 핵보유국 기정사실화에 기여하고, 다른 한편으로는 우주, 생물, 원자력, 인공지능, 정보기술 등 군사적으로 활용 가능한 기술이전과 재래식 전력 강화로 읽힐 수 있는 조항을 담았다.[27] 러시아는 북한이 필요로 하는 우주발사체와 인공위성 개발, ICBM 기술고도화, 핵지휘통제체계, 정찰위성 및 탐지자산의 개발뿐만 아니라, 지상군·해군·공군 등 북한의 재래식 취약 분야에 대한 전반적인 현대화에 기여할 가능성이 있다. 러시아는 북한의 군사정찰 위성, ICBM 실전배치에 필요한 대기권 재진입과 유도기술, 핵추진잠수함 등 북한이 우선순위로 설정한 전략무기 개발에 필요한 기술을 제공할 가능성이 있다. 2024년 5월 발사 중 폭발한 만리경-1-1호 발사체가 러시아에서 지원받았을 가능성이 있는 상황에서 우주와 핵 분야에서의 협력 등 공조 의지를 노골적으로 드러내고 있다.

더욱 주목해야 하는 부분은 북러 군사협력이 북한 재래식 전력의 '전반적 현대화'를 위한 중요한 전환점이 될 것으로 보인다는 점이다. 러시아는 미국, 한국, 유럽, 중국 등 국제사회의 눈치를 보면서 핵, 우주, 미사일 등 첨단 전략무기 분야에서의 대북 기술이전에는

....

27 "조선민주주의인민공화국과 러시아 연방 사이의 포괄적인 전략적 동반자 관계에 관한 조약(2024. 6. 19. 체결)," 『조선중앙통신』(2024. 6. 20.).

적극적이지 않을 수 있다. 하지만, 정치적 부담이 비교적 적은 해·공군력 장비지원과 기술이전 등 재래식 군사력 분야에 대해서는 전폭적이고 대대적인 지원을 할 가능성이 있다. 북한은 러시아의 구형 장비를 이전 받거나, 기술이전을 통해 해·공군력을 현대화할 수 있는 기회로 인식하여 대남 재래식 군사력 균형을 추구할 가능성이 있다. 북러 신조약을 통해 전략무기 분야의 고도화 속도보다, 재래식 전력에서의 현대화 속도가 더 빠르게 진행될 가능성이 큰 이유이다.

첫째, 군수공업의 생산설비와 역량이 최신화되면서 구식 탄약과 무기장비에 대한 전반적인 현대화가 이루어질 수 있다. 최근 보도에 따르면 북한산 탄약의 질은 상당히 저급한 것으로 평가된다. 대부분 122mm와 152mm 포탄으로 알려진 북한 포탄의 20-30%는 불량품인 것으로 평가되고 있다. 2023년 12월 우크라이나군 총참모장은 탄약의 질이 낮아 러시아군 다련장 로켓의 포신 내부에서 폭발하는 사례도 적지 않다고 지적한 바 있다. 전쟁 수행중인 우크라이나군 고위 정보장교에 따르면 2024년 3월경 러시아가 150만 발의 탄약을 북한으로부터 수입하였는데 러시아에 제공한 탄약은 주로 1970-1980년대에 생산되었으며 상당수가 불발탄이거나 운용 전 정비가 요구되는 것으로 평가되었다.[28] 또한, 북한산 탄약은 정밀사격이 불가능하고 러시아군의 사상자를 유발하고 있다고 평가하였다. 2024년 1월 하르키우 미사일 공습에서 발견된 KN-23은 조악한 유도시스템을 가진 사거리 700km의 매우 저급한 미사일로 평가되었으며, 비행 중 폭발한 사례도 다수 보고되었다.[29] 북한의 불량포탄에 대해

28 https://www.rfa.org/english/news/korea/shells-03042024144934.html (검색일: 2024. 8. 19.).

서 러시아의 썩은 밀가루가 교환되는 거래가 벌어지고 있다는 평가도 있다. 북한 불량탄약은 유엔 안보리 대북제재로 인한 열악한 생산 인프라때문인 것으로 보인다. 특히, 대북 원유 및 석유제품 수출의 제약으로 군수공장에 대한 전력공급이 줄어들었는데, 탄약생산 과정에서 생산 품질 관리가 제대로 되지 않고 있다는 분석이 있다.

하지만, 불량품의 무기거래 무역이 증가할수록 그리고 그것이 실전에서 검증이 이루어지고 피드백이 이루어면 질수록 북한의 무기 품질이 개선되고, 반대급부로 그에 대한 러시아의 기술이전도 더 첨단화할 가능성이 있다. 최근 러시아 지원용인지 내수용인지 밝혀지지는 않았지만 북한 군수공장은 152mm 포탄을 빠르게 생산하기 위해 생산 공정을 변경한 징후가 있다. 또한 박격포탄 등 다른 종류의 탄약을 생산하던 여러 공장이 152mm 포탄 생산을 위한 공정으로 변경되었으며, 포탄 생산에 필요한 재료가 러시아가 아닌 중국에서 들어오는 것으로 알려졌다. 북한은 러시아로부터 무기 제조에 필요한 원자재와 부품을 지원받고 동결자산 900만 달러 해제가 승인된 것으로 알려져 있다. 이것은 북한의 제2경제(국방경제)로 유입되어 북한 군수산업에 활기를 불어넣는 것으로 유추할 수 있다. 러시아가 석유와 원자재 등을 제공하여 북한 군수공장에 대한 전력공급을 정상화할 경우 북한제 포탄의 성능도 점차 개선될 것으로 전망된다. 여기에는 북한 내수용을 위한 탄약 대체에도 기여할 뿐만 아니라, 수출에 대한 반대급부로 주어지는 석유, 각종 금속자원, 미사일과 위성 기술의 제공들도 포함된다.

....

29 "피와 기름을 맞바꾸었다… 러시아서 연료 얻은 북, 짝퉁 미사일 줬나." 『세계일보』(2024. 5. 4.).

북한은 대러시아 무기 수출을 증진하면서 군수공업에 박차를 가하고 있다. 북한의 지속되는 미사일 시험발사도 러시아 수출을 염두에 둔 조치로 보인다. 북한으로서는 아직 미사일의 안정성과 신뢰성이 약한 상태에서 러시아의 기술지원을 통해 결함을 보완하고, 그럼으로써 대량생산 체제를 구축하는 데 목적을 두었을 수 있다. 김정은은 7월 3일 군수공장을 지도하면서 "지능화, 정밀화, 고성능화가 높은 수준에서 실현된 '무인흐름식' 생산공정"을 시찰했다고 하였는데, 이러한 생산공정의 변혁은 러시아 수출용 재래식 무기 생산증가를 염두에 둔 것으로 평가된다.[30] 이렇듯 우크라이나 전쟁 특수를 노린 군수공업 역량 확대 기조는 러시아의 절실함과 겹치면서 계속해서 유지되고 있다.

2024년 7월 NK Pro 위성영상분석에 따르면 북한은 장거리타격체계뿐만 아니라 근접전투를 위한 무기체계 생산에 우선순위를 두고 소총, 소화기, 대전차미사일 생산을 위한 공장 확충에 노력을 기울이는 것으로 평가된다.[31] 북한산 무기체계가 미사일보다는 총, 포, 탄과 같은 보다 검증된 재래식 무기체계에서 성능이 입증된다는 점을 주목할 필요가 있다. 그것은 러시아가 북한으로부터 총, 포, 탄과 같은 재래식 무기를 집중적으로 요청했을 것이며, 그럼으로써 북한이 재래식 무기의 대량생산을 위한 체계에 집중하고 있다는 의미이다. 러시아에 대한 무기 판매를 목적으로 한 생산설비와 역량의 확

....

30 "경애하는 김정은동지께서 당중앙지도기관 성원들과 함께 중요공장, 기업소 등을 돌아보시였다." 『조선중앙통신』(2024. 7. 3.).

31 https://www.nknews.org/pro/north-korea-expands-factories-making-anti-tank-missiles-russia-reportedly-wants/ (검색일: 2024. 8. 19.).

대는 대남 전쟁잠재력을 끌어올리는 데도 도움이 된다. 2024년 5월 13일 김정은은 신형 240mm 차량공장을 방문하여 직접 차량을 운전하고, 저격용 소총을 직접 사격하는 등 대남위협 수준을 높이면서 대러시아 무기판매를 노린 것으로 보인다. 김정은은 이 자리에서 '자동화 생산 체계'와 '생산공정 현대화'를 강조하였다. 나아가 김정은은 2024년 7월 3일 두 달 만에 국방공업기업소를 시찰한 자리에서 북한으로서는 경제난의 출구로서 군수공업에 몰두하고 있는 것으로 보인다. 러시아와 무기거래는 탄약공장의 생산역량 증가와 더불어 북한 자체 무기체계를 개발하는 데도 기여한다. 북한의 미사일은 양적, 질적으로 진화하고 있으며, 한미일의 미사일 방어역량에 큰 도전으로 작용할 것으로 보인다(Jeon and Bae 2024). 또한, 북한은 240mm 신형방사포의 포탄 조종날개 유도기능을 탑재하여 명중률을 개선함으로써 2024-2026년 교체장비를 배치하려는 계획을 가진 것으로 알려졌다.[32] 한편, 북한으로서는 구식장비와 탄약 재고를 러시아에 이전하여 우크라이나 전쟁에 소모시키고, 대신에 신형 무기와 탄약으로 대체함으로써 군사장비의 전반적인 현대화를 꾀할 수 있다.

둘째, 러시아의 기술인력과 장비지원을 통해 재래식 전력의 성능개량과 전력개선을 추구할 수 있다. 러시아-우크라이나 전쟁이 장기화됨에 따라 무기장비와 탄약 부족 등 전쟁 지속의 물질적 기반이 취약해진 러시아는 북한의 군사물자 지원에 크게 의존하는 현상이 당분간 지속될 것이다. 러시아 입장에선 조악한 무기를 받고 질

....

32 『조선중앙통신』(2024. 5. 13.).

좋은 러시아산 석유, 식량과 생필품, 무기 제조용 소재와 부품 일부, 미사일과 위성 기술을 주더라도 전쟁의 든든한 병참기지가 절실한 상황으로 보인다.[33]

특히, 북한은 한미동맹에 비해 절대적인 열세에 놓인 해군과 공군 전력 체계의 보강에 관심을 가지고 있다. 2023년 7월 26일 전승절 열병식에 참석한 러시아 국방장관(쇼이구)는 김정은에게 북중러 간 해상 연합훈련을 공식 제의한 이후, 김정은은 8월 21일 동해함대를 시찰한 이후 9월 13일 러시아 방문 이전까지 약 2주 사이에 네 차례에 걸쳐 해군 관련 시설과 부대, 행사에 참석하여 해군력 강화 노선을 천명하였다. 나아가, 김정은 9월 6일 '해군의 핵무장화' 노선을 주장하면서 저비용 첨단화 전략, 핵잠수함(우리식 핵공격잠수함), 핵추진잠수함 건조, 해상공격작전에 필요한 현대적 함정 건설 등의 구체화된 지침을 하달하였다.[34] 9월 16일 김정은은 전략핵잠수함 기지(블라디보스토크 태평양함대 기지)를 방문하였는데, 러시아 국방장관 및 해군 총사령관이 도열한 자리에서 대잠 호위함 라샬 샤포슈니코프함에서 함장의 보고를 받고(2022년, 중국해군과 동중국해에서 실시한 대규모 해상훈련에 참가한 호위함), 러시아 대함미사일 Kh-35(우란)과 칼리브르(SLCM), 대잠박격포 RBU-6000 등을 시찰하였

....

33 https://www.chosun.com/politics/diplomacy-defense/2024/02/27/UE4MK6IWB-5BALEMIWIL3DSI2VM/ (검색일: 2024. 8. 19.).

34 "북한, 첫 전술핵잠수함 건조…김정은 '해군 핵무장화 계속 추진'." 『연합뉴스TV』(2024. 9. 8.). 김정은은 8월 21일 조선인민군 해군 동해함대 근위 제2수상함전대 시찰하여 30년 넘은 러시아제 구형 선박(661호)에서 화성-2형 전략순항미사일 발사훈련을 참관하고, 8월 27일 해군절(8.28)을 맞이하여 해군사령부를 시찰하였으며, 9월 3일에는 선박 엔진공장 및 군수공장 시찰, 9월 6일에는 전술핵무기 탑재가 가능한 '첫 전술핵공격잠수함 제841호 진수식'을 진행하였다.

다. 이 자리에서 김정은과 러시아 국방장관은 "지역 및 국제 군사정치 정세에 대한 견해 공유, 북러 간 무력과 국방안전 분야 전략전술적 협동과 협조, 상호교류를 더욱 강화해나가는 데 필요한 실무적 문제에 대한 의견 교환"했다고 밝히고 있어 향후 북러 간 해군 연합훈련을 비롯하여 해군전력 증강을 위한 다양한 논의를 진행했음을 암시했다(윤창용 2024, 13). 북한은 함정 무기체계의 현대화를 비롯하여 핵잠수함 등 수중 핵전력 확보를 포함하는 포괄적인 해군 현대화에 대한 군사협력을 타진했을 것으로 보인다. 이러한 맥락에서 김정은은 2024년 1월 28일 잠수함발사전략순항미사일(불화살-3-31형)을 발사하고 핵잠수함 건조사업을 점검하는 등 '해군 핵무장화'를 지속하고 있다.[35] 북한은 2025년 4월 25일과 6월 13일 각각 5천톤급 신형구축함(최현호, 강건호)을 진수하였고, 2026년에도 2척을 추가 건조할 것이라고 밝혔다.

또한, 북러 군사협력의 핵심적인 관심 중 하나는 공군력 현대화에 있다 해도 과언이 아니다. 2023년 9월 13일-9월 17일 북러 정상회담에서 김정은의 핵심 방문지는 보스토치니 우주기지, 콤소몰스크나아무레 '유리 가가린' 전투기 공장, 크네비치 군비행장이었다는 점에서 북러 간 공군 분야 군사협력이 주요 의제였음을 짐작케 한다. 9월 15일 김정은은 러시아 극동 콤소몰스크나아무레 전투기 생산공장을 방문하여 첨단 다목적 전투기 수호이(Su-57) 및 민간항공기 생산시설을 시찰하였다. 이 공장에서는 Su-27, Su-30, Su-33 등 과거 소련제 전투기, Su-35, Su-57 등 4.5세대 전투기가 생산되는데,

....

35 "북, 김정은 "해군 핵무장 절박"…SLCM 참관 뒤 핵잠 건조 점검." 『한겨레』(2024. 1. 29.).

북한은 한국에 비해 가장 열세한 분야인 공군력 강화를 위해 북러 간 군사협력이 절실한 상황이었다. 북한 공군전력의 대부분은 MIG-21/23 계열의 노후 기종이며, 4세대 전투기인 MIG-29는 소수의 전력으로서, 그나마도 예산 부족과 인프라의 부족으로 인해 현용 전력의 수리부속, 항공유를 충당하기도 어려운 것으로 평가받고 있다. 이러한 상황에서, 북한은 과거에 쿠바에서 노후 기종의 수리 부품을 수입하려다 적발된 적이 있는데, 이것은 북한이 보유한 기종의 전투기에 돌려막기용으로 쓸 엔진과 수리 부품을 밀수하려 했던 어려운 대내적 상황을 방증한다.[36]

북한으로서는 기존 구형 전력의 전투기 수리부속과 항공유를 최대한 확보하여 현용 기체 가동률을 끌어올리는 것이 당면 과제로 보인다. 북한이 첨단 전투기를 도입하지 못하더라도 러시아 공군이 MIG-29 등 북한 현용전력 기종에 부품을 공급할 수 있는 인프라가 있다는 점에서 당장 급한 수리부속과 부품을 공급 받을 수 있다. 무엇보다, 전투기용 항공유가 부족하여 실제 공중기동훈련을 하지 못하는 상황에서 항공유 확보에도 관심이 있었을 것으로 보인다. 중장기적으로, 콤소몰스크나아무레에서 러시아가 제작하는 신형전투기들을 도입하거나 공동 생산하는 데 관여하는 것이 북한의 목표가 될수 있다. 나아가, 크네비치 군 비행장에서 김정은은 미그-31 전투기에 장착된 극초음속 미사일 킨잘(Kh-47) 미사일을 시찰하였으며, 핵무기가 탑재 가능한 장거리 전략폭격기 3대(Tu-160, Tu-95, Tu-22M)를 관찰하였다. 조선중앙통신은 "각종 전략폭격기, 다목적 전

....

36 "북한·쿠바, '무기수리↔식량' 물물거래 가능성." 『연합뉴스』(2013. 7. 18.).

투기, 추격기, 습격기를 비롯해 러시아 공군이 갖춘 현대적인 군용 비행기"를 돌아보았다고 보도함으로써, 북한이 지향하는 바가 무엇인지 암시하였다.[37]

실제, 북러 군사밀착이 심화되면서 북한 공군력 현대화의 조짐이 포착되기 시작했다. 2024년 8월 북한은 구소련제 IL-76수송기를 공중조기경보기로 개조하는 정황이 위성에 포착되었다. 구소련은 1970년대 IL-76을 개조하여 A-50공중조기경보기를 제작하였고 2003년에는 A-50U로 개조하였는데, 위성에 잡힌 순안공항의 개조 작업 중인 IL-76이 이와 유사한 형태로 평가된다. 북한이 러시아와 무기거래를 본격화한 2023년 10월 이후부터 개조작업이 시작되었다는 점에서 러시아의 기술지원 가능성을 배제할 수 없다.[38] 한국군의 F-35스텔스기와 정밀타격무기에 의한 참수 공격에 위협을 느끼는 북한이 비용과 기술이 많이 드는 방공체계 구축을 러시아 측에 요구할 가능성도 배제할 수 없다. 실제, 2024년 8월 12일 러시아가 개최한 대규모 국제무기박람회(Army 2024)에 북한 미사일개발 총책인 김정식 당군수공압부 제1부부장을 포함한 군사대표단이 참석하였는데, 북한 군사대표단은 미사일 분야뿐만 아니라 수상함, 해안지휘소, 선박, 잠수함, 항공기 무선통신 지원을 위한 통합통신장비 R-760에 대한 설명을 주의를 기울인 것으로 알려졌다.[39]

셋째, 군수공장 가동이 원활하게 이루어지면서 북한의 전술핵무

....

37 "김정은 국무위원장의 9월 16일 블라디보스토크 방문." 『조선중앙통신』(2023. 9. 17.).

38 "한·미 감시정찰 의식했나…북한서 조기경보기 개조 정황 드러나." 『세계일보』(2024. 8. 4.).

39 "러시아, 대규모 국제 무기박람회 개최…북한 미사일 총책 참가." Voice of America (2024. 8. 13.).

기 실전배치 계획이 가속화되고 있다. 탄도미사일의 현대화를 통해 구형장비를 대체하는 작업이 이루어지고 있다. 북한은 성능이 검증된 일부 전략무기를 러시아에 제공하고, 북한의 전력체계에 발생할 수 있는 공백을 메우기 위해 투트랙으로 전략무기를 배치하는 것으로 보인다. 북한은 KN-23을 러시아로 수출하면서도 2024년 8월 전방지역에 탄도미사일 발사대(TEL) 250여 대를 새로 생산해 배치한다고 밝혔다. 북한은 8월 5일 군사 공장에서 생산된 신형 전술탄도미사일용 발사대 250대를 '국경 제1전선 부대들'에 인도하는 행사를 치렀다고 밝혔는데, 공개된 발사대는 사거리 110km 정도의 근거리탄도미사일 화성-11라형인 것으로 추정되었다.[40] 단거리미사일은 DMZ에서 50-90km 떨어진 스커드 여단이 배치된 곳으로 북한은 수도권과 주요 군사시설을 집중타격하기 위한 목적으로 새로운 미사일을 배치할 가능성이 있다. 북한은 총 300여 개의 지하화된 군수공장을 가지고 있으며, 전쟁 비축물자는 약 2-3개월 분량을 확보하고 있는 것으로 추정된다. 북한은 군수공장을 완전 가동하더라도 러시아 지원만으로도 물량을 채우기 힘들 것으로 보인다. 이렇듯 미사일생산에 상당 시간이 소요될 것으로 보이는 가운데 북한이 일찌감치 발사대를 배치한다고 언론에 흘린 것은 그만큼 생산역량에 대한 자신감이 있다는 방증일 수 있다. 김정은은 "이는 우리가 계획한 전선 제1선부대 미사일 무력 건설의 1단계 목표를 점령한 데 불과

....

40 화성-11계열의 미사일에는 크게 네 가지 형태가 있다. '화성-11가'형은 북한판 이스칸데르 KN-23, '화성-나'형은 북한판 에이태큼스 KN-24, 탄두중량을 2.5톤으로 늘린 '화성-11다'형, 그리고 한국형 전술지대지미사일(KTSSM)과 유사해 '북한판 KTSSM'으로 불리는 근거리형 '화성-11라'형이 있다.

하다"고 하면서 해마다 '무장장비 세대교체'를 이어갈 것이라고 주장하였다.[41]

정리해보면, 유럽 전쟁이 장기화되고 러시아가 절박한 상황에 빠질수록 북한의 군수공업과 지원역량은 더욱 강화할 것으로 보인다. 반대급부로 주어지는 다양한 러시아의 자본과 기술 지원과 더불어 군수공업의 기술과 생산능력의 획기적인 증가는 북한 군사 현대화의 중요한 토대가 될 것으로 보인다. 핵전력과 재래식 전력 분야에서의 병행적 군사현대화는 북한위협을 더욱 치명적으로 만들 것이며, 한반도 군사력 균형에서 심대한 변화와 불안정을 유발할 가능성이 있다. 이러한 상황에서, 우크라이나-러시아 전쟁이 조기에 종전되더라도 북한 군사 위협은 완화되기보다 보다 복합적으로 전개될 수 있다. 무기판매의 판로가 막히게 되면 과잉 생산된 북한의 무기는 안보위협의 진원지가 될 가능성도 배제할 수 없다. 북한은 이란, 하마스와 같은 반미 전선의 국가들과 거래를 하거나, 그것마저 어려울 경우 한반도의 '국경 제1전선부대'들에 배치될 가능성이 있다. 북한의 신무기체계가 대량으로 전방에 배치된다면 장거리 타격체계 보강, 전술핵무기와의 재래식-핵 배합전력이 증가하게 된다. 전방 지역의 '전력집중과 증강'은 남북 간 군사력 균형을 무너뜨리고 분쟁 가능성을 높일 수 있다.

....

41 "北 전연부대, '북한판 CNI(핵·재래식 통합)' 군단차원 핵투발 무기체계 운영." 『문화일보』 (2024. 8. 5.).

III. 북한의 전쟁지속능력

1. 유형적 지속능력

러시아-우크라이나 전쟁은 현대전에서 전쟁지속능력이 얼마나 중요한 것인지 여실히 보여주고 있다. 2022년 2월 24일 시작된 러시아의 우크라이나 침공 전쟁은 '예상'과 '기대'를 깨고 장기적 소모전으로 발전하고 있다. 전쟁으로 인해 러시아군은 전쟁 전 지상군 병력의 약 87%인 315,000명이 전사하고 전차의 2/3인 2,200여 대가 손실되었으며, 우크라이나 또한 정확하지는 않지만 3만-7만 명의 전사자가 난 것으로 추정된다(박동준 2024). 경제적으로도 우크라이나 국가총생산은 2022년 한 해만 30-35% 손실되고, 러시아의 경우 7-9% 감소한 것으로 추측되고 있다. 러시아-우크라이나 전쟁의 전선이 점점 고착화되고 양측의 인적, 물적 손실이 늘어가며 무기장비도 고갈되는 소모전을 지속하는 장기전으로 전환되는 가운데 '전쟁지속능력과 의지'의 문제가 전쟁의 중심이 되어가고 있다. 러시아는 중국과의 대대적인 경제협력, 이란과 무인기와 로봇 등 첨단무기 연구개발과 생산 협력을,[42] 북한으로부터 탄약과 무기를, 체첸공화국과 병력지원 문제를 논의한 것으로 알려졌다.[43] 반대로 우크라이나는 개전 초기부터 서구국가로부터 무기장비, 인도적 지원 물자, 막대한 재정적 지원을 받아 저항능력을 유지하고 있다.[44] 장기

....

42 "러, 비밀기지서 이란제 드론 수천대 대량생산 중." 『연합뉴스』(2024. 8. 18.).

43 "본토 뚫린 푸틴, 오른팔 체첸 방문… 카디로프 '병력 지원'." 『경향신문』(2024. 8. 21.).

44 "전쟁 2년… 우크라이나 지원을 둘러싼 각국의 입장차이." 『월간정세』 2월호(대외경제정책

전(long war)이 누구에게 유리할 것인가는 결국 어느 국가가 전사회적 '동원' 능력을 오랫동안 유지할 수 있는가에 있다고 볼 수 있다.[45]

한 국가의 전쟁지속능력을 측정하는 것은 쉽지 않다. 서구에서는 '전쟁지속능력'이라는 표현이 사용되지 않는다. 대신 제2차 세계대전 이후부터 현대의 대규모 전면전에서 전쟁승리를 결정짓는 요소가 '군사력(military force)'이라기보다는 전쟁잠재력(war potential)이라는 공감대가 확산되기 시작하여 '전쟁잠재력'에 대한 개념이 통용되기 시작했다. 좁은 의미에서 사용하는 전쟁잠재력의 핵심적인 요소는 '경제력'이다. 노어(K. Knorr)는 전쟁잠재력을 "전투력을 창출할수 있는 궁극적인 능력"이라고 정의하였는데(Knorr 1957, 49), 여기서 노어는 전쟁잠재력을 '전쟁의 경제잠재력(economic potential for war)'과 동일한 의미로 사용하였다. 한편, 넓은 의미에서 이해되는 전쟁잠재력은 경제적 요소뿐만 아니라 정치 및 심리적 요소를 포함하는 확장된 의미로 이해된다. 린드라웁(B. Rindlaub)은 전쟁잠재력을 "다른 국가들에게 자신의 명령을 실행하도록 군사력을 발휘할 수 있는 잠재적인 능력"으로 규정하면서(Rindlaub 1953, 22), 군사력 발휘를 가능하게 하는 '지원(support)' 요소를 포함해야 한다고 주장하였다. 여기서 말하는 '지원' 요소에는 경제 이외에 국민적, 정치적 지원이 포함된다.

전쟁지속능력은 '동원(mobilization)' 능력과 유사한 의미로 사

....

연구원, 2024), pp. 1-2.

45 Nixey, James. "A long war against Ukraine-and the West's own Security." https://www.chathamhouse.org/2024/02/long-war-works-against-ukraine-and-wests-own-security (검색일: 2024. 2. 7.).

용될 수 있다. 동원이란 "전쟁 혹은 기타 국가비상사태에 대비하여 군이 격상된 전쟁준비태세로 돌입하는 절차"로서 예비군을 포함하여 인적, 물적의 조직과 결성을 의미한다(US Department of Defense 2016). 동원능력은 국가안보전략과 국방전략 및 군사전략의 실행을 위해 핵심적인 요소로서, 다양한 군사작전을 지탱하기 위한 군사능력을 제공한다. 무엇보다 동원은 군사작전에서 작전확장을 위한 능력, 지속, 유연성을 비롯한 '지속성(sustainability)'을 보장하는 요소이다. 미국의 경우 동원 대상에 법적 조직, 재원, 환경, 병력, 물자장비, 수송, 시설, 산업단지, 훈련시설, 의료시설, 통신, 주둔국 지원 등 광범위한 분야가 포함된다(Joint Chiefs of Staff 2018, x-xi). 정리하면, 전쟁지속능력은 한 국가의 전쟁수행을 지속가능하게 하는 '능력'과 '의지'를 의미한다고 할 수 있다. 전자가 주로 전쟁의 유형적 지원 요소로서 인력(총인구, 군병력), 경제적 자원과 생산량 등을 말한다면, 후자는 주로 무형적 요소인 정치, 외교, 사회, 이념적 응집력 등을 의미한다. 본고에서는 유형적, 무형적 요소로 구분하여 북한의 전쟁지속능력을 평가한다.

첫째, 북한의 병력구조는 장기전을 위한 전 국민적 동원태세를 유지하고 있으나 국가적으로 심각한 부담을 주고 있다. 북한은 4대 군사노선의 하나로서 '전민 무장화'의 방침하에 사실상 모든 주민이 전시로 동원되어 '인간 병기화'될 수 있도록 군사화된 체계를 가지고 있다. 북한 인구는 2022년 기준으로 2,570만 명으로 한국(5,167만 명)에 비해 절반 수준이지만(통계청 2023, 4), 북한의 군병력은 전체 인구의 4.6~4.7% 수준으로 지속 유지하며 한국은 인구 대비 군 병력의 비율은 1.2% 수준을 유지하고 있다. 북한군은 상비병

표 2-4 남북한 병력 현황

구분	1990	1995	2000	2006	2010	2016	2020	2022
합계	600만	650만	748만	770만	770만	762만	762만	762만
교도대	-	160만	173만	62만	60만	60만	60만	62만
노농적위대	-	390만	414만	572만	570만	570만	570만	572만
붉은청년근위대	-	90만	118만	94만	100만	100만	100만	94만
인민경찰대	-	10만	43만	42만	40만	32만	32만	34만

출처: 국방부(1990-2022)를 종합하여 재정리.

력 1990년 99만 명에서 2022년 128만 명으로 30여 년간에 걸쳐 약 29만 명이 증가한 것으로 평가된다(국방부 1990-2022). 여기서, 전쟁지속을 위해 필요한 예비전력으로서 전투동원 대상인 교도대, 직장 및 지역 단위의 노농적위군, 고급중학교 군사 조직인 붉은청년근위대, 준군사부대로 구성되어 있다. 이들은 14세부터 60세까지 동원 대상이며, 전 인구의 약 30%에 달하는 762만여 명으로 추산된다. 유사시 정규전 부대의 전투력을 보강할 수 있는 교도대는 60만여 명으로 정규군에 준하는 훈련 수준을 유지하고 있다. 병력 수로만 보면 북한의 전쟁지속능력은 상당한 수준이라 할 수 있다.

둘째, 국방비 지출 면에서 북한의 투자역량이 한국에 비해 현저히 떨어진다. 남북 간 국방비의 현격한 차이는 국내총생산 규모 면에서 덩치가 다르기 때문이다. 2022년 북한의 국내총생산은 36.2조 원으로 한국(2,161조 원)에 비해 60배의 격차가 난다(통계청 2023, 10). 국방비도 이러한 국내총생산의 경제규모를 수렴한 추세이지만, 북한의 집중적인 투자노력과 불법 활동으로 격차가 다소 줄어든 것으로 평가된다. 먼저 한국의 국방비는 2022년 국방백서를 기준으로 볼 때 2023년 57조로 2006년 22.5조 대비 2.5배 상승하였고 같은 기간 실질 국민총생산(GDP)이 1.6배, 국민총소득이 2.1배, 1인당 국민총소득은 2배 상승한 것을 감안하면 상대적으로 높은 증가세를 보였다. 북한의 공식적인 군사비 규모를 추정하는 것은 어려우나, 2009년 IISS추정에 따르면 북한의 국방비 지출은 한국 국방비 지출에 비해 약 5-6배 열세한 상황으로 평가되었다.[46] 2021년 무기이전에 대한 세계 무기지출 보고서(WMEAT, US Department of State, 2022.8)에 따르면 북한의 군사비는 한국의 약 7-25%로서, 단순 수치 비교의 어려움(투명성, 신뢰성, 연구개발비, 무기제조, 첨단 해외무기 도입 등)이 있으나, 대체로 북한은 남북 간 국방비 투자 면에서 압도적인 열세에 처하는 추세를 보이고 있다.

특히, 국가 전반적인 경제적 역량 면에서 북한은 국가재정 압박과 고갈의 심화가 초래되고 있다. 2024년 1월 북한의 주장(2024년 1월 최고인민회의)에 따르면 북한의 국방비는 국가 총 예산의 15.9%로 배정되었는데, 북한의 국가 총 예산 추정액을 100억 달러로 상정

표 2-5 북한군 국방비 지출 현황

구분	2009	2010	2011	2012	2013	2014
한국(백만 달러)	26,100	26,700	28,400	30,000	31,500	33,500
북한(백만 달러)	3,050	3,090	3,190	3,280	3,660	3,790
구분	2015	2016	2017	2018	2019	
한국(백만 달러)	34,300	35,100	36,400	39,500	43,900	
북한(백만 달러)	3,820	3,930	3,900	3,910	4,310	

46 IISS. *Estimate of Northeast Asian Defense Expenditure 2009-2015 (US Billions Dollar)*.

할 때 북한의 국방비는 12조 4,000억 원에 해당된다.[47] 또한, 2024년 CIA의 The World Factbook에 따르면, 북한의 2010-2020년간 국방비는 GDP의 약 20-30%에 해당하며, 2010-2020년대에는 사이버 해킹 등 각종 불법활동을 통해 핵 개발 프로그램 예산을 충당해온 것으로 평가하고 있다.[48] 북한 핵 개발과 실전배치 이후에도 핵 문턱 이전에서의 분쟁 및 위기관리, 체제 내부의 불안정 관리, 체제 내적 논리 등을 고려하여 대규모 재래식 전력을 유지할 경우, 북한의 국방비를 획기적으로 줄이기는 어려우며, 이러할 경우 국가재정에 부담을 줄 것으로 예상된다.

북한의 핵-재래식 배합 전략에 기초한 군사력 추세선과 한국의 첨단기술군 위주의 군사력 추세선이 연장될 경우, 남북한은 상당한 국방재원의 압박에 시달릴 것으로 보이는 가운데, 국가 재정규모와 경제력 규모를 고려할 때 북한이 느끼는 고통이 한국보다 상대적으로 심각할 것으로 예상된다. 핵-재래식 배합군대를 유지하기 위한 비용의 측면에서 보자면, 핵무기를 개발 및 유지하는 비용, 미사일, 재래식 첨단전력의 건설과 유지 비용은 천문학적으로 소모될 것으로 전망할 수 있다. 남북의 군비경쟁 추세가 장기간 지속될 경우 북한의 국가재정 고갈을 촉진하여 민생경제에 영향을 주고, 김정은 통치 자금 등에 압박을 가하여 전반적인 '정권 통제력'의 약화를 유발할 것으로 보인다. 반면, 한국은 동맹기반의 첨단기술군 건설을 지향하고 있어 그로 인해 상당한 군비부담을 느낄 것이나, 그렇다고

....

47 "최고인민회의 제14기 제10차회의." 『조선중앙통신』(2024. 1. 16.).

48 https://www.cia.gov/the-world-factbook/field/military-expenditures/ (검색일: 2024. 8. 19.).

국가 재정운영의 근간이 흔들리는 상황이 초래되지는 않을 것으로 전망된다.

셋째, 산업생산 능력과 전략자원 면에서 북한의 전쟁지원 역량은 현저히 떨어진다. 우선, 경제위기 및 대북제재로 인해 원유 도입은 2006년 이후 385만 배럴 수준에 머물러 있으나,[49] 중국이 과거 1960년대부터 송유관을 통해 북한에 원유를 제공해온 것과 자체 무역 자료에 대북 원유 공급량을 2014년부터 기재하지 않고 있다는 점을 고려할 때 정확한 수치는 확인하기 어렵다. 또한 만성적 전력난으로 발전량은 2006년 225억 kWh에서 2022년 264억 kWh로 유사한 수준을 유지하는 반면, 한국의 발전전력량은 2022년 기준 5,944억 kWh로서 23배의 격차가 난다(통계청 2023). 이에 북한은 국가 차원에서 최근 10년간 집중적으로 태양광 등 재생에너지 확대를 추진하고 있으며 현재 중국산 제품을 중심으로 소형 태양광 패널 288만 개(가정용 전력 수요의 7% 차지)가 사용되고 있다(신정수 2023, 10).

한편, 식량 생산에 있어서도 북한 상황은 쉽지 않다. 한국은 인구 감소, 식생활의 서구화로 쌀 소비량이 지속 감소함에 따라 생산량도 감소하는 추세임에도 쌀 식량자급률은 90~100% 범위를 유지하면서 수요 대비하여 잉여 생상의 추세를 보이고 있다. 하지만, 북한의 경우 쌀 생산량은 2021년 기준 215만 톤으로서 53.5만 톤가량 수요 대비 부족한 것으로 추산되고 있다(김영훈 2021). 북한의 쌀 생산량이 해마다 소폭 증감 추세를 나타내고 있지만, 2006년 189만 톤,

49 안보리는 2017년 채택한 대북 결의 2397호를 통해 유엔 회원국의 연간 대북 원유 공급량을 52만 5천t, 약 400만 배럴로 제한함.

2022년 207만 톤으로 유의미한 변화를 보이지 못하는 점과 기본적인 국민 생계의 수요조차 충당하지 못한다는 점은 장기화된 전쟁수행에 있어 절대적인 제한요인로 작용될 것으로 평가된다.

넷째, 첨단기술력의 격차가 심화하고 있다. 4차 산업혁명 시대 북한의 과학기술 수준에 대해 정확히 알려진 바는 없으나, 미래전 분야에 핵심적으로 적용되는 인공지능, 자율교전 체계 등 (정보)지능화 기술에 대한 남북한 기술격차는 북한에 불리하게 작용할 것으로 전망된다. 한국은 압도적인 경제력의 우위를 바탕으로 지속적, 안정적인 국방비의 투사로 2022년 이후 20여 년간에 걸친 국방혁신을 통해 첨단과학기술군으로 탈바꿈하는 데 있어, 한국 방산수출 확대와 국내 군비증강이 상호 선순환 관계를 조성하면서 효과적인 군비경쟁을 주도할 것으로 전망된다.

정리하면, 북한은 전시에 약 1-3개월 정도 전쟁을 지속할 수 있는 전쟁물자를 확보하고 있는 것으로 추정된다. 북한의 군수공장은 전시 단기간 내 전환 가능한 100여 개소 이상의 민수용 공장을 포함하여 약 300여 개소 이상인 것으로 추정되며 유사시 신속하게 군수품 생산이 가능하도록 전시동원체계를 갖추고 있다. 주요 군수물자 생산 및 비축시설은 지하 요새화되어 전시 생존성이 보장된 가운데 전투임무기를 제외한 주요 무기 및 탄약을 자체 생산할 수 있는 능력 또한 갖추고 있는 것으로 추정된다(국방부 2022, 33).

대남 공격을 목표로 하는 북한 전술핵무기의 실전배치가 예견됨에 따라 이를 거부-응징적으로 억제하려는 한국의 군사노력과 맞물리면서 남북 간 군비경쟁과 군사긴장은 앞으로 더욱 첨예화할 것으로 전망된다. 한국군은 북핵에 대비하여 스텔스기(F-35)와 SLBM을 비롯한 각종 정밀타격무기, 미사일지침 해제와 맞물린 고성능 탄두의 개발, 그리고 이를 중심으로 하여 2024년 10월 신설된 '전략사령부'는 북한의 핵위협에 맞서는 '한국식 억제전략'을 본격화하기 위한 신호탄으로 볼 수 있다. 고비용이 소모되는 '비핵 재래식 억제전력'을 구축하는 과정에서 한국군은 북한 정권과 지도부를 직접적으로 위협할 수 있는 첨단 정밀타격 전력을 구비하게 될 것으로 전망할 수 있다. 앞으로 한반도의 남북한 군비경쟁은 핵무력을 제외한 나머지 재래식 전력 분야에서는(특히, 해군과 공군 전력을 비롯하여 돈과 기술력이 소요되는 분야) 한국에 유리한 방향으로 흘러갈 것으로 보인다. 장기적인 대칭적 군비경쟁은 북한으로 하여금 국가재정 능력을 벗어나는 과도한 군비지출을 유발할 수 있으며, 그러한 과도한 군비지출은 그렇지 않아도 열악한 경제 상황에 더해 국가적 자원 고갈을 유발할 수 있다. 2040년대에 들어서 '완전한 압도적 격차'의 대세가 조성될 경우 북한체제의 전반적인 체질이 약화할 가능성이 있다.

2. 무형적 전쟁지속능력

전쟁수행을 지속하는 데 필요한 조건은 물리적 요소뿐만 아니라 전쟁을 지속하고자하는 '의지'의 영역인, 무형적 요소가 충족되어야 한다. 전쟁지속을 위한 무형적 변수는 크게 정치·사상적, 사회적, 외교적 요소들로 대별된다.

첫째, 북한의 정치적 자원이 전쟁 지속에 미치는 영향력은 이중적으로 평가된다. 이론적, 경험적으로 볼 때 인류가 수행했던 모든 전쟁은 일정한 지속 시간을 필요로 했다. 그리고, 전쟁을 유지하기 위해서는 국가, 국민, 군대의 삼위 일체적 전쟁수행 능력과 의지를 뒷받침할 수 있는 '정치적 응집력'이 존재해야 한다. 이러한 점에서, 북한의 김정은 중심의 절대주의 독재권력 체계와 통치이데올로기는 주민들의 전쟁 동원과 전쟁 지속성 유지에 유리하게 작용하는 것으로 보인다. 북한은 김정은을 권력의 정점으로 하는 절대주의 독재체제를 유지하면서 군과 주민들에 대한 절대적인 통제력을 발휘하고 있다. 이러한 독재체제는 주민의 결집과 전쟁 동원을 용이하게 하며, 여기에는 이념이라는 무기가 강력하게 자리잡고 있다. 북한 주민은 주체사상의 이념적 체계에 따라 김정은의 지시와 의지에 무조건 반사적인 충성심을 강요받으며, 폭압적 통제장치를 통해 행동화하는 과정까지 감시받고 있다. 사상적 경직성은 북한이 왜곡하고 있는 혁명전쟁관으로 확대된다. 혁명은 김씨 일가가 내세우는 주체사상의 골간이므로, 김정은이 추구하는 전쟁은 모두 '정의의 전쟁'이라고 군, 국가, 주민을 세뇌해 왔다(김태현 2023, 41-42). 정의의 전쟁을 수행하는 과정에서 적으로 규정된 한국에 대해서는 무자비한 폭력을 가해도 정당하다는 논리가 작동한다. 따라서, 북한 체제는 당과 국가와 군, 주민이 전쟁을 개시하는 데 있어서는 아무런 정치적 장애가 존재하지 않는 것이다. 김정은은 정치사상 강군화, 도덕 강군화, 전법 강군화, 다병종 강군화를 포함한 4대 전략적 노선을 제시하였고, 2019년에는 국가방위력을 다지기 위한 첫 번째 과제로 '4대 강군화 노선'을 강조하였다(국립통일연구원 2023, 97). 이 중에서 김정은은 '정치사상'과 '도덕' 강군화를 통한 사상 무장을 강조하고 있다. 지금처럼 대병주의를 포기하지 않고 핵-재래식 배합전력을 지속하려는 것은 김정은 정권의 체제존립에도 긍정적으로 작용한다. 북한은 '공동의 적'이 존재하는 한 그것을 구실로 체제결집과 주민동원을 일상화할 수 있으며, '외부 위협'에 대한 공동전선을 호소하는 가운데 통치 정당성과 절대주의 독재 논리를 유지해나갈 수 있다.

문제는 현재와 같은 방식의 과다한 군비 지출에 초점을 맞춘 체제경쟁이 지속될 경우 남북한 간 압도적 체제경쟁 격차가 발생하면서 북한 체제의 존립에 결정적인 위험이 될 수 있다는 데 있다. 북한 체제는 획기적인 개혁개방 프로그램이나, 외부의 대대적인 지원이 없을 경우 '그럭저럭 버티기'의 수준에서 크게 벗어나지 못하고, 경우에 따라서는 실패국가(failed state)의 경로로 전락할 가능성도 제기된다. 남북 간 체제경쟁력의 '압도적' 차이가 발생하는 단계에서는, 이미 심리적으로 북한 주민과 엘리트의 '패배의식'이 만연해지면서 북한 내부에서 '아래로부터의 변화 움직임'이 나타날 가능성, 북한 주민과 엘리트의 이탈과 저항의 조짐이 잠재적 수준에서 현시적 수준으로 진화할 가능성이 커지는 등 김정은 통치체제에 내외적 압력이 증가할 수 있다. 현재 군비경쟁과 전략 경쟁은 단기적으로는 김정은 통치체제의 정당성과 정통성을 강화하는 정치적 구실과 명분으로 작용할 수 있겠지만, 현재 추세의 군사경쟁이 20년 이상 지속될 경우 북한의 인적, 물적 과잉 동원과 자원 고갈로 인해 통치력의 기제가 약화할 가능성이 있다. 나아가, 남북 간 체제경쟁의 압도적 격차로 인한 '심리적 패배주의'가 작동하면서 김정은 통치체제를 송두리째 흔들 가능성이 있다. 후계체제에 대한 의견대립과 권력투쟁 요소가 체제내부에 내재된 '균열 요인'과 맞물리면서, 초기의

'후계체제 대립'의 구도가 '노선투쟁' 양상으로 확대되면서 세력화된 엘리트 간 투쟁으로 진화할 수 있다.

둘째, 북한 내 잠하고 있는 사회적인 불안정 요소는 전쟁 지속력에 지대한 영향을 미칠 것으로 보인다. 사회적으로, 북한은 이미 배급제 붕괴, 장마당 세대의 성장, 외부정보의 유입으로 인한 주민의식의 변화 등으로 인해 주민사회 통제에 대한 필요성과 소요가 증가하는 가운데, 한국사회의 다원화와 자유 민주주의 가치와 경제적 번영은 주민사회에서 동경의 대상이 된다는 보고가 적지 않다. 북한 사회가 이념에 충실한 사회주의 체제의 속성에서 이탈하여, 생존을 위해 각종 수단과 방법도 동원된 탈이념적 생존체제로 변화하는 추세를 보이는 가운데, 국자 자원의 고갈로 인한 민생고의 확대, 무엇보다 북한체제 내부에 심화하는 '상대적 빈곤'은 북한 전쟁지속을 보장하는 데 해악으로 작용할수 있다. 상당수 주민이 자생적 생존방식에 의존하여 경제생활을 유지하고, 이 과정에 사회적 일탈이 증가하며, 문화행태와 의식 변화를 견인하고 있다. 먹고 사는 문제를 해결한다 하더라도 북한 주민사회에서는 외부사조를 접촉하는 과정에서 한국 드라마와 한국노래, 미국영화 및 팝송을 거리낌 없이 받아들이면서 외부세계를 동경하는 의식이 확산되고 있다(통일부 2024, 23). 북한 내 시장 확산으로 외부세계와의 접촉이 가능해지고 외부정보를 접하는 과정에서 북한체제의 단점을 인식하고 체제불신 및 지도자 불신이 표출되는가 하면, 주민들의 불만은 단순한 외부세계 동경과 탈북과 같은 '체제 이탈(exit)'의 방식으로 표출되고 있다. 나아가, 전쟁과 같은 일정한 조건이 주어지면 이러한 체제분노와 불만이 사회변화를 촉발하는 '집단 저항(voice)'으로는 발전할 가능성을 배제하지 못하는 것이다(Pfaff 2006).

남북 간 체제경쟁에서 북한의 패색이 짙어지기 시작한 지 40년이 지나면서 경쟁의 양적, 질적인 격차가 심화되었다는 사실은 이미 북한 주민사회에도 널리 확산된 것으로 전해진다. 문제는 북한 당국이 단순히 '이념 투쟁'만으로 북한 주민의 '삶의 질'에 대한 동경과 '더 나은 미래'에 대한 욕구를 원천적으로 봉쇄하고 억제하기에 벅찬 것으로 보인다는 것이다. 최근 북한 탈북민들의 인식조사에서 드러났듯이 북한 주민들도 한국의 자유 민주주의를 동경해서라기보다는 '삶의 질'의 향상에 대한 기대와 '자녀 세대'의 교육과 미래비전에 대한 기대감 때문에 탈북 리스크를 안고서라도 북한 체제를 이탈하는 추세를 보인다. 북한은 선전 수단, 공포적 통제장치, 적절한 회유, 최소한의 불만 해소 장치 등을 동원하여 주민들의 체제이탈을 막기 위해 노력하고 있지만, 1989년 가을 동유럽(특히, 동독)과 같이 한국 생활에 대한 동경심이 주민들 의식 속에 내재된 상태에서는 기회와 조건이 무르익게 되면 언제든지 대규모 이탈을 할 수 있는 위험성이 잠재되어 있다. 내부 불안정과 불만은 전쟁발발 시 북한 정권의 전쟁지도에 마찰적 작용을 일으킬 수 있으며, 정권에 대한 반기와 저항으로 나타날 수도 있다.

셋째, 북한의 외교적 고립성도 전쟁지속능력에 유리하게 작용하지 않는 것으로 보인다. 북한은 국제적 고립으로 인해 자력갱생 노선을 고수해온 지 30여 년이 지났다. 북한의 핵 등 대량 살상무기의 지속적인 개발로 대북제재는 강화되고 국제사회로부터의 고립은 더욱 심화할 것으로 보이는 가운데, 한미일 군사협력의 강화는 북한의 외교자산에 부담을 주고 있다. 북한 군사위협 억제와 중국에 대한 견제 의도가 맞아떨어지면서 한국, 미국, 일본의 삼각 군사협력이 지속적으로 강화할 것으로 전망된다. 북한은 자력갱생과 국방력 강화의 두 가지 모순적인 정책이 장기간 지속되기 어려운 상황을 감안을 감안하여, 북한-중국-러시아 간의 전략적 협력관계는 더욱 밀착될 것으로 전망할 수 있다. 외교적으로 북한은 탈냉전기 이후 '고립주의 정책'과 핵 개발 정책으로 인해 서구 국제사회로부터 분리되어 정상적인 국제사회의 일원으로 수용되지 않고 있지만, 중국과 러시아 등과 지정학적 이익을 공유하고 있다는 점에서, 전략적 생존의 통로가 완전히 닫히지는 않을 것이다.

미중 전략경쟁 및 동맹블록화와 북러 군사관계 밀착은 전쟁지속능력에 긍정적인 영향을 미칠 것이다. 역내 미중 간 전략경쟁은 자유민주주의 국가들과 권위주의 국가들 간의 진영대결 양상을 띠고 있어 신냉전 심화 현상 가열. 이러한 가치 중심의 세력화 현상은 북한체제 유지에 기회와 도전을 줄 것으로 보인다. 인도-태평양 지역의 미국 중심의 동맹 네트워크는 중국 중심의 북방 동맹 네트워크(북한-중국-러시아)의 결속력을 높이게 될 것이며, 이러한 동맹블록화의 가속화는 북한으로 하여금 핵문제, 대북제재, 경제난 완화 등 여러 가지 생존전략과 연계된 난제들을 풀수 있는 전략적 공간을 제공할 수 있다.

정리하면, 북한 내부에 꿈틀거리고 있는 '죽고 아니면 살기' 식의 정권통치에 대한 자포자기식 주민정서가 자칫 대남 전쟁의 동력이 될 가능성도 배제할 수 없다. 북한 주민들은 정권의 통치행위에 대해 희망과 기대를 가지지 못하는 상황에서 전쟁만이 유일한 생존의 탈출구라고 인식할 수 있다. 여기에다 최근 북러관계는 1945-1950

년의 세계정세와 한반도 정세를 연상하게 한다는 분석도 대두되고 있다. 유럽 문제와 한반도 안보문제가 밀접하게 연결되면서 러시아의 대북 군사지원은 북한의 군사모험주의에 대한 기대를 키울 가능성이 있다.

3. 기회와 도전

북한의 유형적, 무형적 차원의 전쟁지속능력은 지속적으로 약화하는 추세에 있다고 볼 수 있다. 남북한의 치열한 군비경쟁 양상은 경제적, 정치적으로 국가발전 전략에 적지 않은 영향을 미칠 것으로 전망되는 가운데, 북한이 한국에 비해 그러한 부정적 영향을 장기간 감내하기는 쉽지 않을 것으로 보인다. 북한으로서 핵무기와 미사일 개발 등 국방력 강화 정책은 막대한 국가재원의 소모를 초래하고, 젊은 세대의 병역복무 장기화로 인해 경제건설과 발전에 필요한 인력의 낭비가 심각해지고 있어, 장기적으로는 김정은 정권의 통치행위에 상당한 부담으로 작용할 가능성이 있다. 또한, 인구절벽과 첨단과학기술 등 제반 국방환경의 급격한 변화에 의한 충격력을 완충하고 흡수할 수 있는 '충격 수용역량'에 있어서, 한국이 북한보다 더 유연한 적응력을 발휘할 것으로 전망된다.

한편, 무형적인 측면에서 북한의 전쟁지속능력은 더 많은 도전에 직면할 것으로 보인다. 북한 사회에 내재된 불안정과 정권에 대한 불신은 전쟁 발발 시 한국에 대한 항전 의지보다는 북한 정권에 대한 분노의 에너지로 전환될 가능성이 있다. 이러한 상황에서, 북러 관계의 밀착은 북한의 전쟁능력에 '반전'의 모멘텀을 제공할 가능성이 있다는 점에서 주목해야 할 변수이다.

IV. 북한의 군사전략

1. 새로운 전략노선: '영토평정'

최근 김정은의 새로운 안보전략은 '영토평정론'으로 대표된다고 할 수 있다. 2023년 12월 31일 북한은 노동당 제8기 9차 전원회의에서 남북관계를 동족·동질관계가 아닌 '적대적인 두 국가관계'와 '전쟁 중에 있는 두 교전국 관계'로 규정하며 '영토평정'과 '무력통일', 그리고 사회주의 국가와의 연대 노선을 제시하였다. 김정은의 영토평정-무력통일 노선은 1949년 김일성의 영토완정과 무력통일 노선을 연상케 하는 공격적인 대남 적화통일 노선으로 평가된다. 나아가, 북한은 "핵 무력을 포함한 모든 물리적 역량과 수단을 동원하여 남조선 영토를 점령, 평정, 수복, 편입"하겠다고 선언함으로써 공식적으로 대남 공격을 위해 핵무기를 사용하겠다는 점을 명확히 하였다.[50] 북한은 대남 핵선제공격을 시사하면서 2022년 9월 핵무력 정책법을 제정하고 2023년 9월 핵무력정책을 헌법에 반영할 때까지만 해도 공세적 핵교리를 '제도화'하는 데 머물렀다면,[51] '2국가론-

....

50 "김정은 제8기 9차 전원회의(2023. 12. 31.)."『조선중앙통신』(2023. 12. 31.).

51 "북핵문제의 의의와 경과, 우리정부의 입장과 북핵문제 해결방안," 대한민국 외교부 공식 홈페이지. https://www.mofa.go.kr/www/wpge/m_3972/contents.do (검색일: 2024. 8. 19.).

영토평정'의 연계 논리는 대남 핵공격에 대한 '심리적 문턱'을 제거하는 시도로 보인다. 북한의 새로운 전략노선은 크게 세 가지 특징을 보이고 있다.

첫째, 북한은 무력 현상변경을 위한 논리체계로서 '적대적 2국가론'을 제시하였다. 사실, 이것은 북한의 가장 이단적인 정책전환으로 평가된다. 북한은 그간 '1민족 1국가'에 기반을 둔 고려연방제를 고수하면서 통일전선전술을 비롯한 각종 대남 적화전략을 추진해왔다. 하지만, 2023년 이후 북한의 '2국가론'은 한국에 대한 적대적인 반통일정책의 출발점으로 평가받고 있다. 북한은 자신들이 고수해오던 민족 중심의 통일정책과 대남전략을 모두 폐기할 것과 북한 내부에서도 물리적, 심리적으로 민족지우기에 나섰다는 평가가 나온다.

북한의 이러한 '적대적 2국가론'은 2024년 초부터 '국경선 긋기' 정책으로 구체화되고 있다. 2024년 1월 16일 김정은은 '영토 헌법'을 언급하며 '대한민국은 철저한 타국, 가장 적대적인 국가'로 규정하고 '주권행사 영역을 합법적으로 정확히 규정짓기 위한 법률적 대책'을 지시하였다. 구체적으로, 북한은 "조선반도에 병존하는 두 개 국가를 인정한 기초 위에서 대남정책을 새롭게 법화, 우리 국가의 '남쪽 국경선'이 명백히 그어진 이상 불법 무법의 북방한계선을 비롯한 그 어떤 경계선도 허용될 수 없으며, 우리 영토, 영공, 영해를 0.001mm라도 침범하면 전쟁 도발로 간주, 경의선의 북한쪽 구간을 회복 불가한 수준으로 완전히 끊어놓을 것, 접경지역의 모든 연계 조건들을 철저히 분리" 등을 주문하였다.[52] 2024년 2월 5일에는 '연평도와 백령도 북쪽 국경선 수역'을 언급하면서, '명백한 것은 우리가 인정하는 해상국경선을 적이 침범할 시 우리 주권에 대한 침해, 무력도발로 간주'라고 강조하였다.[53] 이처럼 북한이 사용하는 '국경선'이라는 용어는 북중경계선을 지칭해온 것으로, 남북 간 '해상국경선'과 '남쪽국경선'이라는 표현은 처음으로 등장하는 용어였다. 2024년 5월 29일 북한은 오물풍선을 살포하면서 '한국 국경지역'이라는 표현을 사용하였고,[54] 2024년 8월 5일에는 신형 전술탄도미사일 발사대 250대를 '국경선 인근부대', '국경 제1선부대', '전선 제1선부대'에 배치한다고 발표함으로써 '국경'이 곧 남북 간 경계선임을 기정사실화하고 있다.[55]

전방 지역의 국경선화는 '장벽' 설치로 가시화되고 있다. 2023년 연말부터 북한의 비무장 지대에서 철책과 장벽 보강, 지뢰 매설 등 경계시설물 보강을 통해 남북 주요 통로 차단을 위한 실질적 국경선화 작업을 본격화했다. 2023년 12월 초 비무장지대 감시초소(GP)를 목재에서 콘크리트로 바꾸고, 경의선 육로에 지뢰매설 및 콘크리트 방벽 설치, 동해선 남북통로상 지뢰매설, GP로 중화기 반입을 시도해왔다.[56] 2024년 4월 이후 강원 고성 일대의 동해안 축선부터 철원-연천 등에 접한 중부전선 축선의 북측지역에서 수천 명의 병력과 굴착기 등 중장비를 비무장지대에 투입하여 지뢰 매설을 해왔

....

52 "김정은 최고인민회의 제14기 제10차 회의 시정연설(2024. 1. 15-16)." 『조선중앙통신』(2024. 1. 16.).

53 "김정은 '연평·백령도 북쪽에 해상 국경선'… 도발 명분 쌓기 나서." 『조선일보』(2024. 2. 15.).

54 "북한이 보낸 오물풍선 150여개 발견… 경남까지 날아와." 『한겨레』(2024. 5. 29.).

55 "김정은 북한 국무위원장의 신형 전술탄도미사일무기체계 인계인수 기념식 연설." 『조선중앙통신』(2024. 8. 5.).

56 "北, 휴전선 따라 콘크리트 장벽 건설 움직임." 『동아일보』(2024. 6. 15.).

다.[57] 2024년 6월 들어 북한군은 군사분계선에서 북측으로 1km 올라간 지점을 따라 병력과 장비를 투입하여 '콘크리트 장벽' 건설작업을 하고 있으며, 장벽과 북한 내부를 연결하는 전술도로를 건설하는 정황이 포착되었다.[58]

북한의 영토평정론과 국경선화 정책의 일차적 목표는 김정은 독재체제의 존속과 연명에 있다. '장벽'은 분리와 고립의 상징이다. 국경과 장벽은 '2국가 체제'를 고착화하기 위해 동일 민족을 '2개 민족'으로 분리하여 민족공동체의 개념을 말살하려는 이념적, 심리적 '분리'의 정치적 상징으로 보인다. 이것은 북한 주민의 한류에 대한 친숙함과 동경심을 원천적으로 차단하고 한국으로의 물리적 통로를 봉쇄함으로써 고립국가로서 개별 정체성을 노리는 반통일 정책으로 해석된다. 대남전략 차원에서도 북한은 '장벽'으로 상징되는 '국경선 실질화'를 통해 남북 간 민족적 유대감을 차단하여 영구 분단화를 노릴 수 있다. 이것은 북한의 '국경독재체제(diktatur der grenzen)'를 강화하는 데 큰 도움을 준다(Lindenberg 2017; 김태현 2017). 북한은 외부로부터 사상적 차단장벽을 만들어 주민을 국제사회로부터 고립시키고 주민이탈을 방지하면서 국경 내에서 공포통치의 권력을 마음대로 발휘하는 데 관심이 있을 것이다. 말하자면, 김정은 독재권력 유지를 위해 북한주민을 우리에 가둬놓고 횡포를 부리는 김씨 일가의 '노예국가(salve state)'를 고착화하는 것이다.[59]

....

57 "北, 휴전선 따라 장벽 구축 중…자체 전술도로 건설." 『중앙일보』(2024. 6. 15.).

58 "北, 휴전선 따라 장벽 건설…김정은 反통일에 '국경선' 만드나." 『조선일보』(2024. 6. 15.).

59 "Republican Party platform calls N. Korea 'Kim family's slave state'." *Yonhapnews*

하지만, 북한의 전략은 정치적 상징에 그치지는 않을 것이다. 북한의 2국가-국경선과 장벽-영토평정의 논리 속에는 체제생존의 본원적 욕구를 넘어서는 공세적 욕구가 내재되어 있다. 수세적 동기의 발로로만 본다면 지금보다 훨씬 악조건이었던 1990년대 중반과 2000년대 초반에 오히려 국경선과 장벽의 논리가 발의되었어야 합리적인 추론일 것이다. 여기서, '2국가, 국경선, 장벽'의 논리선과 결을 달리하는 것처럼 보이는 '영토평정론'을 동일한 궤도에 올려놓고 보면 북한의 현상타파적 지향점이 어렴풋이 나타난다. 그렇게 되면, 2국가론은 한국을 '적'으로 규정하여 핵무기를 사용하는 데 거리낌없도록 법적, 사상적 선행작업을 한 것으로도 해석할 수 있다. 또한, '남쪽 국경선'은 획정 과정에서도 한국과 마찰을 유발하면서 기존 한반도 질서에 도전하는 명분을 축적하고, 위기 조성과 공격 등 현상타파를 위한 기만과 위장의 도구가 될 수 있다. '남쪽 국경선'을 규정하기 위해서는, 우선 '육상 국경선'이 현 군사분계선으로 대체한다 하더라도 한국과 구체적인 범위를 협의하는 과정에서 분쟁의 소지가 많으며, 더욱이 '서해국경선'을 둘러싸고 갈등과 군사적 충돌의 소지가 적지 않다(고재홍 2024, 5-6). 무엇보다, 북한은 북한주민에게 한미동맹의 위협으로부터 방어조치를 취하고 있다는 가짜 위협을 조성하여 내부 단결을 꾀하려는 정치적 효과를 누릴 수 있다.

둘째, 북한의 안보전략은 신냉전구도의 편승과 국제 군사역량 강화에 집중하는 것으로 보인다. 국제전략으로 볼 때 북한의 '적대

....

Agency (2016. 7. 19.); Lee(2017).

적 2국가' 노선은 신냉전 질서로의 적극적인 편승 의지로 해석될 수 있다. 북한은 남북관계를 적대화하여 '남쪽 국경선'을 선명하게 함으로써 신냉전 전선의 '동쪽 경계'이자 방파제라는 점을 자처함으로써 북한, 중국, 러시아의 반미 전선의 결집을 노릴수 있다. 냉전기 '베를린 장벽'이 서구 제국주의 위협으로부터 사회주의를 수호하는 '반파시스트 방파제(antifascist bulwark)'로 인식된 것처럼, '한반도 장벽'은 미국 중심의 서구세력에 대한 북방 3각 체제의 '방파제'로 상징화될 수 있다(Demke 2011). 이로써, 북한은 한국과 선 긋기로 내적 결집을 도모하면서 한미일 3각 체제와의 '최전선' 이미지를 부각하여 북중러 3각체제의 결속력 제고에 나설 수 있는 것이다.

북한의 '적대적 2국가' 노선이 시기적으로 북러 군사관계가 밀착되는 흐름과 겹치는 것을 우연으로만 볼 수 없다. 2023년부터 본격화된 북러 군사관계 밀착은 진영대결의 출발점으로 보인다. 2022년 시작된 우크라이나-러시아 전쟁이 2년 넘게 장기화되면서 러시아의 전쟁물자 부족으로 촉발된 북러 군사협력은 '무기거래 동맹'으로 격상되기에 이르렀다. 2023년 7월 이후 본격화된 북러 간 군사밀착은 2024년 6월 19일 '포괄적 전략적 동반자 관계에 관한 조약'(이하, 신조약)으로 연결되었다. 북러관계가 신조약을 계기로 '동맹관계'로 격상된 것인지, 혹은 '자동 군사개입 조항'으로 읽힐 수 있는 여지가 있는지에 대해 다양한 평가가 있다. 깊이 들여다보면 북러 군사 밀착은 미국 주도의 지역·세계 동맹체제에 대한 북러 간 공동대응의 필요성이 작동한 것으로 보인다. 러시아 입장에서는 '압력 분산'을, 북한 입장에서는 '강대국 연루'를 기대했을 것이다. 북러는 신냉전과 진영대결 구도를 선명하게 만들어 유라시아의 동서 양 끝단에서 긴밀한 역할 분담으로 미국의 힘과 노력을 분산시키는 것이 양쪽에 유리하다는 계산을 했을 것이다. 러시아는 유럽 전쟁 부담을 덜기 위해 미국 관심을 '극동' 지역으로 전환시키고, 북한으로서는 고립무원에 처한 러시아의 처지를 이용하여 지정학적 입지를 상승시키고자 하는 욕구가 맞아떨어진 것으로 보인다. 북러 밀착은 중국의 대러시아 견제 심리를 자극하여 '북중러 대 한중일'의 신냉전 구도에 한 발자국 다가서도록 하는 데 적지 않은 영향을 줄 것으로 보인다.

이처럼, 북러 간 신조약은 대미 균형을 위한 '힘의 결집'을 지향하면서 상대의 불확실한 행동과 연루를 차단하기 위한 '관리의 장치(tool of management)'도 반영되어 있다(Schroeder 2004). 신조약 제3조에서 규정한 '쌍무협상 통로'는 연루방지를 위한 통제장치로 해석될 수 있으며, 신조약 제4조에서도 무력 침공을 받을 시 "지체 없이 자기가 보유하고 있는 모든 수단으로 군사적 및 기타 원조를 제공한다"라고 규정하면서도 '유엔헌장 제51조'와 '조선민주주의인민공화국과 러시아 연방의 법에 준하여'라는 단서 조항을 반영함으로써 '각자 해석'의 여지를 남겨두었다.[60] 이처럼, 러시아는 신조약을 통해 군사 지원에는 적극 관여하되 전쟁에 직접 개입하는 경로는 신중하게 처리해놓았다. 러시아는 역사적으로 북한에 군사원조는 하되 북한 행동을 적극적으로 결박하려 하지는 않았다. 그 점을 잘 아는 북한도 러시아로부터 무기와 기술이전에는 관심을 가지지만 '제4조'의 실질적 이행까지는 러시아로부터 기대하지 않을 가능성이

60 "조선민주주의인민공화국과 러시아 연방 사이의 포괄적인 전략적 동반자 관계에 관한 조약(2024. 6. 19. 체결)." 『조선중앙통신』(2024. 6. 20.).

크다. 분명한 것은 '조건'에 따라 러시아 군사개입 가능성이 열려 있으며, 그러한 가능성이 북한의 모험주의적 행동을 부추기고 한국과 동맹 행동을 위축시키기에는 충분하다는 점이다.

북러 간 '무기거래 동맹'은 특정 지역에 한정되었던 동맹체제를 유럽과 인태지역 등 전 세계 안보 구조와 긴밀하게 연결시킴으로써 한반도 안보를 복잡하게 만들었다. 최근 미국은 중국과 러시아를 상대로 한 '2개 동시 전쟁' 전략을 포기하고,[61] 중국과의 '1개 전쟁', 또는 한반도를 포함하는 '1+전쟁'에 초점을 두는 듯하다(Brands & Montegomery 2020). '1+전쟁(1.5 war standard)'은 러시아와 중국과 같은 강대국을 격퇴하는 데 필요한 능력에 더하여 '지역 국가'와의 동시 전쟁을 격퇴하는 역량을 유지하는 개념으로서, 이를 위해서는 2선 위협국가(북한, 이란)와의 전쟁에서 효과적 전쟁 수행전략과 동맹의 역할이 요구된다(Mahnken, Kim, and Lemon 2019). 하지만, 현실은 유럽, 중동, 대만, 한반도 등 4개 지역의 분쟁을 동시에 대처해야 하는 현실 속에 '북러 밀착'이 미국으로 하여금 '대만'에 모든 것을 집중할 수 없도록 만들고 있다.

셋째, 강대국의 '전략적 동시성' 딜레마는 북한에는 '전략적 기회주의'를 배태하는 기회요소이다. '전략적 동시성'의 딜레마는 북한에는 '전략적 기회'로 작동한다. 양면전쟁으로 대표되는 동시성의 문제는 물론 미국과 중국의 양방향으로 작동한다. 우선, 미국으로서는 현실적으로 중국, 러시아, 북한, 이란 등 적어도 4개의 적을 다루

61 Cohen(2023). 2개 전쟁구조(two-war construct)는 미국이 이란 또는 북한과 같은 주요 지역국가에 대해 서로 다른 전구에서 2개의 동시전쟁을 수행하고 승리하는 충분한 역량과 능력을 의미함.

어야 하는 가운데 1개 전쟁에 초점을 둔 전략은 '2개 전쟁' 가능성을 높일 수 있다. 미국이 2개의 전쟁(유럽과 인도-태평양 지역)에 준비되지 않은 상태의 '1개 전쟁' 전략은 기회주의적인 적으로 하여금 '잘못된 메시지'를 보냄으로써 미국이 연루된 전구 밖의 지역에서 분쟁을 유발하도록 자극할 위험이 있다(Gunzinger & Autenried 2021, 1-30; Brands & Montegomery 2020). 북러 밀착은 한반도 분쟁의 불확실성을 키워 '2개 전쟁' 가능성을 높이고, 그럼으로써 미국에는 불안과 우려를 심어줄 수 있다. 가능성은 낮아 보이지만 중국이 3각 체제에 적극 가담할 경우 '2+' 시나리오도 배제할 수 없다. 여기에 이란마저 중동전쟁에서 역할을 강화한다면 미국으로서는 최악의 시나리오가 된다. 이런 상황에서, 만약 러시아가 1개 전쟁(유럽)에 집중하기 위해, 북한에 무기와 기술을 지원하여 한반도 분쟁을 부추기기라도 한다면 상황이 더욱 까다롭게 변할 수 있다.

미국의 딜레마는 동아시아 지역에서 더욱 극명하게 나타날 수 있다. 미국이 중국을 '압도(prevail)'한 이후라면 대북 방어를 지원할 수 있지만, 대북 방어가 미국의 대중국 집중전략을 약화시켜서는 안 된다는 인식이 있다(Colby 261-264). 이 때문에 미국은 대만지역 집중을 위해 한반도 안보는 한국군의 자체방위력으로 '1+전쟁' 전략의 신뢰성을 높이는 데 주안을 둘 가능성이 있다.[62] 이렇게 되면 미래 한반도 분쟁은 '제2의 우크라이나전' 성격으로 '관리'될 가능성이 있다.[63] 미국이 2개 전쟁 동시수행이 아니라 1개 전구에서 하나

....

62 Mitre, Jim. https://asia.nikkei.com/Politics/Defense/U.S.-faces-4-threats-but-only-equipped-for-1-war-experts-say (검색일: 2024. 7. 11).

63 Cohen(2023). 미국 입장에서 우크라이나 모델이란 1개 전쟁(대만지역)은 미국이 직접수행,

의 적을 격퇴하는 개념에 집착한다는 인상을 줄 경우, 북한-중국-러시아는 '유럽-대만-한반도'에서의 great game을 시도할 가능성이 있다. 국제질서의 재편 과정에서 미국의 전략적 동시성의 딜레마가 증가하는 시점에서, 북한은 현상타파적 공격전략 시도가 가능하며, 이로써 '남쪽국경선'은 신냉전의 동쪽 최전선으로서 '국제적 화약고'로서 기능할 가능성을 배제할 수 없다. 미국의 딜레마를 파고드는 북한의 전략은 '핵무기를 앞세운 전면전'이 주효할 수 있다.

대만-한반도의 전략적 동시성은 반드시 미국에게만 딜레마로 작동하지는 않는다. 반대로도 그대로 적용된다. 중국 입장에서는 대만 문제에 집중하기 위해서는 한반도에서의 안정을 기대할 것이다. 한반도에 불필요한 연루는 대만문제의 지연, 혹은 노력의 분산을 유발하기 때문이다. 이러한 문제는 1950년 6월 6·25전쟁 전야에서 발생했던 적이 있다. 그때는 같은 편이었던 북한이 한반도에서 먼저 전쟁을 일으킴으로써 중국의 대만 공격이 좌초되게 되었다. 이번에는 한국, 혹은 미국에 의해 한반도에서 분쟁이 발생한다고 가정할 경우 중국으로서는 대만-한반도 양 전선에서 2개의 전쟁을 치러야 하는 딜레마에 빠지게 될 것이다. 이렇게 될 경우 중국으로서도 최대한 북한에 군사긴장을 유발하지 않도록 자제를 요청해야 한다. 이것은 미국이 중국의 '전략적 동시성'의 우려를 자극할 수도 있다는 것을 의미이다.

이러한 상황에서 북한은 '영토평정'이라는 군사공격 카드를 미중 양측에 모두 딜레마를 준다. 즉, 전략적 동시성의 문제는 역내 강

....

다른 1개(한국, 우크라이나, 이스라엘)는 대리전을 수행하는 개념인데, 이를 위해 미국은 방위산업역량을 키워서 대리국가가 승리하도록 지원한다는 개념이다.

대국의 지전략적 딜레마와 연계되면서 북한에 영토평정 전략이라는 기회공간을 만들고 있다.

이러한 지전략적 구도의 변화 속 북러 군사 밀착은 북한의 영토평정 전략을 모험주의적으로 만드는 요소이다. 러시아의 든든한 뒷배가 버티고 있다는 자신감은 북한의 군사도발을 부추길 수 있다. 6·25전쟁에서 소련은 전쟁에 직접 개입하지 않으면서 물자지원으로 북한으로 하여금 전쟁을 부추기고, 중국을 대미전쟁 전선에 몰아넣은 것처럼, 북한발 한반도 분쟁은 러시아에 이익이 되는 구도로 흘러갈 것이라는 계산이 푸틴의 머리를 스쳤을 수 있다. 러시아는 간접 지원을 통해 북한의 한반도 분쟁을 부추김으로써 미국의 노력 분산을 꾀하고, 미중 간 소모적 대결을 촉진할 수 있을 것으로 기대할 수 있다.

또한, 2국가론에 기초한 반통일적 대남정책은 북한정권으로 하여금 대남 핵선제공격과 대량파괴의 부담을 덜어주는 역할을 할수도 있다. 북한은 평시부터 '서로 다른 민족'을 주장하면서 남북관계를 중립화하려는 노력을 통해 대남 적대감정과 적대의식을 키우는데 관심을 가질 것이다. 일반적인 국가관계로 변질될수 있는 남북관계는 국제사회에 의해, 또는 북한의 주장에 따라 통상적인 국제법과 전쟁법으로 재단될 가능성을 배제할 수 없다.

2. 가능성 높은 군사전략: 방어-타격 배합

북한의 영토평정 노선의 1단계 전략은 대남타격을 위한 '핵미사일 지탱점'을 구축하는 데 있다. 핵심은 '전방지역의 강화'와 '미사일 기반의 공포전력' 기지를 축성하여 전방군단의 전투력을 획기적으로 증강하는 것이다. 전방지역의 방어력 보강은 대표적으로 장벽건설로 나타난다. 북한이 추구하는 2국가-영토평정 전략의 1단계 공정으로 보이는 국경선화와 장벽설치는 군사전략 관점에서 중립화, 기만, 확전 명분의 의미를 가지고 있다. 북한이 영토평정을 구현하는 데 가장 긴요한 것은 남북관계를 중립화하는 데 있다. 민족관계를 지우고 통상적인 '적대관계'로 전환시키는 심리적 선행 작업이 필요하다. 이것으로 핵무기를 포함한 무자비한 폭력을 동원할 수 있는 '적대감'을 조작해야 하기 때문이다. 남북한은 아무런 관계가 아닌 만큼 김정은 체제를 위협할 경우 어떠한 무력도 사용할 수 있다는 '이념적 무장'이 요구된다. 나아가, 북한은 국경선을 획정하여 2민족 2국가론을 기정사실화하고 국제적으로 '개별국가'라는 인식을 확산시키려 할 것으로 보인다. 그럼으로써 북한 내 불안정사태 발생 시 한국군의 북한지역으로 진입과 '관할권'을 거부하는 국제법적 토대를 구축하려 했을 수 있다. 또한, 한미 감시자산의 북한지역에 대한 군사 정찰 활동 거부와 대북심리전의 '부당성'에 대한 명분을 확보할 수 있다.

국경선과 장벽건설은 표면적으로는 수세적 동기에 관심이 있는 것처럼 외부를 안심시켜놓고 실제로는 '핵공격'을 동원한 전쟁 준비에 박차를 가하는 기만과 위장의 수단이 된다. 평시 위기상황과 군사적 긴장을 암시하는 '군사분계선'보다는 '국경선'이 북한의 공격의도를 위장하고 한국 사회와 국제사회를 기만하기에 유리하며, 유사시 '주권 영역'을 내세우면서 도발과 확전으로 연결시키기에 정당성 있는 구실로 이용된다. 국경선을 내세우면서 마치 통일에 관심이 없고 '2개 국가'로 사는 것이 좋다는 식의 인상을 심어주면서, 실제는 '핵을 비롯한 모든 군사력'을 동원한 영토평정에 방점이 있다는 의미이다. 또한, 이것은 계산된 도발과 확전의 구실로 이용될 수 있다. 1949년 38선 충돌을 명분으로 전면적인 기습공격을 감행했던 김일성의 위장 공격 전술과 남침전략이 전형적인 사례이다.

장벽은 전술적 차원의 효과는 크지 않아 보이지만 전반적인 경계시설물 보강으로 전방 지역 방어력이 대폭 보강되고 있다는 점은 주목할 만하다. 북한의 전방 지역 강화는 전술핵미사일을 포함하는 '강력한 핵지탱점'을 축성하는 데 기여할 수 있다는 점에서 그렇다. 장벽과 장애물 시설물 보강을 통한 제1전선 전투력의 전반적 강화는 북한의 유격대식 전략 전통에 따른 '지탱점' 논리에 살펴볼 필요가 있다(이용섭 2016). 지탱점은 궁극적으로 공격으로 전환을 위한 준비에 주안을 둔 공간적·관념적 개념으로 이해되는데, 이러한 전방지역의 대대적 보강은 '거대한 핵공격 거점'의 구축에 큰 의미를 가진다. 따라서, 북한의 '전술핵무기 선제공격' 교리 채택과 함께 실전배치가 임박함에 따라 전방군단의 종심작전 지역이 중요한 의미를 가지게 된다. 전방지역의 장벽 보강은 북한의 전술핵무기 전력화와 실전배치에 따라 전방군단의 임무 조정, 군구조 재편, 배치 조정 등을 통해 종심지역의 '핵지탱점'을 축성하기 위한 토대가 된다.

이처럼, '영토평정'과 '국경선 강화'는 모순적인 전략으로 보이지만 '방어-타격 배합체계(defense-strike complex)'라는 관점에서 보면 하나의 지향점으로 수렴된다. 방어-타격 배합체계는 'A2/AD 기반의 방어-타격 복합' 체계를 의미하는 것으로 기동보다는 화력의 압도적 우위에 그 본질이 있다. 펠렉(Dvir Peleg)은 방어-타격배합체계는 미국이 지역분쟁에 개입하려 할 때 미국에게 고비용을 부과하기 위해 원거리 타격기술을 이용하려는 중국과 러시아의 전략이라고 규정한 바 있다(Ortal 2020). 미국이 동맹 보호를 위해 군사개입을 할 경우 중국과 러시아의 탄도미사일에 의해 함정, 전투기, 기지 등이 위협받을 수 있으며, 확전 시에는 핵위협하에 놓이게 될 수 있다. 이러한 '반접근 거부' 위협을 이용하여 중국과 러시아는 회색지대 전략에 의존한 현상타파를 추구할 수 있다고 보는 것이다.

북한이 영토평정 노선하에서 추진하는 1단계 전략은 바로 핵미사일을 동원한 '방어-타격 배합체계'를 구축하는 데 있다고 볼수 있다. 그렇게 되면 북한이 전평시 구사할 수 있는 전략적 옵션은 상당히 증가한다. 우선, 북한은 1전선에서 '강화된 국경선'과 '핵 지탱점'의 축성으로 한국군의 보복 공격을 흡수할 수 있는 태세를 갖춘

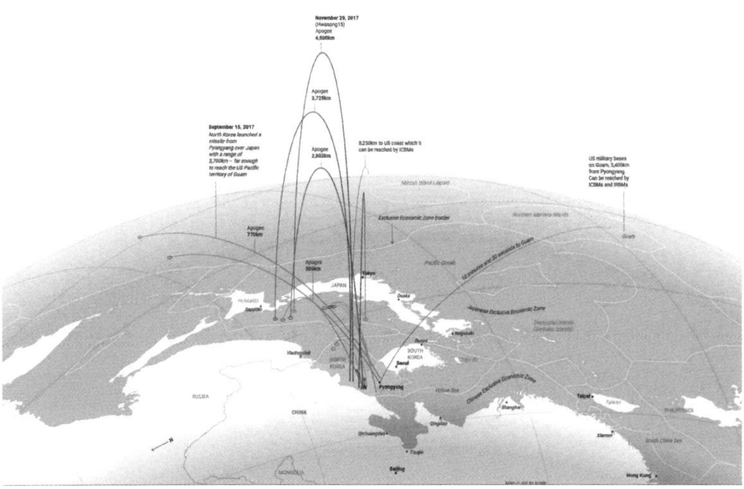

그림 2-1 북한의 미사일 타격 역량

출처: *South China Morning Post* (September 14, 2017).

상태에서 전술핵무기를 비롯한 비대칭 전력으로 2전선 공격을 가할 수 있다. 북한은 '북한식 A2/AD' 전략에 기반을 두고 2전선 공격력을 강화하고 미국 전략자산의 한반도 전개를 거부하기 위해 미사일 공격으로 한국사회를 효과적으로 공략하는 데 주안을 두는 전략을 구사할 수 있다. 이것은 전시전략에도 통할 수 있다. 예를 들어, 개전 초기에 전술핵무기 등으로 한국군의 핵심 군사시설을 선제 공격한 이후, 한국군이 보복 공격을 하려고 할 경우 강화된 1전선에서 효과적으로 방어할 수 있다는 계산이 작동할 수 있다. 한반도의 현대전과 미래전의 승패는 '전방'에서 결정나지 않으며, 공간적으로도 전후방 동시전투로 인해 전후방의 비중이 모두 중요해지고 있음을 북한도 충분히 인식하고 있는 것으로 보인다.

북한군 입장에서 1전선 공격부대인 정규군보다는 2전선 공격부대인 비대칭 전력이 상대적으로 월등하며 기동보다는 화력이 상대적으로 월등하다고 인식하고 있다. 구체적으로, 북한군의 미사일, 포병 등을 이용한 한국군 핵심 시설에 대한 원거리 타격력이 기동 전력보다 상대적으로 강력하다는 점에서, 북한은 1전선에서 기동을 이용한 공세보다는 '전략적 수세'를 취함으로써 한국군의 강력한 공격을 차단·거부하고, 2전선에서 전술핵무기, 미사일, 포병, 특수전 부대 등 비대칭 전력을 활용하여 핵심 시설과 기반시설을 공격하는 것이 유리하다고 판단할 것이다. 특히, 장벽화된 국경선은 한국군 기동 공격에 대한 강력한 저항력을 발휘하여 한국으로 하여금 DMZ 돌파를 위한 많은 희생비용을 강요할 수 있다는 점에서 지상군 공격을 신중하게 만들 수 있다.

나아가, 이것은 회색지대 단계에서 군사력을 사용하는 강압 전략을 촉진한다. 북한은 생존에 유리한 대내외 환경 조성을 위한 북한 의지를 강압하기 위해 군사적 승리와 기정사실화(fait accompli)를 통해 정치적 협상을 강요하려 할 수 있다. 회색지대 전략은 '결정적 분쟁 문턱' 이하에서 머물면서 확전의 선택권을 방어하는 측이 고민하도록 만들고, '결정적 전투'에 의지하지 않고도 의도하는 전략 목표를 달성하는 데 초점을 두기 때문에 핵무기가 결정적인 역할을 하지는 못할 것이다. 하지만, 핵무기는 상대에게 확전 위험을 확대시켜서 회색지대 행동에 방해가 되는 장애물을 제거함과 동시에 분쟁 범위가 확대되지 않도록 하는 '확전통제를 위한 확전(escalate to deescalate)' 역할은 충분히 기대된다. 또한, 북한은 핵그림자를 이용하여 대남 심리적 확전우세를 구축하고 한국의 압박점을 공략하면서 한국의 순종과 대북정책 변화, 동맹 균열, 중국과 밀착을 노릴 수 있다. 북한은 한국과 한미동맹에 대한 능력과 의지를 시험하고 부단하게 정치적, 군사적 피로도를 증가시켜 제한적 양보를 얻어내는 등 한국 안보능력과 의지를 소진하려 할 수 있다.

방어-타격 배합체계를 구축한 이후 북한은 강력한 '핵 지탱점'의 미사일 공격체계와 함께 전략적 공세전환을 위한 '반격' 태세를 강화하는 데 주안을 둘 것으로 보인다. 전술핵무기 실전배치와 전방군단 후방지역의 핵지탱점 구축이 관건이 될 것이다. 전술핵은 '제1의 적대국'으로 규정한 한국을 완전히 점령, 평정, 수복, 편입하려는 의도를 실현하는 핵심 수단이다. 김정은의 남북 연계 분리 및 국경선화 지시에 따라 북한은 남북 간 연결통로를 상징적으로 차단하는 데 머물지 않고, 전술핵무기 실전배치에 따른 전반적인 군사력 운용 및 배치 조정작업과 연계하여 전방지역의 경계시설물 보강에 열을 올리고 있다. 나아가, 국제적으로 실질적인 국경선임을 내세우면서 자신들이 '방어'에 초점을 두고 있다고 선전하고, 위장평화 공세를 전개하는 데 유리하다고 판단할 수 있다.

전술핵무기 실전배치와 함께 전방군단의 군사임무 조정과 대대적인 군구조 재편이 전망된다. 북한은 이미 2022년 당중앙군사위 제8기 3차 회의에서 전술핵무기의 전방배치에 따른 전선부대 작전임무 추가확정, 작전계획 수정, 중요 군사조직 및 편제 개편 등을 의결한 바 있다. 그만큼 북한은 주요 단거리 핵투발 수단인 KN-23, KN-24, KN-25를 전력화함에 따라 '핵선제타격' 교리를 구현하기 위해 전방군단의 종심지역이 전략적으로 중요한 의미를 가진다는 것을 반증한다. 2024년 4월 실시한 핵반격 가상 종합전술훈련에서도 북한은 "전술핵공격의 운용공간을 확장하고, 다중화를 실현할 데 대한 핵무력 건설 구상"을 언급한 바 있다. 이에 따르면, 전방군단의 핵심 임무는 전방 경계 중심에서 탈피하여, 군단 후방지역에서 핵 투발부대(미사일, 초대형 방사포 등) 경계 및 지원, 합동화력 운용, 신속 기동전력으로 운용하는 데 있다고 추론할 수 있다.

이미 북한은 '미사일 무력 1단계' 전략으로서 전방군단에 신형 전술탄도미사일 발사대 250여 대를 배치한다고 밝힌 바 있다. 2024년 8월 5일 북한은 신형 전술탄도미사일인 화성-11라형을 전방의 4개 군단에 배치한다고 공식선포하였다. 여기서 김정은은 전연군단 4개를 '국경 제1전선부대들'이라고 칭하며, 신형 전술탄도미사일 발사대 250대를 생산해 국경 제1선 부대에 인도했다고 하면서 "화력 임무 공간의 다각화를 실현하고 특수한 물리적 힘 전술핵의 실용적 측면에서서도 효과성을 제고하게 되었다"라고 핵 억제력을 부각하였다. 2022년 4월부터 시험발사에 나선 근거리탄도미사일(CRBM) 화성-11라형은 사거리 110km로 추정되며 6륜형 차량 발사대에 사각형의 발사관이 4연장 형태로 탑재되었다. 한국의 현무-2 기반으로 개발한 전술지대지유도무기(KTSSM)와 유사한 '북한판 KTSSM'은 기존의 KN-02를 대체하여 풀업기동을 통해 현재 한미 미사일방어체계를 회피할수 있는 치명적인 성능을 가진 것으로 평가된다.[64] 여기에다 250여 대가 동시에 가동될 경우 한꺼번에 1,000발을 발사할 수 있는 것으로 계산된다. 나아가, 북한군은 이 발사대를 활용할 신형 미사일 타격여단 부대까지 전방에 배치한 것으로 알려졌다.[65] 여기에, 북한은 600mm 초대형 방사포도 다수 배치했다고 주장하고 있어 북한 전방군단의 후방지역은 탄도미사일 1지대이자 핵지탱점으로서 역할이 구축되고 있는 것으로 평가된다.

전방군단의 반공격 역량이 대폭 강화되면 대남 침략전쟁의 역량이 치명적으로 변화한다. 북한이 철책과 장벽 보강, 지뢰매설, CCTV 등 감시장비 설치를 통해 1전선 경계지역의 방어력이 증가하고 경계 책임의 부담이 경감되고 병력절약이 가능하다고 판단되는 경우 전방군단의 임무, 배치, 건설의 변화가 예상된다. 북한군은 평시에 군단 후방지역에서 교육훈련과 중요지역 경계작전 임무 등을 수행하다가 유사시 전방에 군사력이 투사될 수 있는 역량을 중심으로 지상군 병력 운용 개념을 조정할 수 있다. 이에 따라, 전방군단의 주요 임무는 핵 타격부대 지원 및 배합, 전시 '반공격 시나리오(한국군의 선제공격을 빌미로 정의의 반공격 개념으로 남침한다는 시나리오)'를 위

64 "北, 수도권 겨냥한 미사일 타격 여단 신설." 『조선일보』(2024. 8. 10.).

65 "北, 수도권 겨냥한 미사일 타격 여단 신설." 『조선일보』(2024. 8. 10.).

주로 한 '남조선 영토평정'을 위한 준비에 집중할 수 있다. 북한은 '남쪽 국경선' 일대에서 국지전 발생 시, 이를 구실로 '반격 작전'으로 전환하기 위한 신속기동군, 대량 화력타격, 핵미사일타격 등에 주안을 둔 인민군 정예화와 현대화에 방점에 둘 가능성이 있다. 이에 따라, 전방군단은 기존의 경계 위주의 재래식 보병전력을 감축하고, 전략군의 타격능력, 전차, 장갑차, 포병, 공병, 신형 전략무기 등 무기장비 중심의 군사력 현대화와 건설에 주안을 두면서, '반공격 역량'을 대폭 증강하려 할 것으로 보인다.

3. 중장기 군사전략: 핵-재래식 배합

북한의 장기 군사전략은 핵-재래식 배합에 기반을 둔 전략적 공세로의 전환을 지향할 것으로 전망된다. 이것은 '반공격' 시나리오에 기반을 둔 '전후방 양 전선 공격'으로 가시화될 것이다. 이때, 북한은 역내 2개의 전쟁(대만-한반도)의 전략적 효과를 겨냥하여, 북중러 간 긴밀한 협조하에 전쟁의 구실과 명분을 '남쪽 국경선'에서 찾으려할 수 있다. 북한은 국경선지역에서의 회색지대를 활용하여 확전 전략을 추구할 수도 있다. 북한이 1전선에서 기만을 통한 공격력 강화, 전쟁준비, 핵과 배합한 양 전선 공격을 감행할 가능성도 배제하지 못한다. 1949년 김일성은 '민주기지론'에 이어 '영토완정' 노선을 제시한 바 있는데, 여기서 38선 일대의 남북 간 충돌을 전면전으로 확전하려는 명분과 구실로 활용한 경험이 있다. 당시 김일성은 38선 충돌을 소련과 중국 설득의 논리로 이용하고, 대내외적으로 '한국군 북침'이라는 선전 공세로 연결하려 하였다. 최근 북한의

'남쪽 국경선의 장벽설치'는 그 자체로서 확전의 구실과 명분으로 악용될 소지가 다분하다. 이러한 차원에서 '38선 충돌'은 전형적인 '회색지대 전략'의 교본으로 볼 수 있다.

이를 위해 북한은 평시부터 1전선 지역에서 장벽과 철책보강을 통해 대외적으로 '방어 이미지'를 구축하여 혼동을 초래하고 한국과 미국 군대가 공격하려 하기 때문에 '국경선'에 방어력을 보강해야 한다는 선전공세를 전개할 수 있다. 북한군은 1949-1950년 개전 전략과 유사하게 '공세적 한국군'으로부터 공격받은 이후에 '정의의 반공격'을 가한다는 전면전 구상하에 군단 후방지역에 주력을 배치하여 전시임무 수행을 위한 훈련과 작전에 집중하는 '전략적 위장'을 할 수 있다. 북한이 MDL 인근의 장벽설치를 통해 군사분계선을 사실상 국경선화하려는 시도를 통해 작전적, 전술적으로 다양한 공세활동을 전개할 수 있다.

실제, 북한은 2023년부터 '2중 배합전략'(핵-재래식 전력 배합 및 전후방 배합전)에 기반을 둔 전시 기본계획의 골자를 선명하게 드러낸 것으로 파악된다. 개전의 명분과 책임이 모호해진다고 판단되면 북한은 양 전선 동시 공격으로서, 1전선(전방지역)의 정규군과 2전선(한국 남부지역)의 비정규군의 배합으로 한반도 동시전장화를 꾀하는 기본전략을 밀어붙일 의도를 드러내기도 했다. 1전선에서의 전략은 기동과 화력으로 한국군 방어전선 돌파하여 한국군 주력을 수도권에서 포위섬멸한 이후 신속히 전세를 남부지역으로 확장(기계화부대의 연속돌파 개념 적용)하는 데 주안을 두며, 2전선에서의 전략은 특수전 부대, 미사일 등 비대칭 전력으로 혼란조성 및 미군개입 차단 등을 통해 한국군의 노력을 분산시켜 1전선의 공격과 배합하여 신속히 한반도 석권을 노리는 데 있다. 이것은 북한이 추구해 오던 전통적인 군사전략의 기본골격으로서, 본원적으로 북한은 이러한 기조에서 벗어나지 않을 것으로 보인다. 그렇게 보면, 북한의 전시전략은 개전 초기 핵사용으로 한국의 전략 중심부와 작전 중심부 타격과 마비 → 핵사용 위협 및 강압으로 한반도로 전개되는 미군 증원전력의 차단과 거부, 한국군의 고립 → 고립된 한국군을 배합전(제1전선의 정규군, 제2전선의 비정규군)으로 속전속결 식으로 섬멸하고 점령하거나, 혹은 미군의 한반도 전개 이전에 조기 점령하겠다는 구상으로 짜여질 것이다. 다시 말해, 북한군이 전통적으로 추구해오던 '전후방 배합전으로 미군개입 이전 전쟁 조기 종결' 방식의 '조국해방전쟁 시나리오'에다 '핵무기'를 결합한 방식의 '2중 배합전'으로 평가할 수 있다. 북한은 개전 초기, 미군 증원 차단, 전세역전의 차단, 한국의 북한지역으로 유입 차단, 평양 압박 이전 등 전쟁수행의 결정적인 지점에서 핵무기를 사용할 가능성이 있다. 어떤 경우라 하더라도 핵무기의 실전적 사용은 한미동맹의 군사적, 정치적 대응에 '충격적'인 영향을 미칠 것으로 예상할 수 있다.

첫째, 북한은 전후방 배합전의 실현 가능성을 높이기 위해 제1전선지역 부대와 2전선 공격력을 강화해왔다. 북한은 1전선 지역의 MDL돌파 부대 전력을 증강하여 한국의 전략적 중심부, 혹은 주 노력 방향(서울 방면, 서부축선)에 대한 화력 및 기동력을 배가하고 있다. 김정은이 중앙군사위원회에서 "유사시 군사전략 전술적 및 군사력의 확고한 우세로 적을 압도적으로 제압, 소멸하기 위한 강화된 전선작전 집단 편성안과 작전임무"를 심의했다는 것은 전방집단군 편성을 조정, 공격력 보강의 의미이다. 북한이 600mm 초대형 방사포, 북한판 애이태큼스 등 다양한 화력타격 수단을 개발하여 실전 배치함에 따라 전방집단군의 화력을 보강, 이에 따른 기존 화력장비의 편제 조정, 최근 성능개량으로 작전성능이 강화된 기타 포병 및 기동장비들을 보강하여 전시 MDL돌파 능력 확대하고 있다. 특히, 화력의 획기적 보강(포병전력의 장사정화, 미사일 전력의 지원 등)으로 전방집단군의 담당해야 할 책임지역이 횡적, 종적으로 확대되고 있다. 북한이 '전략전술'의 변화를 계속해서 언급하는 것으로 볼 때, 1전선 돌파를 위해 기계화부대와 보병부대로 구성된 전방집단군의 1차 공격 → 전선사 예비부대의 2차 공격 → 최고사령부 예비부대의 3차 공격이라는 제파식 공격 패턴에서 벗어나, 1차 공격부대(전방집단군)의 역량을 대폭 강화하하여 '핵무기 선사용'의 효과를 이용하여 '일거'에 공격목표로 기동하여 목표를 탈취 점령하려는 '대담한 전격식'을 추구할 가능성도 배제할 수 없다. 북한은 2전선 지역의 효과적인 작전수행을 위해, 특수작전부대의 무장장비, 편제의 보강 등 작전수행능력을 제고하고, 대규모 특작부대의 한국 후방지역으로의 수송 및 침투자산(공중, 해상)을 강화로 제1전선과 연계된 배합전 수행을 추구할 것으로 보인다.

둘째, 북한은 이미 수차례에 걸쳐 '핵과 재래식 배합' 전략에 대한 의지를 명확하게 내비쳤다. 북한의 핵지탱점에 기반을 둔 핵-재래식 배합은 영토평정의 목표달성을 촉진하는 요소이다. 북한은 전술핵무기의 공세적 핵태세와 실제 핵사용 능력, 그리고 이를 재래식 전쟁에서도 전술적으로 운용할 수 있는 실전 운용능력을 확보하려 하고 있다. 북한은 전술핵탄두 개발에 우선적인 중점을 두면서, 실전적 핵사용이 가능하도록 다양한 핵탑재 수단들을 양산하고 전력화하는 노력을 가속화한다. 북한은 개전 초기 '선 핵사용' 능력을 확보하여, 김정은이 천명한 대로 "적을 일거에 무력화하고 동시다발적 군사적 공세"를 취하고, "적의 군사력 사용을 사전에 제압하고 전쟁발생 시 적의 각이한 형태의 공격행동을 일제히 소멸"하는 방침을 구현하는 데 주안을 둘 것으로 보인다. 이를 통해 북한은 1전선에서 한국군의 방어선 돌파, 한국군 주력의 섬멸, 수도권의 신속한 고립, 한국군의 반격 저지로 확보한 목표에 대한 기정사실화하려 할 수 있다. 이와 동시에 북한은 핵, 미사일, 특수전 부대 등 비대칭 전력을 동원하여 2전선 지역의 혼란, 미군 증원군의 거부 등으로 한반도 전후방 동시전장화를 달성할 수 있을 것으로 계산할 수 있다.

이러한 방식의 배합전 구상은 2023년 한 해 동안 북한군의 보도매체에서도 언급되었다. 북한은 2023년 하반기부터 대남 공격위협을 노골화하는 행태를 보였다. 2023년 8월 9일 북한 당 중앙군사위원회에서 김정은은 한국 지도의 서울 일대와 각군 본부가 있는 계룡대 지역을 가리키는 장면을 보도하면서 '공세적 전쟁준비'를 강조한 바 있다. 김정은 "유사시 군사전략 전술적 및 군사력의 확고한 우세로 적을 압도적으로 제압, 소멸하기 위한 강화된 전선작전 집단 편성안과 작전임무들"을 강조하였으며, "전선부대들의 작전수행 능력의 다각화를 실현하고 보다 구체화된 작전계획을 수립함에 관한 군사적 대책"과 "전선부대들의 확대 변화된 작전 영역과 작전계획에 따르는 중요 군사행동지침이 시달… 적들의 공격을 압도적인 전략적 억제력으로 일거에 무력화시키고 동시다발적 군사적 공세를 취하기 위한 문제"가 본격적으로 논의된 것으로 보인다. 나아가, 8월 29일에는 북한군이 한미연합 UFS(자유의 방패) 연습에 대응한 '전군지휘훈련'을 시작한 가운데, 김정은이 인민군 총참모부 훈련지휘소를 시찰하고 "무력침공을 격퇴하고, 전면적인 반공격으로 이행하여, 남반부 전 영토를 점령하는 데 목표를 둔 작전계획 전투문건을 구체적으로 검토"했다고 보도되었다. 구체적으로 거론된 개전초기 전략으로는 작전 초기 적의 전쟁잠재력과 적군의 전쟁 지휘 구심점에 심대한 타격을 가하고, 지휘통신수단을 맹목시켜 적의 전쟁수행 의지와 능력을 마비시키는 것, 군사지휘거점과 군항, 작전비행장 등 중요 군사대상물 등에 대한 동시다발적 초강도 타격을 가해 전략적 주도권을 확고히하는 방안 등이 포함되었다. 나아가, 북한은 대남 전면전을 겨냥하여 "적후에서의 배후 교란작전을 복합적으로, 유기적으로 배합 적용하여 전략적 주도권을 확고히 틀어쥘 데 대한 문제"를 제기하였고, 유사시 한반도에 전개되는 미군 증원군에 대한 타격을 의미하는 "해외 무력 개입 파탄계획" 등 총참모부의 작전계획 등을 논의하였다고 공표했다. 2023년 8월 30일 북한은 전날 한국의 중요 지휘거점과 작전비행장 초토화를 가상한 '전술핵타격훈련'을 실시했다고 주장(KN-24 2발을 고도 400m에서 공중폭발시켜 핵타격 임무 수행)하였으며, 2024년 2월에도 초대형 방사포 사격훈련을 하면서 그 목표가 공군비행장이라고 위협한 바 있다. 이때 북한은 '적의 작전비행장 기능을 마비시킬 수 있게 초토화할수 있는 전술핵 공격수단'이라고 주장하였다. 이것은 북한이 개전 초기에 전술핵 공격으로 주요 시설을 공격, EMP공격으로 통신망 마비를 하겠다는 위협을 시사한 것으로 해석된다.

정리하면, 북한의 전시 군사전략 목표는 서울 압박, 정권교체, 한국군 주력 섬멸, 정치협상에 두면서 여건에 따라 목표를 제한하거나 확대할수 있다. 북한이 대남공격을 감행할 시 북한이 겨냥하는 한국의 전략적 중심은 서울(점령보다는 고립과 압박에 주안), 미군(철수, 혹은 개입 거부), 한국민 의지(공포와 충격, 전쟁의지 약화)에 둘 것으로 보인다. 작전적으로 북한이 겨냥하는 한국군의 중심은 개전 초기의 전세에 결정적 영향을 미치는 한국군의 전투기 기지, 미사일사령부, 해군기지, 사령부 및 지휘소 등이 될 것으로 보인다. 이를 달성하기 위해 북한은 핵-재래식 배합(Conventional Nuclear Combination), 전후방 배합(Two Front Attack), 정치군사 배합(Pol-Mil Combination)에 의존할 것으로 보인다. 최근 북한 전략의 가장 큰 변화는 기존의 2중 배합전에서 '핵-재래식 배합'이 추가된 데 있다. 물론, 한국의 중심을 무너뜨리고 전략목표를 달성하기 위한 핵심 수단은 전술핵무기 및 전략핵무기, 미사일, 포병, 특수전 전력, 사이버전자전, 전방집단군으로 볼수 있다.

V. 소결론

본 글은 북한의 군사전략이 '영토평정' 노선에 기반을 두고 공세적 성향을 계속해서 유지할 것이라는 점을 주요 논점으로 제시하였다. 북한은 남북 간 재래식 균형에서 불리한 흐름을 차단하고 반전을 꾀하기 위해 '핵 상쇄' 전략을 추구하고 있으나, 북한이 그러한 전략을 추구할수록 한미 확장억제력과 상호작용하는 과정에서 재래식 전력의 비중이 더 커지는 패러독스에 직면해 있다. 북한처럼 재래식 열세 국가는 전술핵 기반의 제한 핵전쟁의 가능성을 상대에 인식시켜 억제 효과를 극대화하려 하지만 확전관리에 있어 한계를 가지기 때문에 재래식 전력이 더욱 중요한 의미를 가진다. 이러한 배경에서, 본 논문은 북한이 최근 유럽 전쟁의 장기화에 따른 북러 군사 밀착을 지렛대로 핵무기와 배합할 수 있는 수준의 재래식 전력을 구축하는 데 주안을 두면서, 그간 구호에만 머물렀던 '전군 현대화'를 실질적으로 추진할 것으로 파악하였다(김태현 2024b). 북러 군사협력에 기반을 둔 북한의 군사 현대화 노력이 핵무기체계뿐만 아니라 재래식 전력의 전반적인 전투력 상승에 영향을 미칠 것으로 전망한다. 이렇게 볼 때, 북한이 2023년 12월 제시한 '적대적 2국가론'과 '영토평정론' 노선은 '방어-타격 배합'과 '핵-재래식 배합'의 군사전략으로 진화할 것으로 전망할 수 있다.

북한이 추구하게 될 '방어-타격 배합'의 전략은 미사일 기반의 타격전을 기반으로 하는 태세를 의미한다. 이러한 티세의 조정은 북한이 최근 당면한 전반적인 재래식 군사력 균형의 열세와 전쟁지속능력 면에서의 열세를 상쇄할 수 있는 최선의 전략이라고 간주할 것으로 보인다. 대북제재와 경제력의 약화로 인해 북한은 국방비 투자여건이 여의치 않으며, 대규모의 재래식 군사력 유지가 어려운 실정이다. 이로 인해 북한은 무기 장비의 노후화, 탄약 및 유류의 부족 등으로 인해 전쟁지속역량이 약화하는 추세속에 한국과 보조를 맞출수 있는 군사 현대화를 추진할 재정적 여력이 충분하지 못하며, 미래전의 발전양상에 따른 첨단화도 어려운 것이 현실이다. 이러한 상황에서도 북한이 한국과의 군사경쟁에서 경쟁적 우위를 장악할 수 있는 유일한 전략은 전술핵무기를 실전배치하여 핵사용 문턱을 낮추고, 핵전투태세를 지향함으로써 재래식 전력의 열세를 상쇄하려는 공세 전략에 있다.

북한은 핵 및 미사일 타격 역량을 획기적으로 고도화되는 추세를 지속할 것으로 보인다. 북한은 전방 지역 요새화와 동시에 전방군단의 종심지역에 미사일 기지를 축성하여 전방군단의 전투력을 획기적으로 증강하려할 것으로 보인다. 북한은 2021년 제8차 당대회에서 전술핵무기 개발과 전력화를 공식 선포한 이후, 2022년 9월 핵무력정책법령을 제정하고 10월에는 전술핵 운용부대 군사훈련을 처음으로 수행하고, 2023년 3월의 핵반격가상종합전술훈련과 핵타격지휘체계관리연습을 실시하는 등 전술핵무기를 전력화하여 실전배치하는 움직임을 가속화하고 있다. 2023년 이후 북한은 지속으로 조속한 시일 내에 전술핵무기를 실전배치하고 이에 따른 전방지역 작전계획 변경, 편제 및 조직의 보강 등과 같은 군구조 개편작업을 진행하고 있음을 시사하고, 한국에 대한 핵선제공격 가능성을 직간접적으로 위협하고 있다. 이미 북한은 2024년 8월 '미사일 무력 1단계' 전략으로서 전방군단에 신형 전술탄도미사일 발사대 250여대를 배치한다고 밝힌 것도 이러한 맥락에서 이해할 수 있다. 북한은 한국 영토전체를 '불바다'로 만들 수 있는 '미사일 기반의 공포전력' 체계를 구축하여 전평시에 걸쳐 강압과 회색지대 전략 등 유연한 전략적 공세를 전개할 수 있다고 전망한다. 최종적으로, 북한은 핵-재래식 배합에 기반을 두고 전략적 공세로 대전환을 함으로써 궁극적으로 지향하는 영토평정 전략을 완성하려는 구상을 하고 있다고 평가할 수 있다.

북한의 공세적 군사전략은 '전략적 기회주의' 관점에서 보더라도 북러 군사관계 밀착으로 인해 더욱 힘을 받을 수 있다. 러시아와의 무기 거래에 기반을 둔 '핵 동맹'은 미국와 동맹국의 전략적 계산을 복잡하게 만들고 있다. 북러 군사밀착에 기반을 둔 군사적 자신감은 한반도와 역내에서 북한의 군사적 모험주의를 부추길 가능성도 배제할 수 없다. 이 과정에서 북한은 군사도발, 핵미사일 실험 등 전략 도발을 감행하면서 안보 상황을 불안하게 만들고, 러시아의 신조약 공약 이행 의지를 시험하려 할 수도 있다. 핵 위협을 앞세운 북한의 영토평정 전략이 북러 관계의 역학관계에 맞물리면서 한국에 대한 극단적인 무력도발로 가시화될 가능성도 배제하지 못한다. 북한 도발에 대한 중국의 건설적인 역할이 요구되지만, 시진핑과 푸틴은 미국과 동맹국의 책임론을 구실로 북한 도발을 두둔하거나 비호할 가능성이 있으며, 이것을 계산하는 북한이 추가도발에 나설 가능성도 다분하다. 미국과 러시아 간 우크라이나 전쟁의 종전과 휴전협상이 진행되면서 유럽의 전황 변화가 북러 관계의 성격을 재조정하는 계기가 될수 있다. 하지만, 전쟁 종결 이후라도 미국 주도의 세계 및 역내 질서에 대한 공동 대응의 동인은 지속하는 한 북러 군사협력은 현재보다는 낮은 수준에서라도 군사협력 관계는 유지될 것으로 보인다.

여러 상황을 종합해볼 때, 북한은 핵-재래식 배합전에 기반을 두는 공세적 군사전략을 지향할 것으로 보인다. 북한은 한미동맹의 첨단재래식 전력과 확장억제력을 동시 대비하면서 한반도 남부지역의 짧은 지리적 종심 등 전략적 환경을 이용하여 재래식 전력으로 달성할 수 없는 전략적, 전술적 목표를 달성하기 위해 평시부터 전면전에 이르기까기 핵무기를 적극적으로 운용할 것이다. 북한이 개발하는 전술핵무기는 핵사용 임계점을 낮추는 전략게임의 결과를 유발할 가능성이 있다. 북한이 군사정찰 위성 등 우주 감시능력과 사이버 능력을 활용하여 ISR, 지휘통제, 표적할당 능력을 보다 진화시켜 나갈 경우 전술핵의 효용성을 극대화하려 할 것으로 보인다. 최근 북한 주장처럼, 전술핵무기를 전방지역으로 실전배치하여 핵의 선사용 태세를 갖춤으로써 핵사용 문턱을 현저히 떨어뜨리려 할 것이며, 이러한 북한의 핵능력 고도화는 북한의 전반적 자신감을 상승시키고, 군사적 집단사고와 오산(miscalculation)의 가능성을 키울 수도 있다. 북한 '영토평정' 노선에 내재된 전략적 의미와 본질을 보다 냉철하게 평가하더라도, 그것은 역시 위험하고 모험주의적인 요소를 내재하고 있다는 점에서, 한국과 주변국의 각별한 대응이 요구된다.

참고문헌

고재홍. 2024. “김정은의 헌법개정: 영토조항과 대남도발.” 『이슈브리프』 551.

국립통일연구원. 2023. 『북한이해』. 서울: 통일연구원.

국방부. 1990-2022. 『국방백서』. 서울: 국방부.

국방부. 2022. 『2022 국방백서』. 서울: 국방부.

김영훈. 2021. “북한 식량부족, 올해도 지켜만 볼 것인가.” KREI논단. 한국농촌경제연구원.

김태현. 2017. “북한의 국경독재체제와 핵전략.” 『국방정책연구』 33(3): 31-68.

김태현. 2023. “북한의 주체적 군사사상과 핵중심 군사정책.” 『국가전략』 29(1): 33-60.

김태현. 2024a. “북러 군사협력이 북한군 전력증강에 미치는 영향: 평가와 전망.” 『한국국가전략』 9(3): 7-50.

김태현. 2024b. “북한 김정은의 기회주의적 군사전략.” 『국가전략』 30(4):161-186.

대한민국 정책브리핑 포탈(https://www.korea.kr/archive/speechView.do?newsId=132033116), “한국형 전투기(KF-X) 시제기 출고식 모두발언(2021. 4. 9.)”

대한민국 청와대(https://www1.president.go.kr/articles/10346). “한미 정상 공동성명(2021년 5월 22일).”

박동준. 2024. “러시아-우크라이나 전쟁의 최근 전황과 특징.” 『JPI Peace Net』(4. 2.).

신정수. 2023. “북한 가구 부문의 태양광 패널 활용과 역할.” 한국개발연구원.

윤창용. 2024. “최근 러시아-북한간 관계 긴밀화 배경 및 의도.” 『한반도안보전략』 15: 7-29.

이용섭. 2016. “처창즈유격근거지 창설을 위한 대전자전투에서 대승리.” 『자주시보』(10. 12.).

통계청. 2023. 『2023 북한의 주요 통계지표』. 세종: 통계청.

통일부. 2024. 『북한 경제사회 실태 인식보고서: 탈북민 6,351명이 알려준 북한의 실상』. 서울: 통일부.

Barnett, D. Sean et al. 2020. *North Korean Conventional Artillery: A Means to Retaliate, Coerce, Deter, or Terrorize Populations*. Santa Monica: Rand.

Brands, Hal & Evan Braden Montegomery. 2020. “One war is not enough: Strategy, and Force Planning for Great Power Competition.” *Texas National Security Review* 3(2): 80-92. https://tnsr.org/2020/03/one-war-is-not-enough-strategy-and-force-planning-for-great-power-competition/ (검색일: 2024. 7. 11.).

Bruusgaard, Kristin Ven. 2021. “Russian Nuclear Strategy and Conventional Inferiority.”

Journal of Strategic Studies 44(1): 3-35.

Butt, Ahsan. 2015. "Do Nuclear Weapons Affect the Guns-Butter Trade-off? Evidence on Nuclear Substitution from Pakistan and Beyond." *Conflict, Security & Development* 15(3): 229-257.

Clausewtiz, Carl von. 1975. *On War*. New Jersey: Princeton University Press.

Clausewtiz, Carl von. 1991. *Vom Kriege*. Troisdorf: Bildungsverlag.

Cohen, Raphael S. 2023. "Ukraine and the new Two War Construct." *War on the Rocks* (1. 5.).

Colby, Elbridge. 2021. *The Strategy of Denial: American Defense in an Age of Great Power Conflict*. New Haven & London: Yale University Press.

Congressional Research Service. 2024. *North Korea-Russia Relations: Current Developments*. Washington D.C.: CRS.

Cordesman, Anthony H. 2016. *Korean Peninsula Military Modernization Trends*. Washington D.C.: CSIS.

Demke, Elena. 2011. "Antifaschistischer Schutzwall, Ulbrichts KZ: Kalter Krieg der Mauer-Bilder." In: Klaus-Dietmar Henke, Die Mauer. *Errichtung, Überwindung, Erinnerung*. München: Deutscher Taschenbuch-Verlag.

Glaser, Charles. 2010. *Rational Theory of International Politics*. Princeton, New Jersey: Princeton University Press.

Gunzinger, Mark & Lukas Autenried. 2021. *Building a Force that Wins : Recommendations for the 2022 National Defense Strategy*. The Mitchell Institute for Aerospace Studies.

IISS. *Estimate of Northeast Asian Defense Expenditure 2009-2015 (US Billions Dollar)*

IISS. 2006-2022. *The Military Balance*. London: IISS.

Jeon, Kyung-Joo and Sung-jun Bae. 2024. "North Korean Munitions Factories: The Other Side of Amrs Transfers to Russia." *38 North*. (6. 24.).

Joint Chiefs of Staff. 2018. *Joint Publication 4-05: Joint Mobilization Planning*. Washington D.C.: DoD.

Knorr, Klaus. 1957. "The Concept of Economic Potential for War." *World Politics* 10(1): 49-62.

Lee, Minyong. 2017. "North Korea: A Modern-Day Slave State." *The Diplomat* (3. 3.).

Lindenberg, Thomas. 2017. *Herrschaft und Eigen-Sinn in der Diktatur. Studien zur Gesellschaftsgeschichte der DDR*. Koeln: Boehlau.

Mahnken, Thomas G., Grace B. Kim, and Adam Lemon. 2019. *Piercing the Fog of Peace: Developing Innovative Operational Concepts for a New Era*. Washington, D.C.: Center for Strategic and Budgetary Assessments.

Ortal, Eran. 2020. *Going on the Attack: The Theoretical Foundation of the Israel Defense Forces' Momentum Plan*. Dado Center.

Pfaff, Steven. 2006. *Exit-Voice Dynamics and the Collapse of East Germany: The Crisis of Leninism and the Revolution of 1989*. Duke University Press.

Rindlaub, Bruce D. 1953. *The Measurements of War Potential*. Lecture delivered at the Naval War College.

Schroeder, Paul. 2004. "Alliances, 1815-1945: Weapons of Power and Tools of Management." In: Paul Schroeder. *Systems, Stability, and Statecraft: Essays on the International History of Modern Europe*. New York: Palgrave.

US Department of Defense. 2016. *DoD Instruction 1235.12: Assessing the Reserve Components*. Washington D.C.: US DoD.

US Department of State. 2021. *World Military Expenditures and Arms Transfers*. Washington D.C: US DoS.

Voo, Julia, Irfan Hemani, and Daniel Cassidy. 2022. *National Cyber Power Index 2022*. Washington D.C: Belfer Center for Science and International Affairs.

"경애하는 김정은동지께서 당중앙지도기관 성원들과 함께 중요공장, 기업소 등을 돌아보시였다." 『조선중앙통신』(2024. 7. 3.).

"국가항공우주기술총국은 2023년 11월 21일⋯ 성공적으로 발사했다." 『조선중앙통신』(2023. 11. 22.).

"국방부, 사거리 800km 넘는 미사일 현무-5 만들까?" 『한겨레』(2021. 5. 31.).

"김정은 '연평 · 백령도 북쪽에 해상 국경선'⋯ 도발 명분 쌓기 나서," 『조선일보』(2024. 2. 15.).

"김정은 국무위원장의 9월 16일 블라디보스토크 방문," 『조선중앙통신』(2023. 9. 17.).

"김정은 북한 국무위원장의 신형 전술탄도미사일무기체계 인계인수 기념식 연설." 『조선중앙통신』(2024. 8. 5.).

"김정은 제8기 9차 전원회의(2023. 12. 31.)." 『조선중앙통신』(2023. 12. 31.).

"김정은 최고인민회의 제14기 제10차 회의 시정연설(2024. 1. 15-16)." 『조선중앙통신』(2024. 1. 16.).

"김정은, '방북' 러 국방차관 접견⋯군사협력 논의." 『동아일보』(2024. 7. 20.).

"러, 비밀기지서 이란제 드론 수천대 대량생산 중." 『연합뉴스』(2024. 8. 18.).

"러시아, 대규모 국제 무기박람회 개최⋯북한 미사일 총책 참가." *Voice of America* (2024. 8. 13.).

"러시아에 북한 포탄 이어 탄도미사일 공급도 확대될지 촉각." 『경향신문』(2024. 6. 19.).

"본토 뚫린 푸틴, 오른팔 체첸 방문... 카디로프 '병력 지원'." 『경향신문』(2024. 8. 21.).

"북 김정은, 군수공장 시찰⋯ 대남위협과 러시아에 무기홍보 의도도." 『YTN뉴스』(2023. 8.

6.).
"北 전연부대, '북한판 CNI(핵 · 재래식 통합)' 군단차원 핵투발 무기체계 운영." 『문화일보』(2024. 8. 5.).
"북, 김정은 "해군 핵무장 절박"…SLCM 참관 뒤 핵잠 건조 점검." 『한겨레』(2024. 1. 29.).
"北, 수도권 겨냥한 미사일 타격 여단 신설." 『조선일보』(2024. 8. 10.).
"北, 휴전선 따라 장벽 건설...김정은 反통일에 '국경선' 만드나." 『조선일보』(2024. 6. 15.).
"北, 휴전선 따라 장벽 구축 중…자체 전술도로 건설'" 『중앙일보』(2024. 6. 15.).
"北, 휴전선 따라 콘크리트 장벽 건설 움직임'" 『동아일보』(2024. 6. 15.).
"북한, 152mm 방사포 생산량 증가." 통일부 북한정보포털. in: https://nkinfo.unikorea.go.kr/nkp/news/view.do;jsessionid=TkGYq0QQ941HYjpWXczUDqtearmkBJnJPTcLOIap.ins22?menuId=MAIN_NEWS&cntntsMngNo=5459348 (검색일: 2024. 8. 19.).
"북한, 첫 전술핵잠수함 건조…김정은 '해군 핵무장화 계속 추진'." 『연합뉴스TV』(2024. 9. 8.).
"북한 · 쿠바, '무기수리↔식량' 물물거래 가능성." 『연합뉴스』(2013. 7. 18.).
"북한이 보낸 오물풍선 150여개 발견… 경남까지 날아와." 『한겨레』(2024. 5. 29.).
"북핵문제의 의의와 경과, 우리정부의 입장과 북핵문제 해결방안." 대한민국 외교부 공식홈페이지, https://www.mofa.go.kr/www/wpge/m_3972/contents.do (검색일: 2024. 8. 19.).
"전쟁 2년… 우크라이나 지원을 둘러싼 각국의 입장차이." 『월간정세』 2월호. 대외경제정책연구원, 2024.
"조선민주주의인민공화국과 러시아 연방 사이의 포괄적인 전략적 동반자 관계에 관한 조약(2024. 6. 19. 체결)." 『조선중앙통신』(2024. 6. 20.).
"최고인민회의 제14기 제10차회의." 『조선중앙통신』(2024. 1. 16.).
"피와 기름을 맞바꾸었다… 러시아서 연료 얻은 북, 짝퉁 미사일 줬나." 『세계일보』(2024. 5. 4.).
"한 · 미 감시정찰 의식했나…북한서 조기경보기 개조 정황 드러나." 『세계일보』(2024. 8. 4.).
"한국 독자 기술 개발 SLBM, 북한보다 먼저 잠수함 발사 성공." 『경향신문』(2021. 9. 15.).
"합참 공보실장 발표문." 『연합뉴스』(2024. 4. 23.).
『조선중앙통신』(2024. 5. 13.).

"Military Expenditures." in: https://www.cia.gov/the-world-factbook/field/military-expenditures/ (검색일: 2024. 8. 25.).
"Republican Party platform calls N. Korea 'Kim family's slave state'." *Yonhapnews Agency* (2016. 7. 19.).

"Russian military delegation is in North Korea to help implement agreements reached by Putin, says Kremlin." *Reuters* (2024. 7. 19.).

Mitre, Jim.https://asia.nikkei.com/Politics/Defense/U.S.-faces-4-threats-but-only-equipped-for-1-war-experts-say (검색일: 2024. 7. 11).

Nixey, James. "A long war against Ukraine-and the West's own Security." https://www.chathamhouse.org/2024/02/long-war-works-against-ukraine-and-wests-own-security (검색일: 2024. 2. 7.).

https://www.bloomberg.com/news/articles/2024-06-14/kim-sent-russia-millions-of-artillery-shells-south-korea-says (검색일: 2024. 8. 18.).

https://www.chosun.com/politics/diplomacy-defense/2024/02/27/UE4MK6IWB5BALEMIWIL3DSI2VM/ (검색일: 2024. 8. 19.).

https://www.cia.gov/the-world-factbook/field/military-expenditures/ (검색일: 2024. 8. 19.).

https://www.iiss.org/blogs/military-balance/2021/06/north-korea-air-force-inventory (검색일: 2024. 8. 12.).

https://www.nknews.org/pro/north-korea-expands-factories-making-anti-tank-missiles-russia-reportedly-wants/

https://www.rfa.org/english/news/korea/shells-03042024144934.html (검색일: 2024. 8. 19.).

제3장

북한의 국방과학기술과 군수공업

강동수(국방대학교 국방과학학부)

북한은 사회주의 헌법 제27조에서 기술혁명은 사회주의 경제를 발전시키기 위한 기본고리이며, 과학기술력은 국가의 가장 중요한 전략적 자원이라 규정하고, 국가는 모든 경제활동에서 과학기술의 주도적 역할을 높이며 과학기술과 생산을 일체화하고 대중적 기술혁신 운동을 힘있게 벌려 경제건설을 다그쳐 나간다고 강조하고 있다. 또한 과학기술 강국을 표방하고, 과학기술법을 제정하여 과학기술 산업의 육성과 발전을 육성하고 있다. 북한의 과학기술 발전 전략은 군을 우선시하는 정책과 연관하여 국방과학기술 개발 투자에 집중하고 있다.

하지만 북한의 국방과학기술 능력을 확인할 수 있는 국내외에

....

* 이 장은 국방대 국가안보문제연구소의 2024년도 정책현안연구과제인 "북한군사리포트: 북한의 전쟁수행역량과 전략"의 일부를 보완하고, 동 연구소의 2024년도 "북한 무기체계 현대화와 국방과학기술 평가"의 일부 내용을 추가한 것임을 밝힙니다.

북한 과학기술과 관련된 공개된 연구 활동은 활발하지는 않다. 이는 북한이 지닌 폐쇄성으로 인해 북한과 관련된 자료를 수집하는 데에 어려움이 있고, 연구 진행은 북한과 정전 중인 대한민국에서 자칫 오해를 부를 수 있기 때문이다.

그러나, 북한의 무기체계 개발에 기여하는 국방과학기술 역량은 단기간에 갖추어지는 것이 아니므로 국가 발전의 핵심 정책이며 경제발전과 밀접한 연관성을 갖는 북한 과학기술 연구는 북한의 전반적인 동향을 파악하는 데 매우 중요하다. 이를 위해 공개된 자료를 바탕으로 북한의 국방과학기술과 연관된 군수공업 자료를 수집하고 분석해 본다.

I. 북한의 국방과학기술

북한은 과학기술과 관련된 대외 연구활동 공개는 활발하지 않지만, 국제 저널과 국제 특허를 출원하고 있다. 공개된 자료 수집과 분석, 문헌 연구를 통해 북한의 과학기술 현황을 살펴보고자 한다.

1. 과학기술 인력과 조직

북한의 과학기술 인력 통계나 현황을 파악하는 것은 아주 제한적이라 공개되어 있는 수집 가능한 인터넷 자료를 바탕으로 연구를 진행하였다. 먼저 고등교육 기관인 대학교 현황을 통계청 북한통계 포털에서 살펴보면 북한은 대학교가 490개 있다고 하며, 북한의 인구 만 명당 대학생 수 변화는 〈그림 3-1〉과 같다.

2018년 이전에는 단과대학과 종합대학을 구분하여 종합대학 330개, 단과대학 160개로 나누어 표시하다가 2019년부터 대학교 490개로 제시하고 있다. 북한의 대학생 수는 인구 만 명당 2003년에 227명이었으나, 2022년에는 185명으로 줄어들었다. 참고로 대한민국은 인구 만 명당 2022년 기준 537명이다.

북한과 관련된 여러 자료들을 살펴보면 국가과학기술 조직과 국방과학기술 연구조직으로 국가과학기술위원회, 국가과학원, 정보산업성(IT 중심) 등이 있으며, 인민군 산하기관으로 우리에게 많이 알려진 국방과학원과 핵무기연구소가 있다. 북한의 주요 과학기술 조직은 〈표 3-1〉과 같다.

국방과학원은 북한의 대표적인 국방과학기술 연구조직으로 1964년 민족보위성 산하 조직으로 창립되어, 1970년 제2과학원으

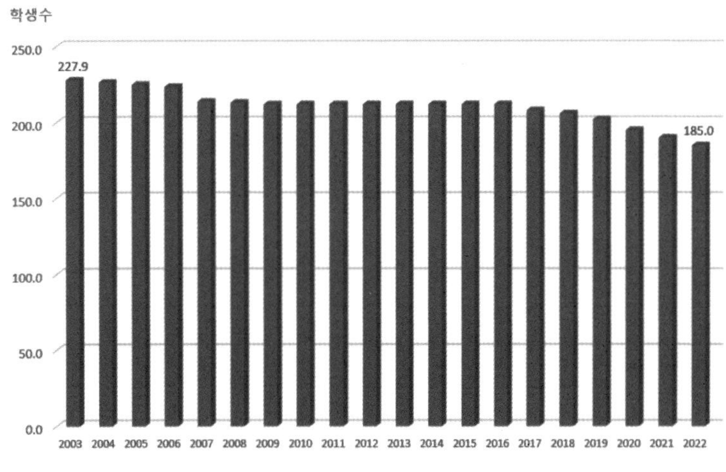

그림 3-1 북한의 인구 만 명당 대학생 수 현황 (2003년~2022년)

데이터 출처: 통계청

표 3-1 북한의 주요 과학기술 조직

구분	기관 분류	주요 세부 조직
내각	국가과학기술위원회	과학기술관리연구소, 에너지기술보급소, 과학기술관리연구소, 과학기술전시관, 중앙과학기술통보사, 과학기술발전연구원
	국가과학원	공업정보연구중심소, 건축재료연구소, 과학기술발전문제연구소, 광업연구소, 국가균주보존연구소, 기계공학연구소, 레이저연구소, 물리학연구소, 413연구소, 생물다양성연구소, 자연보호구연구실, 지리정보연구실, 수력학실험실실장, 수학연구소
	정보산업성	과학기술국, 국제위성통신국, 국제통신국, 기술설비국, 정보화국, 무선및TV방송지도국, 우편및출판물지도국, 이동통신관리국, 이동통신운영국, 전기통신지도국, 전자공업관리국
	국가항공우주기술총국	우주환경시험기지, 위성관제종합지휘소, 평양종합관제소, 선우주공간기술위원회
인민군	국방과학원	화학재료연구소, 로케트탄연구실
	핵무기연구소	-

로 변경되어 제2경제위원회 산하로 이동되었다가 2000년대 조선노동당 군수공업부 산하로 이동된 것으로 보인다. 명칭 변경이 몇 번 있었지만, 현재는 국방과학원이라는 이름으로 북한군의 각종 병기를 수리하고, 예하 연구소들을 통합해서 운영되고 있는 것으로 추정된다. 국방과학원은 북한의 국방력 강화를 위해 다양한 미사일 개발, 자주포 및 방사포 등 재래식 무기의 현대화를 전담하고 있는 것으로 알려져 있다. 이 기관은 김정은의 직접적인 통제하에 있으며, 북한의 군수공업부 산하에 위치하고 있지만 실질적으로는 수령 직속 기관으로 운영된다고 알려져 있다.

북한의 과학기술 최고 엘리트 집단인 국가과학원을 중심으로 북한의 과학기술 인력을 연구한 국가과학원 인력 현황 연구(이춘근 등 2016)에 의하면 2004년 기준으로 전체 연구원 수가 10,533명이고 기술원이 8,708명이며 행정인력을 합하면 21,404명이 된다고 한다. 하지만, 북한의 국방과학 분야 전체적인 기술 인력 현황을 추정하기는 자료가 제한되어 쉽지 않다. 다만, 공개된 자료를 살펴보면 김정은 국방대학교에서 1만여 명이 국방인력으로 양성되고 대표적인 국방 연구기관인 국방과학원은 조선로동당의 중앙위원회 군수공업부 산하의 연구소로 1만 5천여 명의 연구원이 있는 것으로 알려져 있다. 북한 국방과학원 인력 현황은 〈표 3-2〉와 같다.

국방과학원 산하에는 60여 개의 연구소와 관련 시설이 있는 것으로 알려져 있다. 국방과학원은 인민군 예하기관으로 분류되어 있으며 원장은 김용환이다. 최근에도 김정은 북한 국무위원장이 2024년 5월 28일에 창립 60주년을 맞은 국방과학원을 축하 방문하고, 국방과학원 전시관을 참관했다는 보도가 있었다. 김정은 위원장은 이 자리에서 군사정찰위성 발사의 실패를 인정하고 국가 주권과 안전 수호를 위해 군사정찰위성 보유가 필수적이라는 점을 강조하였다고 한다.

표 3-2 북한 국방과학원 인력 현황

구분	국방과학원[1]		
	연구사	실험조수 노동자	후방관리국
인력 규모	15,000여 명	40,000여 명	3,000여 명

....

1 "핵무기 개발하는 북한 제2자연과학원의 실체." 『월간조선』(2013. 5.).

2. 북한 과학기술 논문정보 분석

북한의 최신 과학기술 동향을 분석하기 위해 북한이 국제 학술지에 게재한 논문의 서지정보를 살펴보았다. 김정일 시대에서부터 이어져 온 선군정치와 각종 인민군 위주의 정책으로 볼 때 일반과학기술은 국방과학기술과 연계된다고 볼 수 있다.

SCImago[2] 국가 저널 순위는 Scopus 데이터베이스(Elsevier)에 포함된 정보로 개발된 저널과 국가 과학 지표를 포함하는 공개 포털이다. 이러한 지표는 과학 영역을 평가하고 분석하는 데 사용할 수 있다. SCImago의 북한 국가순위는 156위로 〈표 3-3〉과 같다.

북한은 화학, 공학, 컴퓨터공학, 수학, 물리학과 우주 분야에 논문들이 많아 보이고, 1996년보다 최근에 논문 발간 수가 많아지는 것을 볼 수 있다. 세부 데이터 확인 결과 초기에는 1993년, 1995년, 1997년에 화학 분야 등에 각각 1편의 논문이 있다. 대한민국과 북한을 비교해 보면 북한은 156위를 차지하고 2,240개의 논문을 발간하

표 3-3 SCImago의 북한의 논문 발간 순위

순위	국가	논문수	인용수	자기 인용수	논문당 인용수
1	미국	16,047.770	515,339,352	211,154,763	32.11
2	중국	10,372,322	145,875,947	86,501,833	14.06
5	일본	3,482,279	70,350,390	16,354,163	20.2
13	한국	1,604,519	30,870,039	5,238,570	19.24
156	북한	2,240	19,208	2,266	8.58

....

2 SCImago, (n.d.). SJR — SCImago Journal & Country Rank [Portal]. Retrieved Date you Retrieve, from http://www.scimagojr.com

였으며, 자기 인용이 논문수보다 더 많은 것을 알 수 있다.

세부 분석을 위해 북한 주요 대학의 연구자가 해외에 발표한 과학기술 논문 발표 논문 데이터는 Elsevier에서 운영하는 Science Direct 웹사이트를 이용하여 2003년부터 2024년까지의 북한에서 발표된 논문들을 살펴보았다. 논문은 크게 김정은 집권 시기(2012) 전후로 나누어 2004년부터 2011년까지 37건, 2012년부터 2024년까지 723건으로 김정은 집권 이후 많은 과학기술 논문이 국제 저널에 발표된 것을 알 수 있다. 2024년은 90건의 논문이 검색되어 이공계 논문수는 증가 경향을 보이는 것으로 나타났다. 북한의 과학기술 논문 게재 현황은 〈그림 3-2〉와 같다.

과학기술 연구 분야에 관한 논문을 시기별로 분석해 보면 이전에는 가장 많은 연구 분야가 수학과 물리학 같은 순수학문 이학 분야였으나, 김정은 집권 이후 과학기술 강국건설을 기치로 첨단분야에 속하는 농업과 바이오 분야, 컴퓨터공학 분야 논문이 다수를 차

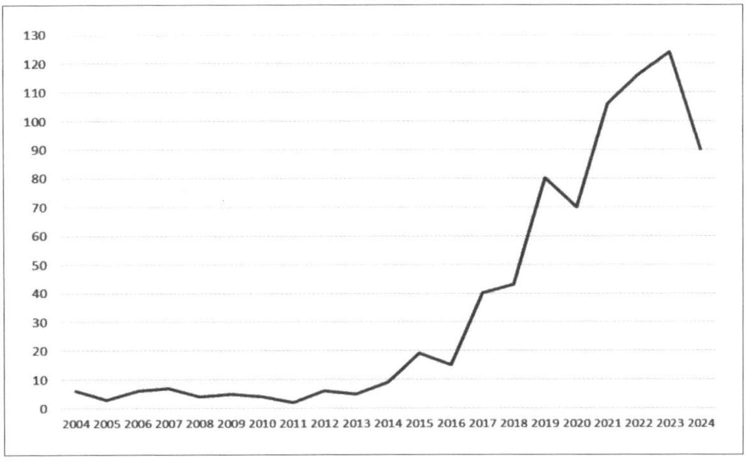

그림 3-2 북한의 과학기술 논문 현황

지하게 되었다.

이러한 변화를 통해 북한도 과거의 순수과학 위주의 연구에서 실생활에 적용 가능한 바이오, 공학, 컴퓨터공학과 같이 실제 생활을 발전시킬 수 있는 공업기술을 위주의 응용과학 연구가 주를 이루는 것을 알 수 있다. 분야별로 논문 현황을 살펴보면 농업과 바이오 분야가 가장 많고, 다음으로 컴퓨터 분야, 에너지 분야, 화학 분야 순으로 출간되었다.

특이한 사례는 2018년 북한의 자강도 희천지역[3]의 희천공업대학(Huichon Industry University)[4] 박사과정 학생이 당시 컴퓨팅 분야의 최신 연구 주제인 클라우드 컴퓨팅을 내용으로 대한민국의 국제저널에 논문을 게재하였다. 북한 박사과정 대학원생의 한국학술지인용색인(KCI)에 등재된 모습은 〈그림 3-3〉과 같다.

북한 박사과정 학생이 게재한 저널은 국제저널이면서 대한민국의 한국학술지인용색인(KCI)에도 등재된 학술지로 KCI에서도 검색되며, 1,686회 열람 기록(2025.03.01.기준)을 가지고 있다. 제1저자인 북한 박사과정 학생이 북한과 중국의 다른 연구진들과 공동 연구로 진행한 것으로 특이한 것은 1저자의 소속을 3곳으로 표현하고 있다. 실제 겸직인지는 알 수 없지만 북한의 김일성대학, 희천공대, 중국의 대학에 소속을 둔 것으로 기재하고 있다.

....

3 희천(熙川)시는 자강도의 남쪽에 위치한 유명한 기계공업 도시이다. 전략적으로 굉장히 중요한 곳으로 군수공업이 크게 발달해 있으며 북한의 핵개발을 위한 우라늄 농축 시설도 여기에 있는 것으로 알려져 있다.

4 1959년 설립된 Huichon University of Telecommunications와 같은 대학으로 보이며, Huichon University of Technology로도 검색된다. 희천공업대학의 다른 영어 표기 이름으로 보이며, 2018년 발표된 논문에 Huichon Industry University로 표기하고 있다.

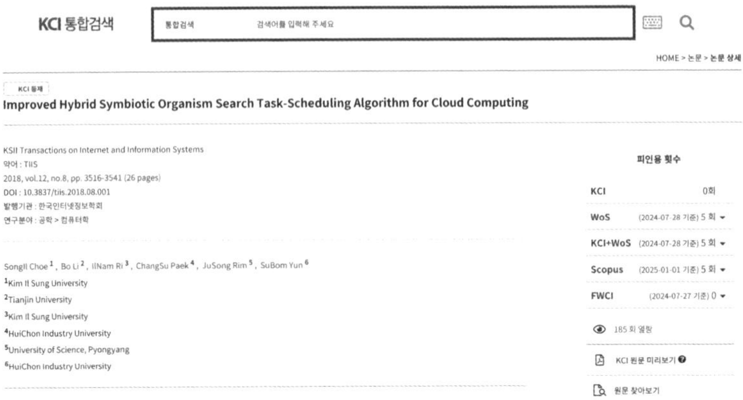

그림 3-3 KCI에 검색된 북한 학자 논문

희천지역은 북한의 군수공업 지역으로 김일성 종합대학과 김책공대만큼 알려지지 않았지만, 군수공업 단지에 위치한 대학의 학생이 대한민국의 국제 저널에 논문을 투고한 사실은 이례적이다. 또한 당시 협력 분위기 때문인지 대한민국에 있는 저널에 게재하도록 허가한 것도 학문 분야이기 때문에 가능하였을 것으로 추정된다.

또한 자료 수집해 분석 중에 2017년부터 2024년까지 11편의 국제저널에 투고한 김책공대 정보기술 연구소(Institude of Information Technology)의 연구책임자(Chief Researcher) 박찬일(Pak Chanil)이 식별되었다. 북한 김책공대 학자의 ORCID 개인정보는 〈그림 3-4〉와 같다.

일반적으로 암호나 스테가노그라피 연구는 보안 분야 연구로 실질적인 기술은 대외 공개를 하지 않는 게 일반적이지만, 북한은 2017년 이후 꾸준히 논문을 게재하고 있다. 2019년 이미지 암호화, 2020년 스테가노그라피, 2021년 이미지 암호화, 2024년 암호화 알고리즘 논문을 게재하였다.

Kim Chaek University of Technology: Pyongyang, Junggu, KP

2020-01-01 to 2030-01-01 | Chief Researcher (Institude of Information Technology) Show less detail
Education

Organization identifiers
GRID: grid.448762.b
Kim Chaek University of Technology: Pyongyang, KP
http://www.kut.edu.kp/

Other organization identifiers provided by GRID
ISNI: 0000000474219734
ORGREF: 2905567
ROR: https://ror.org/04vew1z32
WIKIDATA: Q40000
WIKIPEDIA_URL: https://en.wikipedia.org/wiki/Kim_Chaek_University_of_Technology (preferred),

Added
2020-04-20

Last modified
2020-04-20

Source: Chanil Pak

그림 3-4 북한 김책공대 학자의 ORCID 개인정보

다음으로 다수의 사이트 자료들로 수행한 북한의 특허와 발표 논문들에 대한 분석(윤혜영·강동수 2023)은 다음과 같다. 먼저 특허를 수집한 북한의 해외 출원 특허 수는 2009년 이후로 매해 출원하는 특허의 수가 10건 미만으로 매우 적은 것을 알 수 있다. 북한이 가장 많은 특허를 출원한 국가는 PCT(Patent Cooperation Treaty) 국제출원[5]을 제외하고는 중국, 유럽, 호주, 미국, 러시아, 캐나다, 독일, 스위스, 오스트리아, 이스라엘 순이다.

특허의 기술 분야에 따라 IPC(International Patent Classification) 코드로 분류한 결과는 기계공학 분야에 가장 많은 특허 출원이 있음을 알 수 있다. A는 생필품, B는 처리조작, C는 화학, F는 기계공학, G는 물리, H는 전기이다. 두 번째로 많은 특허를 출원한 분야는 생필품이고 이 분야에는 의료기기가 다수 포함되어 있음을 확인하

5 특허 독립(속지주의)의 원칙으로 각국의 특허는 독립적으로 반드시 특허권 등을 획득하고자 하는 나라에 출원하여 특허권 등을 취득하여야만 해당국에서 독점 권리를 확보할 수 있다.

였다.

북한의 논문을 살펴보면 공동연구를 진행한 국가의 비율은 중국과 184건의 공동연구를 진행하여 약 76%의 비율을 차지한다. 다음으로 독일과 미국은 각 11건, 9건으로 전체의 약 4%, 호주, 프랑스, 이집트는 각 4건으로 전체의 약 2%, 오스트리아와 러시아는 각 3건으로 전체 공동연구의 약 1%를 차지하였다. 그 밖의 기타 공동연구를 진행한 국가들은 전체의 약 8%로 멕시코, 체코, 체코슬로바키아, 헝가리, 말레이시아, 벨기에, 싱가포르, 대만, 대한민국, 이탈리아, 영국, 우간다, 터키, 콜롬비아, 폴란드, 벨라루스 총 16개 국가가 공동 연구를 진행하였다. 김정은 집권 전후로 비교하면 2012년 이전까지 공동연구를 진행한 국가는 9개 국가였지만 2012년 이후 20개 국가로 증가하였다.

5편 이상의 논문을 게재한 11명의 논문 저자 중에 김정은 집권 시기 전부터 꾸준히 활동한 연구자는 Choljun Yu, Chonung Kim 2명에 불과하였다. 그리고, 가장 많은 연구 분야는 수학이었다. 10건 이상의 논문을 발표한 Kwangnam Choe, Songchol Han은 모두 중국과 공동연구를 진행하였으며 국제 공동연구가 아닌 북한 단독으로 발표한 논문의 수는 Cholmin Sin이 7건의 논문 모두 단독으로 발표하여 가장 많은 논문을 발표하였으며 북한의 해외논문 상위 저자 현황(윤혜영·강동수 2023)은 〈표 3-4〉와 같다.

북한의 국방과학기술 연구조직과 인력 수준을 종합 평가해 보면 다음과 같다. SCImago의 북한 국가순위는 156위를 차지하고 2,240개의 논문을 발간하였으며, 북한은 화학, 공학, 컴퓨터공학, 수학, 물리학과 우주 분야에 논문들이 상대적으로 많아 보인다.

표 3-4 북한의 해외논문 상위 저자 현황

순위	저자	소속	건수	분야
1	Kwangnam Choe	Pyongyang University of Mechanical Engineering	14	공학
2	Songchol Han	김일성 대학	11	수학
3	Cholmin Sin	Institute of Mathematics	7	수학
4	Choljun Yu	김일성 대학	6	화학
5	Songil Ri	University of Sciences	6	물리
6	Namchol Ri	Institute of Physics	6	물리
7	Kumchol Yun	김일성 대학	6	재료
8	Chonung Kim	김책공대	6	화학
9	Kwanghun Kim	Pyongyang University of Mechanical Engineering	5	공학
10	Hakho Hong	Institute of Mathematics	5	수학

김정은 이름이 붙은 유일한 김정은 국방대학교는 북한 평양시 룡성구역 중이동에 위치하며, 조선인민군의 핵무기, 대륙간탄도미사일, 잠수함발사 탄도미사일 등 전략무기를 개발 및 연구하는 인재를 집중 양성하는 곳으로 알려져 있다. 이렇게 양성된 인력은 국방과학원이라는 연구조직을 통해 활용되고 있는 것으로 보인다. 또한, 북한은 조선노동당 중앙위원회에 군수공업부라는 국방분야 컨트롤타워를 두고, 김정은 국방대학교를 통해 필요한 인재를 양성하고 국방과학원과 같은 연구조직에서 인력을 활용하고 있다. 북한의 기술인력과 연구조직을 정리하면 〈표 3-5〉와 같다.

표 3-5 북한의 연구조직과 인력 평가

구분	세부 분류	내용	수준 평가
기술인력	대학생 수	인구 만 명당 185명	하
	김정은 국방대학교	10,000여 명	상
	국방과학원	연구사 15,000여 명	상
연구조직	국방과학원	60여 개 연구소	상
	핵무기연구소	화산-31 등 개발	상

II. 북한의 전력발전 추세와 특징

북한은 제8기 제9차 전원회의(2023.12.)를 통해 핵무기생산 지속, 2024년 정찰위성 3기 발사와 현대전 특성에 맞게 무인 장비들과 위력한 전자전 수단 개발을 명시하고 있어 이에 대한 전력발전 추세와 특징 분석이 필요하여 첨단과학기술 기반인 사이버전, 탄도미사일과 우주 분야를 중심으로 살펴본다.

1. 사이버전 분야

사이버 작전은 사이버 공간에서 작전목적 달성을 위해 컴퓨터시스템 및 정보통신망 또는 정보를 대상으로 사이버 능력을 운용하는 작전으로 사이버 공간이 전장영역에 포함되게 되었다. 사이버 공간이 전장영역에 포함되면서 기존의 영역에서 수행되던 작전과 사이버 공간이 포함된 사이버 공간에서 수행되는 사이버 작전의 일반적인 차이는 〈표 3-6〉과 같다.

표 3-6 기존 작전과 사이버 작전의 차이

구 분	기존 작전	사이버 작전
무 기	• 총탄, 미사일	• 악성코드, 해킹, 코드 공격 등
전투원	• 대규모 병력	• 컴퓨터 조작 가능한 인원
전 장	• 지상, 해양, 공중, 우주	• 사이버 공간
시 간	• 전·평시 구분 • 목표달성에 일정한 시간 필요	• 전·평시 미구분 • 공격이 개시되면 빛의 속도로 진행
적	• 적대적 관계인 국가, 단체	• 실체 불분명으로 즉각 확인 제한
제약	• 국제법 준수(UN 헌장 등)	• 탈린메뉴얼(사이버전쟁 국제법)

또한, 기술적으로 무선 네트워크의 발전 및 사용 증가로 사이버 공간과 전자기스펙트럼의 교차영역이 확대되면서 사이버전과 전자전을 융합하여 시너지 효과를 창출하는 개념이 대두되었으며 사이버전과 사이버 전자전의 특징은 〈표 3-7〉과 같다.

사이버 작전의 정보보안은 정보를 다양한 위협으로부터 보호하는 것으로 누군가에 의해 훼손, 변조, 유출 등을 방지하기 위한 물리

표 3-7 전자전, 사이버전, 사이버 전자전 특징

구분	전자전	사이버전	사이버 전자전
태동	1940년대	2000년대	2010년대
매체	무선 위주	유선, 무선	유선, 무선
목표	물리적 공간	사이버 공간	물리+사이버 공간
공격	고출력 전자기 스펙트럼	멀웨어	고출력 전자기 스펙트럼 +멀웨어
효과	시스템 장애 (단기)	사이버공간 감염 (장기)	사이버 공간 및 시스템 장애 (장기)

출처: 김도현·강동수(2021)

적, 관리적, 기술적 방법을 의미한다. 변조, 마비, 탈취 공격에 따른 사이버 공격유형, 공격기법, 대응 조치 방법은 〈표 3-8〉과 같다.

표 3-8 사이버 공격 유형과 대응조치

구 분	변조(Modification)	마비(Interruption)	탈취(Interception)
정 의	비인가자들의 불법적인 접근과 데이터의 변경 등 무결성에 대한 공격	시스템의 일부 파괴 또는 사용불능 등 가용성에 대한 공격	비인가자의 불법적인 시스템 사용과 정보획득 등 기밀성에 대한 공격
공격 유형	SW공급망 공격 등	DDoS, 랜섬웨어 등	권한상승 등
공격 기법	웹 변조, 루트킷, XSS, SQL Injection, CSRF 등	랜섬웨어, 봇넷 C&C, Slowloris, Flooding, 버퍼오버플로우 등	백도어, MITM, 스니핑, 패스워드 크래킹 등
대응조치	• 원본 파일의 해시값과 변조 추정 파일의 해시값 비교 • 쉘 감염 여부 확인 후 삭제조치 • 방화벽을 통한 접근 제한정책 적용, 시스템 재설치	• KISA 사이버 대피소 등 DDoS 방어서비스 적용 • 보안장비를 통한 IP 접근 차단 • 악성코드 탐지를 위한 백신 최신화 운용	• OS 최신 보안 패치 • 방화벽을 통해 공격에 활용된 Port 차단정책 적용 • 특정 포트 서비스로 실행중인 파일 확인 및 삭제

출처: 강동수·이상준·윤지영(2023)

북학의 사이버 공격은 이를 파괴하기 위해 사이버 공격을 위한 정보보안의 3대 목표인 기밀성, 무결성, 가용성을 공격하여 변조, 마비, 탈취 3가지로 형태로 크게 구분할 수 있다. 북한은 이러한 유형의 공격을 지속하고 있다.

먼저, 기밀성은 정당한 권한이 부여된 사용자만 접근해야 한다는 원칙으로 비인가자의 불법적인 시스템 사용과 정보획득 공격이 있다. 다음으로, 무결성은 네트워크를 통해 송수신되는 정보의 내용이 불법적으로 생성, 변경, 삭제되지 않도록 보호되어야 한다는 원칙으로 비인가자들의 불법적인 접근과 데이터의 변경 등의 공격이 있다. 마지막으로 가용성은 자원이 필요할 때 언제든지 원하는 자원에 접근하여 사용할 수 있는 원칙으로 시스템의 일부 파괴 또는 사용불능 공격 등이 있다.

사이버 작전 분야를 전망해 보면 북한발 사이버 공격은 지속적으로 증대가 예상되며, 핵개발 자금 지원 목적의 암호화폐와 금융기관에 대한 사이버 공격 및 랜섬웨어 범죄가 더욱 증대될 것으로 예상된다. 첨단기술을 탈취하기 위한 북한의 해킹도 지속될 것이며, GPS 공격과 같은 전자기기에 대한 사이버 재밍 공격도 지속될 것이다.

북한에서 인터넷에 접속은 가능하지만, 사용자는 제한적이다. 하지만, 2018년에는 평양에 국제 인터넷 통신국이 설립되었다(Williams 2018)는 보도가 있었으며, 북한은 인터넷 사용을 통제하려고 한다는 사실이다. Oracle Dyn에 따르면 북한의 인터넷 트래픽은 러시아의 TransTeleCom에서 60% 중국의 Unicom of China가 40%를 처리하고 있다. 그러나 현재까지 북한의 인터넷 IP는 2,000여 개가 되지 못하며, 몇 년이 지난 지금 시점에도 〈표 3-9〉와 같이 그렇게 늘어나지는 않은 것 같다.

표 3-9 북한의 인터넷 IP 현황

IP 범위	갯수	공급 업체
175.45.176.0 ~ 175.45.179.255	1,024	Star Joint Venture Co.
210.52.109.0 ~ 210.52.109.255	189	China Unicom
77.94.35.0 ~ 77.94.35.255	256	SATGATE-FILESTREAM

출처: 강동수(2019)

북한 관련 인터넷 웹사이트는 〈표 3-10〉과 같이 구성되어 있으며 모든 북한의 웹사이트는 방송통신위원회에 의해서 한국에서는 접속이 차단되어 있다. 북한의 우표를 관리하는 웹페이지만 유일하게 국내에서 접속이 가능하다.

표 3-10 북한 관련 인터넷 웹사이트 리스트

분야	이름	URL
미디어 & 뉴스	Korea Central News Agency	kcna.*
	Rodong Sinmun	rodong.*
	Naenara	naenara.*
	Uriminzokkiri (중국)	uriminzokkiri.*
	DPRK today (중국)	dprktoday.*
	Voice of Korea	vok.*
	Pyongyang Times	pyongyangtimes.*
	Grand National Unity	grand National Unity
	Ryugyong Programming Center	mediaryugyong.*
	Choson Sinbo	chosonsinbo.*
	DPRK Media (일본)	dprkmedia.*
대학	Kim Il Sung University	ryongnamsan.*
	Kim Chaek University of technology	kut.*
	Mirae	mirae.*
	Pyongyang University of science and Technology	pust.*
	Korean Association of Social Studies	kass.*

북한의 가장 많은 웹사이트는 역시나 선전을 목적으로 하는 뉴스와 선전 관련 영역이 주를 이루고 있으며 다음으로 북한 정부 정책 홍보와 관련된 웹사이트가 대부분을 차지하고 있다. 이러한 웹페이지는 북한 사람들을 위한 것이라기보다는 대외 선전용으로 한글을 읽을 수 있는 북한에 관심 있는 사람들을 위한 용도이다.

최근에 북한 소프트웨어 개발자가 미국 IT 업체에 취업하는 사례가 생겨 사이버 공간의 특성에 따른 주의가 필요하다. 미국이 공개 수배한 북한 소프트웨어 개발자들은 〈그림 3-5〉와 같다.

그림 3-5 공개 수배된 북한 개발자들
출처: 미 국무부

여기에서 주목할 점은 북한의 소프트웨어 개발자가 미국에 취업하여 양질의 개발 능력을 발휘하고 있다는 것이다. 북한 소프트웨어 인력의 우수성은 세계 대학생 프로그램 경진대회 입상 등에서 다양하게 나타나고 있으며, 실제 시스템 개발에도 상당한 전문성을 가지고 있다는 것을 반증한다. 북한 소프트웨어 개발자들이 미국에 취업하는 절차는 〈그림 3-6〉과 같다.

다음으로 북한의 사이버전 기반이 되는 정보통신 능력을 살펴보면, 북한은 대한민국과 유사한 정보통신 법률 체계를 가지고 있다. 과학기술법, 소프트웨어산업법, 컴퓨터망관리법, 전자인증법, 저작권법과 컴퓨터소프트웨어보호법을 가지고 있다. 또한 북한은 소프

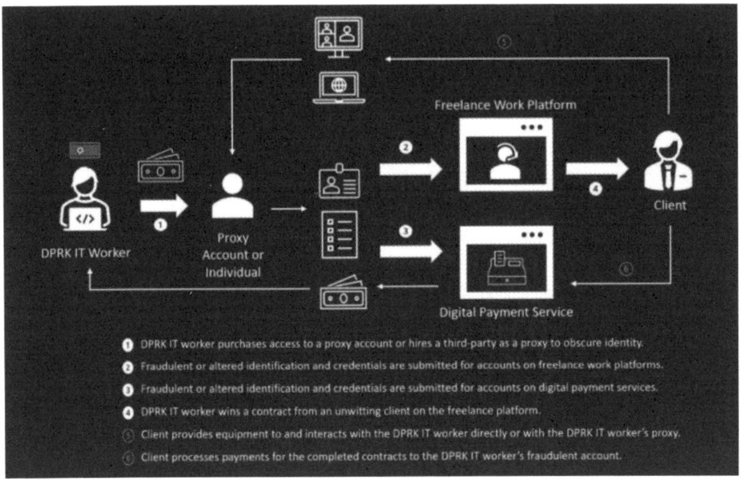

그림 3-6 북한 SW개발자의 미국 내 업체 취업 경로
출처: 미 국무부

트웨어산업법 제2조에 '국가는 소프트웨어산업을 인민 경제의 다른 부문보다 앞세워 발전시킨다'고 법령화하고, 정보통신산업을 중요하게 간주하고 인력양성과 산업을 육성하고 있다. 잘 알려진 대로 1980년도 중반부터 다양한 인력양성 제도를 통해 소프트웨어 인력을 양성하도록 교육하여 성과를 나타내고 있다.

북한이 자체 개발한 컴퓨터 운영체계인 붉은별에 포함되어 있는 암호 소프트웨어는 필승(북한 국가표준암호알고리즘),[6] AES(Advanced Encryption Standard),[7] 대칭키 방식의 Twofish와 Blowfish

6 필승 암호알고즘은 미국의 Rijndael 암호 알고리즘에 기반으로 하고 있다. Rijndael 암호 알고리즘은 미국 정부가 채택한 이후 전 세계적으로 널리 사용되고 있으며, 대한민국의 ARIA, 중국의 SM4, 러시아의 Kuznyechik에도 적용된 것으로 알려져 있다.

7 Advanced Encryption Standard(AES)는 2001년 미국 표준 기술 연구소(NIST)에 의해 제정된 암호화 방식으로 벨기에 암호학자인 존 대먼과 빈센트 라이먼에 의해 개발된 Rijndael에 기반하고 있다.

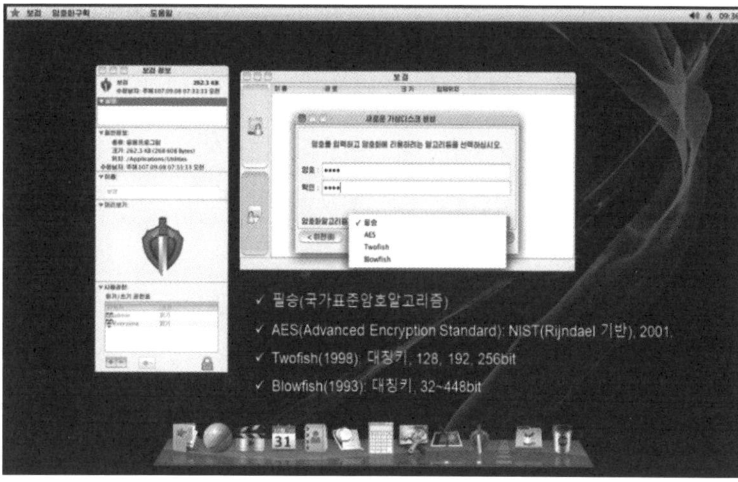

그림 3-7 북한의 붉은별에서 사용되는 암호알고리즘 화면

알고리즘 소프트웨어를 사용하고 있다. AES는 2001년 이후 미국 NIST(National Institute of Standards and Technology)의 암호화 표준이다. 북한의 운영체제 붉은별에서 사용되는 암호알고리즘은 〈그림 3-7〉과 같다.

북한의 소프트웨어들을 살펴보면 일부 파일들은 저자와 라이센서 정보를 포함하고 있다. Rijndael 암호 알고리즘을 구현한 pilsung.ko 파일의 경우 라이센스를 BSD(Berkeley Software Distribution)와 GPL(General Public License)로 표시하고 있으며, 다른 파일에서는 파일에 대한 설명과 저자의 e메일이 포함된 소프트웨어 파일도 발견되고 있다. 북한 소프트웨어 RTSCAN 파일 분석 내용은 〈그림 3-8〉과 같다.

북한의 컴퓨터 네트워크 관리법에 따르면 북한의 내부망인 인트라넷 망을 컴퓨터 전국망, 컴퓨터 부문망, 컴퓨터 국부망으로 구분

license=GPL
author=Kim Yong 00000
(ky00000@osd.inf.kp)
description=Real Time Monitoring Module
srcversion=4EEA04C71C3B543F76DB130

그림 3-8 북한 소프트웨어 RTSCAN 파일 분석

하여 관리하고 있다. 하지만 대한민국과 같은 인터넷망 기반 시설이 부족하기 때문에 북한의 독자 소프트웨어인 붉은별 운영체제에는 모뎀 어플리케이션이 기본 프로그램으로 설정되어 있다.

북한은 인터넷을 제한적으로 사용하고 있으며, 중국의 차이나 유니컴과 러시아의 TTK망을 이용하여 인터넷을 연결하고 있다. 대부분의 IP는 태국 합작회사의 IP를 사용하고 있다. 2018년에 평양에 국제 인터넷 통신국이 설립되었다는 보도가 있지만 북한은 여전히 인터넷 사용을 통제하고 있다.

다음으로 전자전 공격의 일환으로 북한에 의한 GPS(Global Positioning System) 전파교란이 자주 있었으며 진화할 것으로 예상된다. GPS 신호를 재밍, 위조하여 정해진 경로를 이탈하게 하거나 GPS 신호를 교란 및 신호 재밍을 통해 관제(통제) 시스템의 정상적인 통제를 불가능하게 할 수 있다. 실제 GPS 교란상황 시, 재밍 신호는 GPS 위성신호 전력(-130dBm) 대비 천만배 큰 신호인 약 −70dBm[8] 신호가 유입된다.

현대의 무기체계는 GPS에 많은 부분을 의존하고 있다. GPS 전파교란은 GPS 신호를 교란, 위조하여 정해진 경로를 이탈하게 하거나 GPS 관제 시스템의 정상적인 통제를 불가능하게 할 수 있어 주의가 필요하다. GPS 전파교란 원리는 〈그림 3-9〉와 같다.

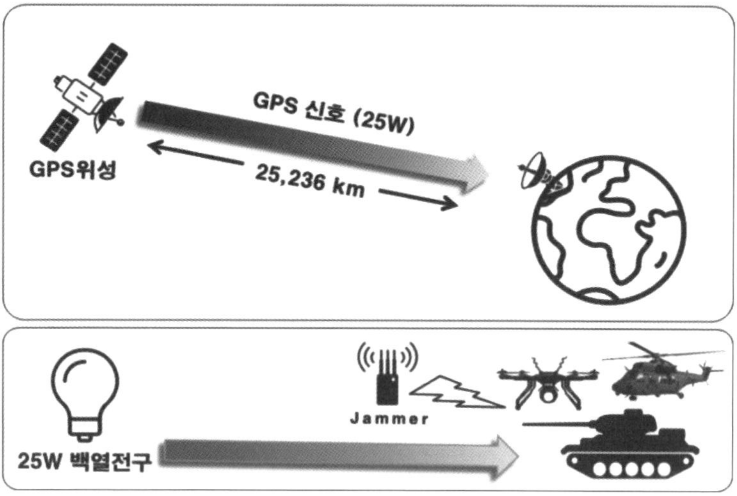

그림 3-9 GPS 전파교란 원리
출처: 강동수·이상준·윤지영(2023)

이러한 GPS 전파교란은 크게 2가지로 구분된다. 먼저, GPS 재밍은 GPS 주파수 대역에 큰 신호 전력을 송신하여 GPS 수신기가 GPS 위성 신호를 수신하지 못하게 하는 공격이다. 이와 유사한 GPS 재방송 공격은 위성 신호의 수신시간 지연으로 거리오차를 발생시키는 공격이다. 다음으로 GPS 스푸핑은 GPS 위성 신호보다 약간 높

8 dBm은 GPS 수신감도에 사용되는 단위로 mW를 기준으로 한 전력 측정값으로 mW 단위의 전력을 dB스케일로 나타낸 단위이다. dB(데시벨, Decibel)은 어떤 값의 차이를 Log로 나타낸 (상대적) 스케일의 한 종류이다.

은 신호로 GPS 신호와 비슷한 위조된 정보를 방송하여 GPS 수신기가 잘못된 위치와 시각을 계산하도록 하는 공격이다. 상용 GPS의 경우에는 주파수, 코드 및 신호 구조가 노출되어 있어 교란이 상대적으로 용이하다(강동수·이상준·윤지영, 2023).

북한의 GPS 재밍은 2010년도부터 최근까지 6번 있었으며, 최근 2024년 5월 19일에서 2024년 5월 30일에도 서해 5도 근해와 서울, 경기 일원에 혼신이 있어 과학기술정보통신부는 전파혼신 위기경보 "주의"를 발령하였다. 2024년 5월 발생한 북한 공격 추정 대한민국의 GPS 재밍 지역은 〈그림 3-10〉과 같다.

북한은 이러한 전파공격을 통해 이란의 미국 RQ-170 무인기 나포 사례와 같은 공격을 감행할 수도 있다. 2011년 12월 이란 혁명수비대(Islamic Revolutionary Guard Corps, IRGC)가 이란 북동쪽 카시마르(Kashmar) 지역을 정찰하던 미국 RQ-170 무인기를 대상으로

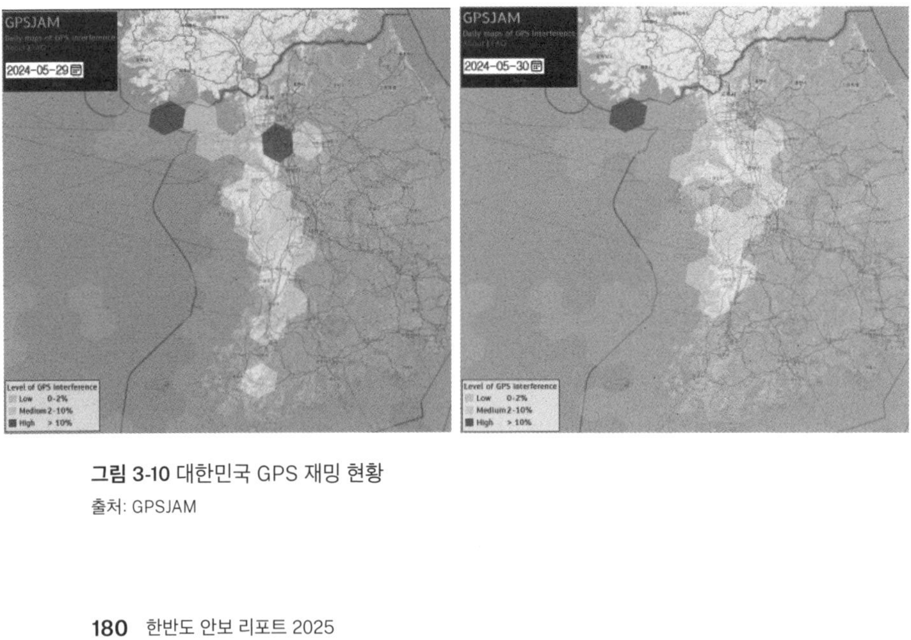

그림 3-10 대한민국 GPS 재밍 현황

출처: GPSJAM

GPS 신호를 교란하고 조작하는 GPS 스푸핑 공격을 감행하여 나포한 것으로 추정되는 사례가 있었다.

이란의 GPS 스푸핑이 진행된 순서는 먼저 이란의 북부 카시마르 상공에서 비행중이던 무인기를 발견하고, 위성 및 지상에서 무인기로 향하는 모든 신호를 재밍하여 기만 GPS 위치를 송신하여 특정 지역으로 유도한 것이다. 결국 RQ-170은 이란의 칸타하르 기지에 착륙하였다. 이란에 나포된 미국의 RQ-170 제원은 〈표 3-11〉과 같다.

표 3-11 미국의 RQ-170 제원

구분	내용	구분	내용
임무	정보, 감시, 표적 획득, 정찰 및 전자전	높이	1.21m ~ 1.82m
승무원	없음	전력용량	9,275lbs
도입년도	2007년	Type	GE turbofan engine
실용상승한도	15,240m	제조사	Skunk Works

최근 북한도 정찰위성 발사 등 다양한 우주 활동의 증가가 있어 위성이 표적이 되는 사이버 활동도 고려되어야 한다. 스타링크 등 위성의 일상 활용 범위와 각 영역에서 의존성이 증가하고 있다. 예를 들면 버스의 위치 확인, 자동차의 네비게이션, TV 방송, 전화, 기상 예보, 전력망, 기후 관찰, 군사 통신, 사물인터넷의 확장으로 위성망 연동이 우리 생활에서 차지하는 비중이 증가되고 있다. 위성은 단일장애지점(Single Point Of Failure)[9]으로 무인으로 운영되면서 수

9 SPOF(Single Point Of Failure, 단일 장애점) 시스템 구성요소 중 하나라도 동작하지 않으면 전체 시스템이 중단되는 것을 의미한다.

리나 유지보수가 곤란하다.

위성 네트워크의 취약점은 무인으로 우주공간에 노출되어 있다는 것이다. 대표적으로 재밍과 같은 위성과 지상 간의 통신 방해나 위성에서 전송되는 신호를 가로챌 수 있다. 신호의 내용보다 신호특성을 수집하여 분석할 수도 있고, 스푸핑같이 위성에 거짓 정보를 전달하거나, 허위 신호를 생성하여 허위 정보로 변조 또는 위장할 수도 있다. 또한, 우주 자산에 대한 국제규범과 사이버 보안 표준이 부재하다는 취약점도 가지고 있다.

북한의 사이버 공격은 지속적으로 증대가 예상되며, 핵개발 자금 지원 목적의 암호화폐와 금융기관에 대한 사이버 공격과 랜섬웨어 범죄가 더욱 증대될 것으로 예상된다. 북한은 사이버전 능력 향상에 주력하여 상당한 수준에 도달한 것으로 평가되며, GPS 전파교란 등의 전자전 능력 향상에도 노력을 기울이고 있다. 북한의 사이버 작전과 GPS전파교란 주요 기술들을 종합 판단해 보면 〈표 3-12〉와 같다.

기술수준 평가는 '상', '중', '하'로 나누어 평가하였다. 각 분야 선진국 수준이면 '상', 기술 개발되어 실체가 있으나 선진국 수준

표 3-12 북한 사이버전 주요 기술

구분	세부 분류	내용	기술 수준
사이버 작전	사이버전	방산업체 자료 유출, 렌섬웨어, 사이버 공격	상
	경제 분야	암호화폐, 미국 IT업체 취업	상
GPS 전파교란	재밍	6차례 공격 (24.5.29. 등)	상
	스푸핑	무인항공기 나포 등	하

이 아니면 '중', 실체가 없이 선전물만 있으면 '하'로 평가하였다. 사이버 작전 분야는 모든 분야에서 '상'으로 기술 수준 평가되었으며 GPS전파교란은 수시로 이루어지고 있는 재밍은 '상'으로 무인항공기 나포와 같은 실제 나타난 적이 없는 스푸핑 기술은 '하'로 평가하였다.

2. 탄도미사일 분야

북한의 탄도미사일 발사 수단은 이동식 발사대, 잠수함 발사, 열차까지 추가되었다. 이러한 다양한 탄도미사일의 발사 수단은 기존의 탐지, 감시 자산들로 발사 징후를 인지하기 어려웠던 상황에서 미사일을 실은 열차가 북한 전역에 거미줄처럼 깔린 철도망을 이용하여 이동하고 터널에 숨어 있다가 발사하고 다시 터널로 숨어버리는 공격 양상을 보이게 된다면 탐지는 물론, 발사 전 타격은 더욱 어려워질 것이다.

탄도미사일 시간에 따른 속도 변화는 발사 후 일정 속도까지 급격히 증가하고 이후 완만히 감소하며, 다시 완만히 증가하여 목표지점 낙하 직전 속 도가 급격히 감소하는 'M자형 패턴'을 나타낸다. 비행경로각을 조절하는 비행궤적은 최소 에너지로 최대사거리에 낙하하는 최소에너지궤적(MET, Minimum Energy Trajectory) 방식, 높은 고도를 갖는 고각 궤적(LT, Lofted Trajectory) 방식, 낮은 고도를 갖는 저각 궤적(DT, Depressed Trajectory) 방식이 있다. 북한의 스커드 B, C 미사일과 노동미사일의 속도 변화는 〈그림 3-11〉과 같다.

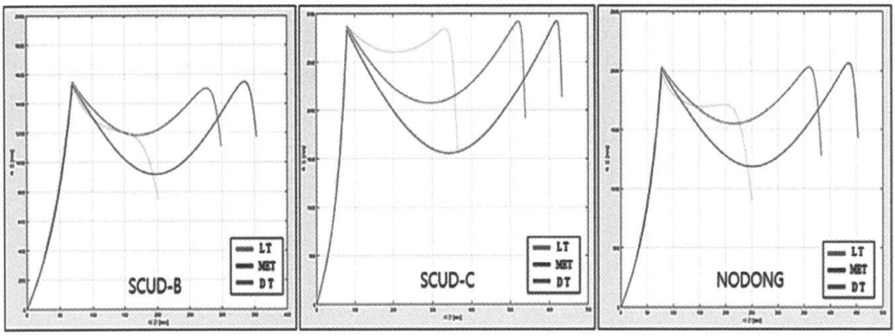

그림 3-11 탄도미사일의 속도 변화
출처: 오주호·강동수(2022)

극초음속(hypersonic) 미사일은 마하 5 이상의 속력으로 비행하는 미사일로 탄도미사일의 비행궤적이 일정한 포물선의 형태를 그리는 것과 대조적으로 저고도 자유 비행이 가능하여 요격을 어렵게 하고 있다. 극초음속 미사일의 종류로는 글라이더 형태로 비행하는 활공체에 탄두를 탑재하는 HGV(Hypersonic Glide Vehicles)와 스크림제트 엔진을 이용하여 고속 비행이 가능하여 기습 효과를 낼 수 있는 HGV(Hypersonic Cruise Vehicles)로 구분된다. 개발국가는 미국, 러시아, 중국, 프랑스, 영국, 인도 정도가 개발한 것으로 알려져 있다. 북한은 2021년부터 실험을 주장하고 있다. 북한이 보유한 미사일을 발사 형태에 따라 지대지, 지대공, 지대함으로 구분해 보면 현황은 〈표 3-13〉과 같다.

탄도미사일 개발 초기에는 소련의 SCUD 미사일을 모방하는 수준이었으나 40여 년이 경과한 오늘날에는 단거리부터 대륙간탄도미사일까지 다종의 탄도미사일을 개발하고 대부분 작전에 배치되었다. 특히 김일성, 김정일 집권기 때와 달리 2011년 말부터 김정은

표 3-13 북한 보유 미사일 현황

구분			보유 내역
지대지	탄도미사일	SRBM (1000km 이하)	화성-5형, 화성-6형, KN-02, KN-23(이스칸데르 유사), 화성-11나형(ATACMS 유사), 신형전술유도탄
		MRBM (1000~3000km)	극초음속 미사일 2형, SCUD-ER, 북극성-2형, 화성-7형
		IRBM (1000~5500km)	화성-8형, 화성-10형, 화성-12형, 북한 극초음속 IRBM
		ICBM (5500km 이상)	화성-13형, 화성-14형, 화성-15형, 화성-17형, 화성포-18형/19형
		SLBM	북극성-1형, 북극성-3형, 북극성-4형, 북극성-5형, 미니SLBM
	순항미사일	단거리 지대지	금성-2형, 금성-3형(Kh-35)
		장거리 지대지	북한 중장거리 순항미사일, 화살-2형
		아음속 지대지	금성-1형, 금성-2형, 금성-3형(Kh-35)
지대공	ABM		번개 5호(S-300), 번개 6호(S-400), 번개호(S-400)
	장거리		번개 4호(SA-5)번개 6호
	중거리		번개 1호(S-75)번개 2호(S-125)번개 5호
	단거리		크로탈 (유도탄)번개 3호(SA-13)
	휴대용		화승총(SA-16)
지대함	ASBM[10]		KN-18(SCUD 개량형)
	차량 발사		금성-1형(실크웜), 바다수리-6

집권 이후 북한의 미사일 발사가 급증하였다. 연도별 탄도미사일 발사현황을 살펴보면 2011년 김정은 집권 이후 증가하다 남북관계 개선으로 소강상태를 보이다 2022년에 급격하게 증가하는 것을 알 수

10 대함탄도미사일(ASBM, Anti-Ship Ballistic Missile)은 항공모함, 구축함을 공격하는 탄도 미사일이다.

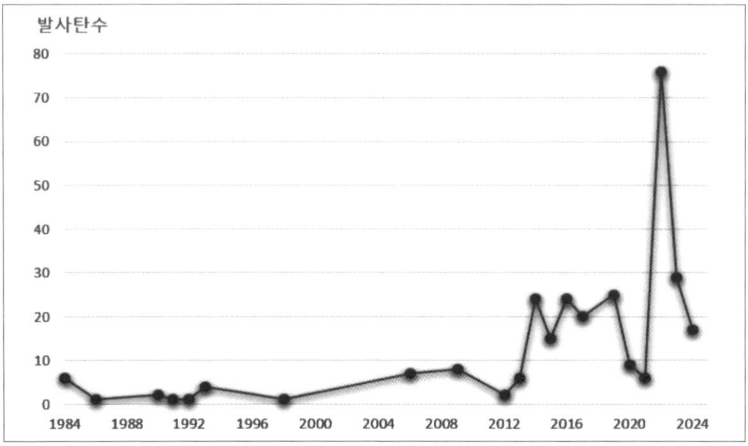

그림 3-12 탄도미사일 현황 (1984년~2024년 9월)

있다. 연도별 탄도미사일 발사 현황을 정리해 보면 2022년에 가장 많았다. 탄도미사일 발사 현황은 〈그림 3-12〉와 같다.

인공위성이나 우주선 발사를 위한 우주 발사체와 탄도미사일을 비교해 보면 우주 발사체는 탄도미사일과 비슷한 원리와 발사체의 구조로 유사한 형상을 가지고 있다. 이러한 이유로 발사체 기술은 국가 안보와 군사적 측면에서 중요한 전략 자산이 된다. 발사체 기술을 확보하고 있는 미국을 비롯한 선진 각국은 기술을 발전시키고 있으며 발사체의 기술 이전을 제한하고 있다. 우주 발사체와 탄도미사일을 비교해 보면 〈표 3-14〉와 같다.

우주발사체와 탄도미사일의 차이 중 하나인 기상에 관계없이 발사체를 발사하는 것이다. 고체연료도 영향을 미친다. 북한의 경우도 영하 10도 이하의 악천후에서도 탄도미사일을 발사한 경우가 5번 있었다. 기상악화 시 발사 현황은 〈표 3-15〉와 같다.

표 3-14 우주 발사체와 탄도미사일 비교

구분	우주 발사체	탄도미사일
목표	• 추력과 비추력의 극대화하여 페이로드를 목표지점에 안착	• 빠르게 발사하는 능력 적의 요격에 살아남아 표적을 타격
발사 운용	• 수일 또는 수주 발사 준비 • 발사 전 부품 및 상태 체크	• 은밀히 가능한 빨리 발사 • 생존성이 높음
발사 기상	• 구름 (운량) • 강수(시간당 2.5mm 미만) • 풍속(지상 평균 14m/s 이하) • 기온(-10℃ ~ 35℃) • 습도(25도 기준 98% 이하) • 압력(94.7~104kPA) • 지상풍, 고층풍 • 낙뢰(뇌우 내부 혹은 뇌우에서 낙뢰가 발생한 후 30분을 대기)	• 필요 시 악천후에서도 발사 ※ 북한의 경우도 1984년~2024년까지 영하 10도 이하에서 발사한 경우가 5건 있었음
발사방향	• 수직으로 상승 • 요구되는 선회 방향의 속도를 얻기 위해 궤적의 마지막 단계(2단 또는 3단)에서는 통상 낮은 추력의 엔진 사용	• 수직 발사되고 사거리 연장을 위해 일반적으로 일정 경사각으로 비행
비행궤적	• 수직으로 비행하고 일정 궤도이후 잔여물이 낙하함	• 포물선을 이룸 • 최근 초음속탄도미사일은 운동능력이 있어 비행궤적이 일정하지 않음
연료	• 극저온 연료 사용 • 액체 연료 사용	• 고체 연료 사용 • 장기간 저장가능한 액체 연료 사용
탑재물	• 인공위성 등	• WMD(핵, 화학, 생물학 등) • 탄두
최저속도	• 시속 29,000km	• 시속 8,000km
재진입 기술	• 대기권 재진입 기술이 필요 없음	• 대기권 재진입을 위한 탄두 보호 (열차폐막 등) 필요 • 재진입 제어 기술 필요

출처: 강동수(2022)

표 3-15 기상악화 시 발사 현황

날짜	발사체	형태	온도	비고
2022-01-05	Hwasong-8	MRBM	-22.2	강계
2022-01-11	Hwasong-8	MRBM	-15.4	강계
2022-01-17	KN-24	SRBM	-12.8	강계
2022-01-17	KN-24	SRBM	-12.8	평양
2022-01-30	Hwasong-12	IRBM	-19.6	평양

북한의 탄도미사일은 2012년 이후 작전 배치되었거나 개발 중인 미사일 시험발사를 본격적으로 시작하여 2017년에는 화성-12형을 북태평양 방향으로 발사하였고, 미국 본토를 위협할 수 있는 화성-14형과 15형을 시험 발사하였다. 2018년에는 미사일 발사가 없었으나, 2019년 이후 작전 운용상 관리가 유리한 다종의 고체추진 단거리 탄도미사일을 시험 발사하였다. 북한의 주요 미사일 종류와 제원은 〈표 3-16〉과 같다.

표 3-16 북한 미사일 종류 및 제원

구 분	무수단	대포동 2호	화성-15	화성포-17	화성포-18
사거리(km)	3,000 이상	10,000 이상	10,000 이상	15,000 이상	미상
탄두중량(kg)	650	650	1000	미상	미상
경과	작전배치	발사	시험발사	시험발사	시험발사

ICBM으로 보이는 북한의 화성포-18형 발사체는 콜드론칭 방식으로 2023년 12월 18일 발사되었으며, 최대 정점 고도 6,518km까지 상승하며 1,002km를 73분 35초간 비행해 동해 공해상 목표 수역에 탄착했다고 선전하고 있다. 화성포-18형의 발사와 잠수함에

서 발사되는 탄도미사일에 적용되는 콜드론칭 방식은 과거 냉전 시기 발사 위치가 위성에 탐지되지 않도록 발사장을 지하에 설치되었기 때문에 선택한 방법으로 북한도 탄도미사일도 적용된 것으로 보아 러시아의 기술이 전수된 것으로 보인다. 공개된 북한의 SLBM 개발 현황을 종합해 보면 〈표 3-17〉과 같다.

표 3-17 북한의 SLBM 개발 현황

구 분	북극성 1형	북극성 2형	북극성 3형	북극성 4형	북극성 5형	미니 SLBM
시기	2015.05.	2016.04.	2019.10.02.	2020.10.	2021.01.14.	2021.10.11.
공개	시험발사	시험발사	시험발사	75주년 열병식	8차당대회 열병식	국방발전 전람회
발사 장소	신포급	지상발사	바지선/ 신포급	-	-	-
길이	7.35m	7.35m	10m	10m	탄두부 길어짐	8.5m
직경	1.1m	1.1m	1.4m	1.7m	1.8m	1.1m 이하
탄두 형태	뾰족	뾰족	둥근	둥근	둥근	뾰족
사거리	1,300km	1,300km	2,000km	2,000km	2,000km	-

출처: 강동수(2022)

북한의 잠수함발사 탄도미사일은 잠수함 발사가 가능한 잠수함발사탄도미사일(SLBM, Submarine Launched Ballistic Missile) 개발도 진행하고 있다. 2018년에는 미사일 시험 발사가 없었으나, 2019년 이후 다종의 고체추진 단거리 탄도미사일과 신형 잠수함발사탄도미사일(SLBM) 북극성-3형을 시험 발사하였다. 또한, 2020년 10월 당 설립 75주년 열병식에서 '북극성-4ㅅ'으로 표기된 신형 잠수함

발사 탄도미사일을 공개하였으며 'ㅅ'은 수중에서 발사되기 때문에 붙인 것으로 추정되고 있다. 최근 2022년 5월에는 함경남도 신포에서 탄도미사일 발사가 탐지되었으며, 2년여 만에 SLBM 시험발사를 한 것으로 추정하고 있다.

탄도미사일 발사 현황을 통계적으로 살펴보면 발사가 활발한 시기는 3월이며, 다음으로 7월, 5월, 8월이 다음을 이었다. 이는 주로 3~4월과 8월에 진행되는 한미연합훈련, 4월의 김일성 생일과 조선인민군 창건일, 7월의 정전협정체결일과 미국 독립기념일 등 굵직한 정치, 군사 행사에 기인한 것으로 보인다. 월별 탄도미사일 발사 현황은 〈그림 3-13〉과 같다.

발사 지역 분포는 강원도, 함경남도, 평안북도, 함경북도, 평안남도, 평양, 황해북도, 자강도, 황해남도 순이며, 북한지역 강원도 호도반도 인근에서 많이 발사되었다. 시간대는 오전(06~12시)이 가장

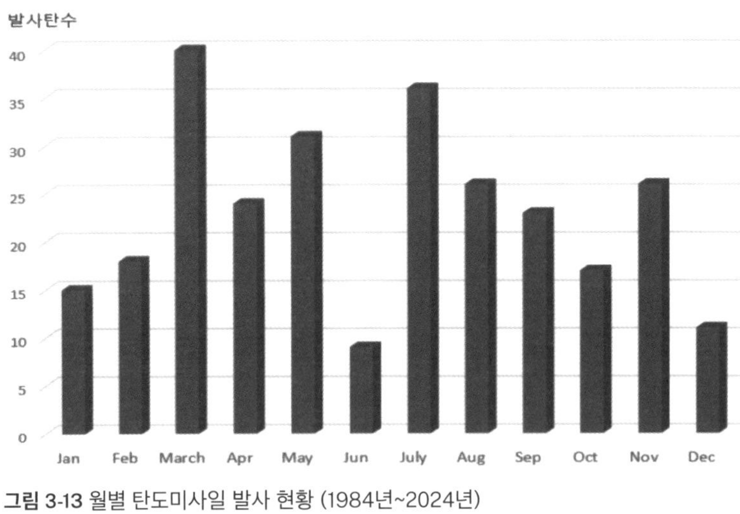

그림 3-13 월별 탄도미사일 발사 현황 (1984년~2024년)

많고, 다음으로 주간(12~18시), 늦은 야간(24~06시), 야간(18~24시) 순으로 대부분의 발사가 주간에 이루어졌다. 미상 데이터는 주로 김일성 집권 시기인 1980년에서 1990년대 초반의 것들로 정확한 발사 일시 확인이 제한되었다. 김정은 집권 이후에는 〈그림 3-14〉와 같이 오전에 발사되는 경향을 보이고 있다.

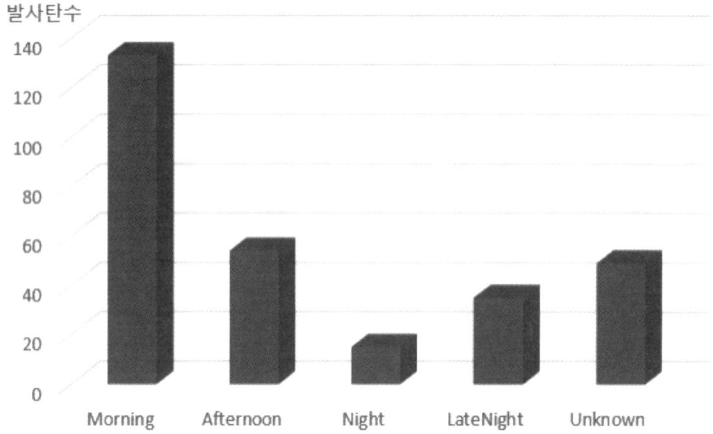

그림 3-14 시간대별 탄도미사일 발사 현황 (1984년~2024년)

일부 북한의 탄도미사일 무기체계는 플라모델 형태로 〈그림 3-15〉와 같이 판매되고 있어 사진으로 크기 등을 예측하는 것보다 비교적 정확하게 길이나 너비 등의 제원을 추측할 수 있다.

탄도미사일을 TEL 형태의 이동형 차량으로 발사하는 경우 트렉터 공장의 능력이 필요하다. 스커드를 탑재한 화성-5형의 경우 프라모델이 판매되고 있어 모델 스케일을 고려 차량의 길이를 13.4435m로 비교적 정확히 계산하여 추정할 수 있으며 이러한 차량이 이동하기 위해서는 차량의 폭보다 넓은 도로가 필요하다.

그림 3-15 판매되고 있는 화성 5형 프라모델 모습

북한의 도로는 철도의 보조 간선 기능을 수행하고 있으며 주로 단거리 노선에 사용되고 있는 것으로 알려져 있다. 통계청의 북한통계(2024.7.14. 검색)에 따르면 북한의 도로 총연장은 26,203km이고 그중 고속도로는 길이는 658km이다. 도로 총연장은 북한의 등급으로는 5등급 이상의 도로의 합으로 보인다. 〈표 3-18〉과 같이 북한의 도로는 고속도로와 6등급 도로로 구분되어 있다.

통일부와 통계청의 자료에 조금 차이가 있으나 국가통계포털에 따르면 1개 차선으로 구성된 6급 도로가 31,745km로 전체 도로의 52%를 차지하고 있다. 또한, 리와 리를 연결하는 5등급, 리의 마을을 연결하는 6등급으로 분류된 도로는 남한의 기준으로 도로로 보기 힘든 수준으로 알려져 있다.

북한의 화성 12형과 15형은 2017년 공개된 것과 발사차량까지 크게 변화가 없는 것으로 보여 기존대로 화성 12형은 6축의 차량에 화성 15형은 9축 차량(22m)에 탑재되어 공개되었다. 화성포-17형 ICBM 발사차량이 11축 차량이라는 점에서 길이는 약 23~24m 정

표 3-18 북한의 도로 구분과 제원

등급	기능	차선 수(개)	차선 폭(m)	도로 폭(m)	갓길(m)
고속 도로	6개 노선 (평양~남포/개성/향산/원산/금강산/남포(신), 원산~금강산)	2~10	3.5~7.2	14~72	-
1	중앙-도 연결	2 이상	3.5	7.0 이상	1.5 이상
2	도-도 연결	2	3.5	7.0	1.0
3	도-군, 군-군 연결	2	3.0	6.0	0.75
4	군-리를 연결	2	2.75	6.0	0.5
5	리-리 연결	2	2.5	5.0	-
6	리의 마을 간 연결	1	-	3.0~3.5	-

도로 보이고, 화성포 18형은 9축에 22m 정도로 보인다. 발사차량의 폭이 3.5~4m 정도 되는 것으로 추정되어 도로폭이 5m 정도 되는 5급 이상의 도로에서만 이동 가능하다. 북한 미사일 종류와 발사차량 크기는 〈표 3-19〉와 같다.

표 3-19 북한 미사일 종류와 발사차량 크기

구 분	화성-5형	화성-15	화성포-17	화성포-18
차량 길이	4축 (13.5m)	9축 (22m)	11축 (23~24m)	9축 (22m)
차량 너비	3.1325m	3.5~4m	3.5~4m	3.5~4m
사거리(km)	300km (스커드-B)	10,000km 이상	15,000km 이상	미상
탄두중량(kg)	N/A	1000	미상	미상
경과	작전배치	시험발사	시험발사	시험발사

3. 우주 분야[11]

우주개발의 3요소는 우주 발사체, 인공위성, 우주발사 기지로 이루어진다. 우주 발사체 면에서는 북한은 수시로 탄도미사일 발사 시험을 진행하고 극초음속 미사일 시험발사와 정찰위성 개발 시험을 주장하고 있다. 북한은 이미 2012년에 자체 인공위성인 광명성 3호를 은하 3호 발사체에 탑재하여 궤도에 정상 진입시켰다.

김정은 체제에서 북한은 2013년 4월 「우주 개발법」을 제정하고, 국가우주개발국을 신설하였다. 국가우주개발국(NADA, National Aerospace Development Administration)을 설치하여 우주 발사체 및 인공위성 개발을 진행하다가 최고인민회의(2023)에서 국가 항공우주기술총국(NATA, National Aerospace Technology Administration of the DPRK)으로 승격시켜 우주기술총국을 유지하고 있다. 북한의 우주기관 로고 변화는 〈그림 3-16〉과 같다.

그림 3-16 북한의 국가 우주기관 로고 변화

11 강동수(2022)를 바탕으로 최신화하였다.

국가 항공우주 기술총국은 우주 환경시험 기지, 위성관제 종합지휘소, 평양 종합관제소, 조선 우주공간 기술위원회로 조직이 구성되어 운영되고 있다. 실제 위성 발사를 위해서 서해와 동해에 각각 있는 우주 발사체 발사장과 평양에 위성관제 종합지휘소를 가지고 있다.

우주 발사체는 우주선이나 인공위성을 목적한 궤도에 보내는 것이고, 탄도미사일은 핵이나 폭탄을 수송하여 목표물을 타격하는 것이지만 형상으로 구분하는 것은 어렵다. 북한의 서해발사장(동창리) 우주 발사체 발사 현황은 〈표 3-20〉과 같다.

표 3-20 북한의 서해발사장(동창리) 우주 발사체 발사 현황

구 분		은하 3호 (1차)	은하 3호 (2차)	은하 3호 (개량)	천리마-1
연료	1단	액체	노동엔진	노동엔진	미상
	2단	액체	스커드엔진	스커드엔진	미상
	3단	미상	미상	미상	미상
총길이		35.8m	30m	미상	미상
총중량		79톤	91톤	미상	미상
사거리		10,000km	12,000km	미상	미상
탄두 중량		1톤	2톤	미상	만리경1호
시험발사		12.04.13.	12.12.12.	16.02.07.	23.11.21.

우주 발사체에서 사용되는 기술과 구성품은 탄도미사일에서 재활용 가능하기 때문에 이에 대한 파악이 필요하다, 북한은 광명성 인공위성의 발사체로 은하 로켓을 개발하였다. 2006년 은하 1호는 무수단에서 개발된 대포동 미사일을 모체로 개발되었으며, 2009년에 은하 2호가 발사되었으나 인공위성의 궤도 진입에는 실패하였

다. 이후 은하 3호는 1차 발사에서 135초 만에 폭발하여 실패하였으나 2차 발사에서 광명성 3호 인공위성을 궤도에 안착시켰다. 공개되어 있는 자료들을 바탕으로 북한의 발사체 현황을 정리할 수 있으나 수치는 검증이 필요하다. 북한이 발사한 위성을 종합해 보면 〈표 3-21〉과 같다.

표 3-21 북한의 위성 발사 현황

위성 이름	발사체	NORAD ID	발사일	현상태	발사장소
광명성1호	백두산 로켓 대포동 1호	진입실패	1998.08.31.	-	동해발사장
광명성2호	은하 2호 대포동 3호	진입실패	2009.04.05.	-	
광명성3호	은하 3호	진입실패	2012.04.13.	-	서해발사장 (동창리)
광명성3-2호 KMS 3-2	은하 3호	39026	2012.12.12.	-	
	UNHA 3 R/B	39027	2012.12.12.	관측	
	UNHA 3 DEB	39028	2012.12.12.	-	
	UNHA 3 DEB	39029	2012.12.12.	-	
광명성4호 KMS 4	은하 3호(개량)	41332	2016.02.02.	관측	
	UNHA 3 R/B	41333	2016.02.02.	관측	
만리경-1	천리마-1	58400	2023.11.21.	관측	

궤도 100km, 직경 10cm 이상의 지구궤도를 회전하는 모든 인공물들에게 부여되는 위성 목록 번호인 NORAD ID[12]는 광명성 3호

....

12 인공위성은 위성 목록 번호인 NORAD(North American Aerospace Defense) ID를 가지고 있다. NORAD ID는 미국 우주 사령부(United States Space Command)에서 지구궤도를 회전하는 모든 인공물체들에게 부여한 5개의 연속적인 숫자이다. NORAD ID 1번으로 부여된 인공물체는 1957년에 발사된 소련의 Sputnik의 발사체이다.

(은하 3호 발사체)부터 부여되었다. 북한이 발사한 인공위성은 동해 위성발사장(무수단)에서 동쪽으로 발사한 것은 모두 실패하였고, 서해 위성발사장(동창리)에서 남쪽으로 발사한 경우만 인공위성이 정상적으로 궤도에 진입하였다.

가장 최근에는 2023년 11월 21일 발사된 천리마-1형 발사체를 이용하여 발사 후 705s 만인 22시 54분 13초에 궤도에 진입하고 만리경-1호(위성)를 궤도에 안착시켰다. 만리경 1호는 468.738MHz의 주파수로 관측되며, 고도 6,880km, RCS(Radar Cross Section)는 알려져 있지 않다. 북한은 정찰위성이라고 주장하고 있다. 또한 2024년 2월 말 북한은 위성의 궤도 조정 능력을 보여주었다. 이는 위성이 기능하고 있으며 북한이 위성을 제어할 수 있음을 시사한다.

하루 최소 2회 한반도 상공을 통과하는 것으로 확인되며, 북한은 위성이 다양한 장소를 촬영했다고 주장하고 있다. 목포, 군산, 평택, 오산, 서울 등 국내 주요 도시와 괌, 하와이, 워싱턴 D.C. 등 해외 지역도 정찰했다고 발표하였다. 북한의 군사정찰위성은 전자광학(EO) 및 적외선(IR) 촬영 장비를 탑재하고 있는 것으로 추정되고 해상도는 상업용 위성보다 떨어지는 것으로 평가받고 있지만 사용 목적에 따라 군사적 활용이 가능할 것으로 판단된다.

북한은 무수단리와 동창리에 각각 동해 위성발사장과 서해 위성발사장을 보유하고 있으며, 서해 발사대에서 2012년 남쪽으로 발사한 광명성 3호가 정상적으로 궤도에 진입한 이후 태양동기 고도 등 여러 이유에서 서해 발사장에서만 위성을 발사하고 있다.

서해 위성발사장은 평안북도 철산군 동창리에 위치하고 있어 지명인 동창리 또는 서해 위성발사장으로 알려진 곳이다. 동해 위성발사장으로 알려진 무수단리 미사일 발사장보다는 규모가 크고 인공위성을 남쪽으로 발사하여 성공한 곳으로 연료 주입시설, 보급계통 증설, 발사 관제시설 등의 각종 실험 설비를 갖추고 있는 것으로 추정된다.

초창기 발사장으로 쓰였던 동해 위성발사장은 1990년대에 지어진 것으로 추정되고 함경남도 화대군 무수단리에 위치하고 있다. 인공위성이 성공적으로 발사된 적은 없으나, 1998년 8월 31일 탄도미사일이 최초 발사되어 여기의 지명을 따 대포동 미사일 또는 무수단 미사일로 불리기도 하였다. 2013년에 대대적인 확장 공사가 이루어진 것으로 알려져 있으며 미사일 발사대, 엔진 시험장, 미사일 조립 빌딩, 미사일 통제소, 지상 추적시설이 있다.

우주개발의 3요소는 우주 발사체, 인공위성, 우주발사 기지로 이루어진다. 우주 발사체는 북한은 수시로 탄도미사일 발사 시험을 진행하고 극초음속 미사일 시험발사와 정찰위성 발사를 주장하고 있다. 북한 우주 주요 기술을 발사체, 위성, 발사기지로 정리하여 평가해 보면 〈표 3-22〉와 같다.

표 3-22 북한의 우주 주요 기술

구분	세부 분류	내용	기술 수준
발사체	추진체	백두산, 은하, 천리마-1	상
	궤도 진입	태양동기 궤도 진입	상
위성	정찰위성	만리경-1호 (EO/IR)	중
	통신위성	없음	하
발사기지	동해(무수단)	성공 없음	하
	서해(동창리)	광명성, 만리경	상

기술수준 평가는 '상', '중', '하'로 나누어 평가하였다. 각 분야 선진국 수준이고 실제 성공사례가 있으면 '상', 기술이 개발되어 실체는 있으나 선진국 수준이 아니면 '중', 증거 없이 선전물만 있으면 '하'로 평가하였다.

III. 북한의 군사공업 발전 현황과 전망

미국의 MRO(Maintenance, Repair and Operation), 우크라이나-러시아전에서 보여지는 것처럼 전쟁을 지속하기 위해서는 제조업 능력이 필요하다. 전쟁 지속력의 근간인 북한의 군수공장은 기술과 생산되는 무기를 노출하지 않으려고 숫자와 은어로 명칭을 쓰고 있지만 공개된 자료를 바탕으로 현황을 추정하여 분석을 진행한다.

먼저 군수공업이라는 이름의 국가 조직은 조선노동당 중앙위원회에 군수공업부라는 조직이 있다. 군수공업부장은 무기체계 도입 전문가로 알려지고 최근 푸틴 환영행사에 참석하고, 김정은의 군수공장 현지지도 방문에 동행하는 것으로 나타난 조춘룡이란 인물이다. 조선노동당 중앙위원회 군수공업부 조직은 〈그림 3-17〉과 같다.

1960년생인 조춘룡은 2016년 1월 북한의 4차 핵실험 이후 UN 결의 2321호(2016.11.30.)와 EU 제재 대상(2016.5.20.)으로 지정된 인물이다. 무기 관련 지식이 많은 인물로 알려져 있으며, 대장 군복을 입은 모습도 포착된 경우가 있으며, 대장 칭호를 받았다.

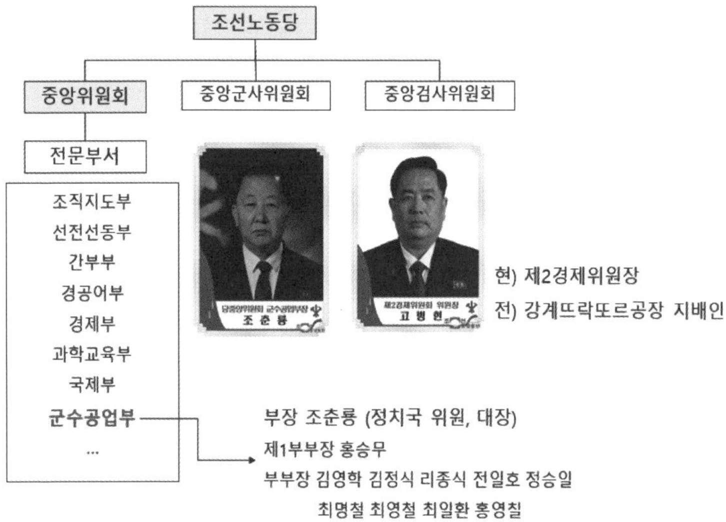

그림 3-17 조선노동당 중앙위원회 군수공업부

1. 군수공장의 구분[13]

먼저 통일부 북한정보포털의 군수공업 자료를 기반으로 군수공업 현황을 정리하고 가능한 내용을 확인 검증하는 방법으로 진행한다. 북한의 생산능력은 2000년대 전문공장 44개소를 비롯하여 수리부품 공장 136개 등 약 180여 개소에 이르는 군수공장이 있는 것으로 추정되며, 이외 미확인된 전시동원공장을 포함하면 300여 개 이상에 이르는 것으로 추정되고 있다. 아래 내용은 북한정보포털의 군수공업 자료를 정리한 것이다.

군수공업은 각종무기와 전투기술기재를 생산하는 부문과 군수

13 여러 수집한 자료들 중에서 검토 결과 가장 공신력이 있는 통일부의 북한정보포털 군수공업 자료(20204.06.28. 검색)를 정리하였다.

필수품을 생산하는 부문으로 구분된다. 즉 총, 포, 탄약, 전차, 군함, 군용비행기 등을 생산하는 전문군수부문과 군복, 군화, 장구류 등 군용필수품을 생산하는 일반군수부문으로 구분할 수 있다.

첫째, 일반 군수공장은 국가계획위원회 군수계획국에서 생산계획을 하달받는다. 특수은행을 통해 국방비 자금을 조달받아 무력부에서 원부자재를 조달하여 제품을 수리하거나 생산한다. 일반 군수공장의 생산품은 공장의 자체소비와 군수부문의 소비로 이용된다.

둘째, 전문 군수공장의 군수생산계획은 국무위원회와 당 중앙군사위원회의 명령으로 하달된다. 군수생산에 필요한 자금은 국가예산에서 국방비로 공급되며 원부자재는 제2경제위원회[14] 자재상사를 통해 공급된다. 제2경제위원회 위원장은 고병현(당중앙위원회 위원)으로 강계뜨락또르공장 지배인으로 근무한 것으로 보인다. 제2경제위원회는 내각과 분리되어 독자적으로 계획, 생산, 분배, 대외무역을 관장하는 별도의 시스템을 갖춘 것으로 알려져 있다. 제2경제위원회 산하에는 수백 개에 달하는 군수공장 및 기업소가 존재하고 있는 것으로 추정된다. 군수품 생산은 자체 수요와 수출 수요에 따라 조금 다르게 진행되는데 수출제품의 경우 국제적인 규정에 따라 생산한다.

마지막으로 전시 가동공장은 국가계획위원회와 전시 동원준비계획을 하달 받아 수행한다. 평상시에는 전시에 생산할 수 있는 설

....

14 제2경제위원회는 8개의 총국으로 구성되어 있고, 연구개발을 위한 국방과학원과 자재공급을 위한 자재상사를 두고 있는 것으로 알려져 있다. 무기 생산에 필요한 물자를 수입하고 생산품의 해외 판매를 담당하는 무역회사와 은행 등 많은 기관을 산하에 거느리고 있는 것으로 알려지고 있다.

비, 갱도, 자재, 기술문건, 기능공을 준비하는데 이를 전시동원 5대 과제라고 한다. 전시에 동원될 수 있는 설비는 기업 자체의 제작과 인접한 공장, 기업소 내 설비동원을 통해 해결된다. 전시생산에 동원될 기능공은 3.18동원대 훈련을 통해 해결하며, 전시동원용 자재는 민수공장, 기업소와 제2경제위원회 자재상사를 통해 해결하는 것으로 되어 있다고 한다.

전시 동원공장에서 군수물자생산을 위해 비축하는 물자는 '5호물자' 축적을 통해 해결한다. 전시동원 공장들에서 비축하는 '5호물자'는 최고사령관 예비물자라고도 한다. 1980년대 중반 김정일이 현대전은 "알 전쟁, 기름 전쟁이다. 누가 탄약, 유류, 식량 등 전쟁예비물자를 충분히 가지고 있는가에 따라 승패가 결정된다"고 하면서 전쟁은 6개월 이상 끌지 않으므로 6개월분의 전쟁 물자를 반드시 비축하도록 지시한 데서 유래되었다.

2. 군수공장의 생산능력[15]

군수공장의 규모는 공개된 자료 확인이 제한되어 통일부의 북한정보포털 자료를 정리하였다. 북한 정보포털에서는 2000년대 초 북한에는 전문공장 44개소를 비롯하여 수리부품 공장 136개 등 약 180여 개소에 이르는 군수공장이 있는 것으로 추정하고 있다.

VOA보도[16]에 따르면 북한의 군수산업은 상당한 규모이며, 러시아에 대한 무기 판매가 급증한다면 경기부양 효과를 볼 수 있다고

15 통일부 북한정보포털의 군수공장의 생산능력 자료(2024.06.28. 검색)를 정리하였다.

16 VOA, [뉴스 동서남북] 북한 군수산업 "러시아 특수?" (2023.9.22.)

보도가 있으며, 북한 군수공장의 많은 부분이 대포와 탄약 등 러시아에 필요한 물품을 생산한다며, 전체 180곳 중 98곳이 이에 해당한다는 보도에서 180곳을 적시하고 있어 이는 통일부 북한 군수공장 현황과 일치하는 수치이다.

미확인된 전시동원공장을 포함하면 300여 개 이상에 이른다. 또한 군수공장은 기술과 생산되는 무기를 노출하지 않기 위하여 숫자와 은어로 명칭을 쓰고 있다고 한다. 대한민국의 경우에도 방산업체로 지정된 업체의 숫자가 100여 개로 20여 년 전에도 있었고 지금도 급격한 업체수의 변화는 없었다. 공장의 수가 늘어나기보다는 공장에서 생산되는 무기체계의 질이 변화하는 것이므로 20여 년이 지났지만 공장의 갯수는 유사할 것으로 사료된다. 북한 군수공장 현황은 〈표 3-23〉과 같다.

표 3-23 북한 군수공장 현황

구분	계	전문공장	일반(수리/부품)공장
계	180	44	136
총·포 공장	43	8	35
기갑차량 공장	12	2	10
함정 조선소	12	2	10
항공기 공장	9	2	7
유도무기 공장	8	5	3
탄약 공장	55	19	36
전자통신 공장	14	6	8
생화학 공장	16	-	16
기타군수 공장	11	-	11

출처: 통일부 북한정보포털

북한은 4개의 미사일공장과 12개 이상의 미사일 기지를 보유한 것으로 알려지고 있다. 함경북도 화대군 무수단리 노동·대포동 기지, 1995년 완공된 청강읍 기지, 1998년 완공된 옥평, 노동지구 기지 등은 일본을, 비무장지대 50km 부근의 지하 미사일 기지는 한국을 겨냥한 것으로 파악되고 있다.

북한은 화학무기 관련 연구소와 생산시설을 확충하고 일부 화학작용제를 독자적으로 생산하여 신경작용제, 수포작용제, 혈액작용제, 질식작용제 등 다양한 종류의 화학작용제 생산능력을 보유하고 있다. 현재 생산되어 비축된 화학작용제는 2,500~5,000톤에 이를 것으로 판단하고 있다. 연구 및 생산시설은 외부공격에도 생존 가능하도록 북한 전역에 배치되어 있으며, 즉각 사용할 수 있도록 저장시설은 휴전선 가까운 곳에 배치되어 있다. 연구시설은 신의주 등, 생산공장은 신의주 등, 저장시설은 황해도의 산음리 등에 설치된 것으로 추정하고 있다. 화학무기 생산능력은 평시 연간 4,500여 톤, 전시에는 연간 12,000톤으로 추정하고 있다.

NK조선 보도(2002.06.23.)에 따르면 2002년 북한 자강도 성간군에 위치한 한 군수공장에서 사망자가 1000여 명에 달하는 대형 폭발사고가 발생한 것으로 알려졌다. 이 공장은 지하에 건설된 240mm 방사포 탄약 생산공장으로 알려져 있으며 대표적인 탄약공장으로 지하 8층으로 깊이가 80m에 달해 승강기까지 설치된 곳이었다고 한다. 이 공장들은 현재도 생산시설로 유지될 것으로 사료되며 자강도 군수공장 위치는 〈그림 3-18〉과 같다.

육군의 전차, 장갑차 부분은 특수 장갑재와 정밀부품 등 일부를 제외하고 자체 제작하고 있으며, 소화기는 연간 218,000정, 야포 및

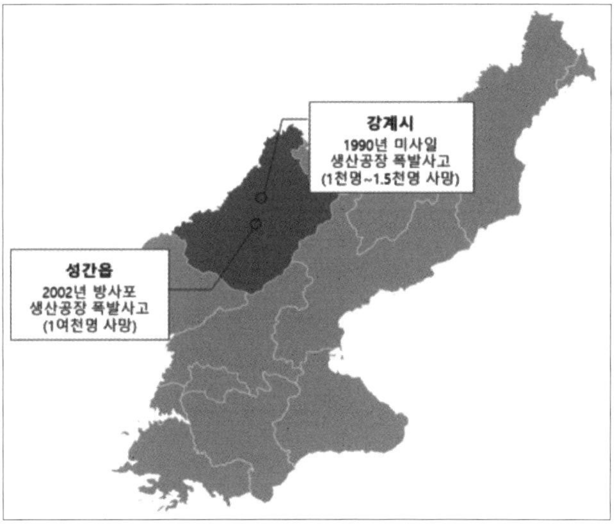

그림 3-18 자강도 군수공장 현황

자주포 680문, 박격포 1,530문, 방사포 882문, 전차 22문, 장갑차 300문의 생산능력을 가지고 있는 것으로 알려져 있다. 해군의 함정 부문은 일부를 제외하고 대부분 자체 설계개발 및 건조, 정비능력을 보유하고 있다. 잠수함을 비롯하여 해상무기의 연간 생산능력은 94척으로 추정된다. 공군의 항공기산업은 기술도입 생산과 부분적인 개량능력을 갖추고 있지만 독자적인 자체개발 능력은 아직 확보하지 못하고 있다. 김정은의 국방공업기업소 방문 모습은 〈그림 3-19〉와 같다.

김정은의 국방공업기업소 방문 사진에서 보이듯이 다수의 발사차량을 확보하고 있으며 북한의 미사일 개발과 생산기술 수준은 미사일 선진국 수준으로 평가되고 있다. 또한 대륙간 탄도미사일 개발능력을 가지고 있다. 탄도미사일 제작에 필요한 일부 원자재와 부품

그림 3-19 김정은의 국방공업기업소 방문 (2024.01.05.)

은 수입하지만, 미사일 생산은 거의 자체적으로 생산하는 것으로 보인다.

2023년 건군절 열병식에서 처음 신형 대륙간탄도미사일(ICBM)[17]을 공개하여 핵무력 군사력을 과시하였다. 2024년 1월 5일 조선중앙통신은 김정은이 군용대차[18] 생산공장을 현지 지도했다고 보도했다. 이때에는 화성포-18의 발사 가능한 5대의 이동 발사차량이 공개되었으나, 2024년 5월 17일 보도에서는 수십 대의 이동발사대 차량을 공개함으로써 탄도미사일뿐만 아니라 발사차량의 생산능력을 과시하고 있다.

북한의 국영제조업 사업체 수를 보면 군수공업과 관련되는 중화학공업 기업수는 1,272개로 전체 기업수의 45%를 차지하고 있다. 북한은 기계, 수송기계, 전기전자, 화학 등 중화학공업이 주류를

17 9축 TEL 형태로 차량 번호는 571에서 575로 5대가 식별되었다.

18 이동형 미사일 발사차량을 의미하며 TEL(Transporter Erector Launcher)로 불린다.

이루고 있다. 산업연구원에 따르면 화학 및 기계공업이 내부에 다양한 업종군을 포함하고 있을 뿐만 아니라 화학 일용품공장이나 철제 일용품공장 등 상대적으로 규모가 작은 지방산업공장들이 많이 포함되어 있기 때문이라고 한다. 북한의 국영 제조업 사업체 수는 〈표 3-24〉와 같다.

표 3-24 북한의 국영 제조업 사업체 수

구분		기업수 (개)	비중 (%)
계		2,835	100
경공업	가구목재종입잡제품	354	12
	섬유의류	493	17
	음식료품	716	25
	소계	1,563	55
중화학공업	1차금속	56	2
	건재	263	9
	기계	301	11
	수송기계	75	3
	전기전자	108	4
	화학	469	17
	소계	1,272	45

출처: 산업연구원 북한산업·기업 DB (2022.12. 기준)

북한의 공업지역을 분류한 북한의 산업지도와 연계하여 살펴보면 군수공업도 이와 유사한 지역에 위치할 것으로 사료된다. 인터넷에 공개된 자료를 바탕으로 추측해 보면 안주공업지대는 평안북도 구성군 일대의 탄약공장이 있고, 내륙공업지구로 분류된 자강도에도 제강종합기업소 등 금속공업 관련 군수공장, 자강도 희천시의 기계공업과 전력공업 등이 있는 것으로 보인다. 평시에는 산업과 관련된 일반 중화학공업 생산량이지만 전시에는 군수 물자를 생산할 수 있는 전환체계로 생각된다.

북한의 군수공업 생산능력에 대해 정확한 능력 확인은 제한되지만, 국방비로 공급되며 자재는 제2경제위원회 자재상사를 통해 공급되는 것으로 보인다. 제2경제위원회 위원장 고병현은 강계뜨락또르공장 지배인으로 근무하다 임명된 것으로 국영제조업체도 군수품 생산과 관련이 깊어 보인다.

언론보도[19]에 따르면 생화학무기 종합 생산기지인 강계화학공장(361호공장)을 비롯해 성간전선공장(성간11호공장), 공인분공장, 강계뜨락또르(트랙터)공장(26호군수공장), 강계종합기계공장(93호공장) 등 자강도 내 주요 군수공장이 지하로 연결되었다는 보도가 있는 것으로 보아 자강도 내에 다수의 군수공장이 위치하고 있는 것으로 보인다.

IV. 소결론: 정책적 함의

북한은 과학기술 혁명을 사회주의 경제를 발전시키기 위한 기본 고리이며, 국방과학기술력은 국가의 가장 중요한 전략적 자원이라 규정하고 있어 국방과학기술 수준은 북한의 전략적 의도를 파악하는 중요한 요소이다. 북한은 무기체계 개발에 기여하는 국방과학기

....

19 Daily NK. "北 자강도 군수공장들 지하로 연결." 2018.

술 역량을 높이기 위해 국가 발전의 핵심 정책으로 선정하고 군수공업부와 제2경제위원회를 두는 등 경제발전과 밀접하게 연관시키고 있다.

하지만, 북한은 과학기술과 관련된 대외 연구 활동 공개는 활발하지 않아, 연구 진행은 공개된 자료를 수집 및 분석하고, 문헌 연구를 통해 북한의 국방과학기술을 분석하였다. 분석된 내용을 바탕으로 탄도미사일, 사이버전과 우주의 과학기술 개발과 군수 생산능력과 군수공업에 대해 살펴보았다.

먼저 북한의 미사일 개발과 생산기술 수준은 미사일 선진국으로 평가되고 있으며, 대륙간 탄도미사일 개발 능력을 가지고 있다. 탄도미사일 제작에 필요한 일부 원자재와 부품은 수입하지만, 미사일 생산은 자체적으로 진행하는 것으로 보이고 수단이 되는 이동용 발사차량도 자체 생산이 가능하다.

사이버전 분야에서 북한의 사이버 공격은 지속적으로 증대가 예상되며, 핵개발 자금 확보 목적의 암호화폐와 금융기관에 대한 사이버 공격 및 랜섬웨어 능력은 탁월하다. 또한 첨단기술을 탈취하기 위한 북한의 해킹도 지속되면서, GPS 전파교란과 같은 재밍공격과 더불어 무인기 나포와 같은 스푸핑 공격이 가능할 것으로 추정된다.

북한은 우주개발의 3요소인 우주 발사체, 인공위성, 우주발사 기지를 모두 자체적으로 해결하고 있다. 북한은 수시로 탄도미사일 발사 시험을 진행하고 극초음속 미사일 시험발사와 정찰위성 개발 시험을 핑계로 발사 기술력을 갖추고 있다. 이미 2012년에 자체 인공위성인 광명성 3호를 발사했으며 아직 정찰위성이나 통신위성 수준은 아니더라도 위성 운영능력은 있어 보인다.

마지막으로 북한의 군수산업은 지속적인 대북 제재를 받아왔지만, 우리식의 기술 확보를 추진해 온 전략으로 미루어 보유하고 있는 재래식 무기의 경우는 대부분이 북한이 독자적으로 연구개발할 수 있다고 판단된다.

참고문헌

강동수. 2019. "북한 소프트웨어와 특허 분석." 『국방대학논총』 27(2): 105-128.

강동수. 2021. "미·중 컴퓨팅 기술 경쟁과 북한에 미치는 영향." 『군사과학연구』 14(1): 77-85.

강동수. 2022. 『북한 우주개발 기술현황 조사』. RINSA 연구보고서.

강동수·이민우. 2020. 『현대전에서의 사이버전 워게임 연구』. RINSA 연구보고서.

강동수·이상준·윤지영. 2023. "육군 합성전장훈련체계의 GPS Jamming 및 사이버작전 모의논리 연구." ㈜심네트 연구보고서.

강동수·조용호. 2019. "북한의 사이버 능력과 대응." 『국방과학기술과 무기체계』. RINSA.

강동수 외. 2021. 『인공지능 무기체계에 대한 시험평가 방안 연구』. 합참 연구보고서.

강동수 외. 2024. 『북한의 무기체계 현대화와 국방과학기술 평가』. RINSA.

김도현·강동수. 2021. "북한의 사이버전자전 능력연구." 한국정보과학회 학술발표논문집.

류효진·강동수. 2022. "북한 운영체제 붉은별 분석을 위한 보안 지식베이스 설계 및 구현." 『한국정보과학회 컴퓨팅의 실제 논문지』 28(1): 24-32.

박기훈·강동수. 2021. "명시적 보안 취약점을 이용한 붉은별 운영체제 분석 방법." 『군사과학연구』 14(1): 1-13.

오주호·강동수. 2022. "LSTM을 이용한 탄도미사일 사거리 예측." 『한국정보과학회 컴퓨팅의 실제 논문지』 28(8): 405-412.

윤혜영·강동수. 2023. "서지정보를 이용한 북한 과학기술 동향 분석." 『한국정보과학회 컴퓨팅의 실제 논문지』 29(7): 316-324.

이춘근 등. 2016. 『북한의 과학기술인력 현황분석과 협력 과제』. STEPI

황규섭·강동수. 2021. "북한 운영체제 붉은별 3.0 침입탐지 규칙 분석." 『한국정보과학회 컴퓨팅의 실제 논문지』 27(1): 48-54.

황규섭·강동수. 2021. "붉은별 운영체제 Watermarking을 이용한 이미지 파일 정보은닉 기법." 『한국정보과학회 컴퓨팅의 실제 논문지』 27(5): 241-247.

"핵무기 개발하는 북한 제2자연과학원의 실체." 『월간조선』(2013. 5.).

Choe, H. and Dongsu Kang. 2025. "ECC-Based Authentication Protocol for Military Internet of Drone(IoD): A Holistic Security Framework." in IEEE Access 13 (2025): 21503-21519.

Kang, Dongsu. 2019. "Bridging South and North Korea in Cyberspace." RINSA Forum, KNDU, RINSA, Vol.64.

Lee, Sangjun and Dongsu Kang. 2024. "Designing Simulation Logic of UAV Cyber Operation Using Cyber Security Framework." IEEE Access 12 (2024): 3488-3498.

Park, C. and DS Kang. 2019. "A DOM-Based Fuzzing Method for Analyzing Seogwang Document Processing System in North Korea." KIPS Trans. Comp. and Comm. Sys. Vol.8, No.5. (in Korean)

Williams, Martyn. 2018. "North Korea and the Internet: Building for the Future." *38 NORTH*. Aug 01.

외교부. 북한 IT 인력에 대한 정부 합동주의보 (20230.02.22.)

통계청. 북한 통계포털

통일부. 2022. 『북한 기관별 인명록 2022』.

통일부. 북한정보포털

한국학술지인용색인(KCI), https://www.kci.go.kr/kciportal/main.kci

Elsevier, Science Direct 웹사이트, https://www.elsevier.com/

Scimago Journal Rank, https://www.scimagojr.com/countryrank.php

제4장

북한의 대외 군사관계

김영준(국방대학교 전략학부)

I. 동맹 군사외교 분야: 북러관계 중심

1. 북한 대외 군사 관계의 역사와 특징

북한은 북한 국가를 세우는 단계에서부터, 소련 군사고문단이 조선인민군 창설을 비롯해 조소 친선을 일체화한 상태에서, 소련을 후견인으로 양국의 군사 관계는 매우 밀착되어 시작되었다. 건국 초기부터 조선인민군의 외형, 즉 무기체계, 조직, 교범 등 모든 것이 소련 군대를 모델로 창설되었으며, 기존 중국 내전에서 전쟁 경험을 쌓은 이들이 주요 지휘관의 대부분을 차지하였다. 또한, 새로 임관된 초급 장교들과 병사들은 소련식 교리와 군대 문화, 전술을 익히

* 이 장은 국방대 국가안보문제연구소의 2024년도 정책현안연구과제인 "북한군사리포트: 북한의 전쟁수행역량과 전략"의 일부를 보완한 것임을 밝힙니다.

면서 북한과 소련은 매우 밀착된 관계를 형성하였다. 특히 6·25 전쟁을 계획하는 단계에서 소련의 라주바예프 장군을 비롯해 2차 세계대전 참전 경험이 있는 소련 군사고문단 참여하 전쟁 계획 및 작전 실시로 북한과 소련의 군사 관계는 건국부터 6·25 전쟁 휴전 협정 시까지 하나의 조직으로 유지되어 왔다. 당시 북한 정부가 공식 간행물로 발간했던 『조소친선』 등은 이러한 북한과 소련의 친밀감을 높이기 위한 북한 정부의 초기 노력을 잘 보여주고 있다. 북한 정부가 발간한 『인민 항공』 등을 보면 당시 조선인민군을 중심으로 양군의 화합을 위한 활동과 여러 행사 개최 등 북한이 조선인민군의 지향점이자, 조선인민군을 첨단 과학기술 군대로 마련하기 위해 어떻게 소련군을 배우려 했는지 잘 묘사되어 있다. 김일성도 소련군과 매우 친밀한 관계를 유지하는 동시에 소련군이 만주에서 관동군을 격퇴한 8월의 폭풍작전에서 보여준 강한 군대의 면모를 배우자고 부대 방문 시마다 연설하였다. 이렇듯 북한은 소련의 후원으로 국가가 창설되는 동시에, 남측의 미군 군사고문단이 한국군 창설을 지원하였듯 소련군의 고문단이 조선인민군 창설과 6·25 남침 계획에 깊숙하게 관여하면서, 북한의 정권 초기와 6·25 전쟁기 대외군사 관계는 소련군과의 관계에 전적으로 의존하였던 것으로 평가할 수 있다(Kim 2015a; 2018; 기광서 2018; 심헌용 2016; 박명림 1996a; 1996b; Weathersby 1993; 1995; 1998; 2002; 2003).

이러한 북한과 소련의 절대적인 대외군사 관계 의존도는 6·25 전쟁이 휴전협정으로 종료된 이후부터 변화 양상을 갖기 시작한다. 특히 중국인민지원군은 6·25 전쟁 중반부터 전쟁 양상을 주도하였고, 6·25 전쟁 이후에도 수년간 북한에 주둔하면서 북한의 대외군사 관계에서 중요한 한 축을 이루었다. 그러나 6·25 전쟁 기간 북한이 기억하는 북한과 소련 혹은 북한과 중국의 대외군사 관계는 전쟁 이후 북한의 대소련, 대중국 군사 관계 형성 거부에 영향을 미쳤다. 중국인민지원군은 6·25 전쟁 기간 북한 체제의 생존을 보존시켜준 절대적인 기여에도 불구하고, 북한 지도부에게 감사한 마음과 동시에 잊지 못할 모욕의 기억을 남겨주었다. 특히, 6·25 전쟁 기간 전장의 주도권과 북한의 생존이 김일성이 아닌 팽덕회 중국인민지원군 사령관과 모스크바의 스탈린에 의해 주도되었으며, 전쟁 기간 동안 김일성은 중국인민지원군 팽덕회와 수많은 갈등과 의사 충돌을 겪었다. 또한, 전쟁 이후 1956년 8월 김일성 지도부 제거를 위해 실행된 친중파(연안파), 친소파의 종파 사건을 비롯한 일련의 영향들로 북한 지도부의 대외 군사 관계에 압도적인 영향을 주었다. 때문에 6·25 전쟁 기간 동안 북한은 절대적으로 소련과 중국의 군사적인 지원과 자문에 의존하였으나, 소련이 전쟁 기간 보여준 의사결정, 중국군과의 모욕적인 기억 및 북한 내 친중파 세력의 성장 등에 대한 경험으로 북한 김일성 지도부와 세력들은 1950년대 중국인민지원군의 철수 이후 대외 군사 관계의 중단에 가까운 자주적인 국방노선을 채택하게 되었다.

한국은 6·25 전쟁 기간 미국과 유엔군의 지원으로 생존하였고, 이후 한미 상호 방위 조약과 유엔사의 존속, 그 이후에 한미 연합사령부의 창설까지 지속적으로 한미 군사 동맹이 발전되는 것에 비하여, 북한은 6·25 전쟁과 1956년 종파 사건을 계기로 대외 군사 관계의 중단과 자주적 주체 국방 노선을 채택하면서, 외국군 주둔이나 연합훈련 대신 핵 개발 등 독자 노선을 강화하게 되었다. 이러한 6·25 전쟁 이후의 북한의 기조는 현재 김정은 시대까지 지속되고 있다. 북한은 중국이나 소련 혹은 러시아와 연합훈련이나 북한 내 중국군, 러시아군 주둔을 허용하지 않으면서, 군사 관계가 아닌 경제적 지원이나 외교적 관계에만 머무르는 일관성에 기반한 대외 군사 정책을 고수하고 있다(Kim 2019; 2023; Wells et al. 2020; Kim 2011; 케서린 웨더스비·강규형 2010).

이러한 냉전기와 탈냉전기 북한의 주체 군사 노선에 기반한 대외 군사 관계는 북한 내 외국군 주둔이나 북한과 러시아(소련), 북한과 중국 간의 연합 군사 훈련이나 무기체계 교류 등의 적극적인 수준의 군사 협력과 군사 관계는 공식적으로 알려져 있지 않다. 다만, 냉전 종식 이후 소련의 핵 과학자들이 소련의 공식 지원이 아닌 북한의 개별 초청 차원에서 북한의 핵 개발 초기 단계에 중요한 역할을 수행한 것으로 파악되고 있으나, 이 역시 공식적인 북한 정부의 대외 군사 관계로는 평가될 수 없다. 북한은 주체사상에 기반하여 외국군에게 안보를 보장받지 않는 핵 개발에 집중하면서, 대한민국을 주한미군과 한미 상호 방위 조약에 의존하는 자주적이지 못한 정부와 군으로 일관성 있게 비판해왔기 때문에 국방, 안보, 군사 분야에 있어 북한의 주체, 자주 노선에서는 적극적인 수준의 대외 군사 관계는 공식화된 것이 없다.

더욱이 냉전이 종식되고 탈냉전 무드 속에서 소련과 대한민국의 외교 관계 정상화, 중국과 대한민국의 외교 관계 정상화는 북한에게 매우 심대한 위협으로 여겨져 왔으며, 중국과 러시아는 북한을 고려하지 않고 대외 관계를 주도적으로 한다는 인식이 강해져서, 북한은 더욱 대외 군사 관계에서 중국, 러시아 혹은 외국군에게 문호를 개방하거나, 연합훈련 등의 상호 발전을 도모하지 않게 되었다. 이란, 시리아 등과 대량 살상 무기 관련 교류 혹은 특정 지역 분쟁에서 소규모 북한의 지원 및 북한군의 참여 등이 주목받은 적은 있지만, 공식적으로 북한 정부가 이를 활성화하고 공개한 적은 거의 없다. 이러한 점에서 북한 대외 군사 관계는 정권 초기와 6·25 전쟁 시기 소련과 절정에 이르렀고, 6·25 전쟁 중과 이후 1950년대까지 중국과 긴밀하였으나, 이후 1960년대 주체사상이 확립된 시기부터 최근까지 북한 정부가 공식적으로 연합훈련이나 인적 무기 교류 등을 강화하거나 확장하려고 한 대외 군사 관계는 부재한 것으로 평가할 수 있다.

2. 북한 대외 군사 관계: 북러관계 현황과 전망

최근 러시아와 북한의 군사 협력을 포함한 정상회담과 관계 증진은 한반도는 물론 동북아시아 지역 일대에 큰 변화를 가져올 수 있는 매우 중요한 사안이다. 냉전기까지 다양한 분야에서 협력해 오던 소련과 북한은 소련 연방의 해체와 노태우 정부 시기 북방 정책에 기반한 대한민국과 소련의 외교 관계 정상화와 함께 양국의 유대관계는 중단되었다. 이후 북한은 소련 대신 중국에 대한 경제 의존도를 증대하면서 북한과 중국의 관계가 강화되었다. 1990년대부터 북한의 핵과 미사일 실험 등에 대한 국제사회의 제재가 강화되었고, 중국과 러시아가 제재에 동참한 상태에서, 북한의 비공식 경제 지원은 중국을 통해 뒷마당 경제가 작동하기 시작했고, 북한 사람들은 생필품 등 생활경제를 절대적으로 중국을 통해 의존하게 되었다. 여러 지표에서 북한의 대중국 경제 의존도가 95% 이상을 상회하면서 북한의 중국에 대한 경제적 식민지화 현상이 확산되었다.

북한의 김정은 정권은 이러한 대중국 의존도를 탈피하고, 안보적으로 미국을 포함한 서방으로부터 근본적인 체제 안정을 보장받기 위해서 미국 트럼프 행정부와 싱가포르와 하노이 회담에 집중하였지만, 양국의 낮은 신뢰도, 트럼프 행정부의 2기 집권 실패, 여전한 미국 내 북한에 대한 부정적 이미지 등의 이유로 성공적인 비핵화 회담을 이루어내지 못하였다. 이후 미중 전략적 경쟁이 본격화되면서 미국이 중국의 대만 침공에 대비하여 나토 및 인도 태평양 국가들과 자유주의 연대를 구축하며, 미중 간 대립 구도가 강화되고, 러시아 우크라이나 전쟁으로 미국과 러시아의 대립 구도가 강화되자, 중국과 러시아는 대북 경제 제재에서 이탈하였고, 북한과 러시아는 전쟁에 대한 북한의 탄약 지원을 매개로, 상호 포괄적 협력을 위한 두 차례 정상회담을 갖게 되었다. 이렇듯 북한의 김정은 정권은 미국과 관계 정상화를 이루지 못하였지만, 서방과 중국 및 러시아 간의 신냉전이 장기적으로 강화되면서 무력된 국제 제재 속에서 지속적인 핵 미사일 능력 개발에 집중할 수 있게 되었다. 또한, 러시아가 원하는 탄약 지원 등을 통해 러시아로부터 국방 관련 첨단 과학기술 지원과 경제적 협력을 추진할 수 있게 되었다. 중국과 러시아가 동참한 오래된 국제 경제 제재로 코로나 시기까지 어려운 상황에 직면했던 북한은 러시아 우크라이나 전쟁과 미중 전략적 경쟁 심화라는 국제적 환경을 자국에 유리한 환경으로 주도하였다.

특히, 최근 러시아와 두 차례의 정상회담 추진과 러시아 우크라이나 전쟁을 위한 러시아 탄약 지원 등의 군사적 협력을 통해 북한

그림 4-1 전술핵공격잠수함 제841호 진수식(2023. 9. 8.)[1]

이 기대하는 주요 대외 군사 관계의 목적은 현재 북한이 능력이 부족하지만 노력이 집중되고 있는 분야를 해소하기 위한 활동으로 해석될 수 있다. 먼저 ICBM 재진입 기술 등 군사정찰위성 개발에 대한 러시아의 지원이다. 김정은과 푸틴이 러시아에서 정상회담 장소로 우주기지를 선택함과 동시에 푸틴이 대북한 우주 협력 가능성을 언급한 점등이 이러한 부분을 뒷받침하며, 북한은 러시아에게 이러한 분야에 대한 과학기술자 교류, 발사체, 위성체, 위성 군집운용 기술 등 다양한 지원을 기대할 수 있다.

또한 북한이 집중하는 분야로 SLBM 잠수함 분야이다. 러시아는 해당 분야에서 미국과 함께 최상의 선진 기술을 보유하고 있으며, 김정은 위원장은 러시아 방문 전후로 해군절 축하연설과 전술 핵공격 잠수함 진수식에서 해군의 핵무장화 및 핵잠수함 건조계획을 강조한 바 있다. 이러한 맥락에서 러시아는 잠수함 관련 순항 및 탄

....

1 MBC, 북한 "전술핵공격잠수함 건조"...김정은 "해군 핵무장화 추진." 2023. 9. 8. https://imnews.imbc.com/news/2023/politics/article/6522798_36119.html (검색일: 2024. 7. 30.); 뉴스1, 북한 '전술핵검수함' 건조... "해군의 핵심적 수중공격수단." 2023. 9. 8. https://www.news1.kr/photos/6201022 (검색일: 2024. 7. 30.); 조선중앙TV, 2023. 9. 8.

그림 4-2 러시아 보스토치니 우주기지 북러정상회담(2023. 9. 13.)[2]

도 미사일 발사를 비롯해 구조·기술적 문제 등에 대한 지원이 가능할 것으로 보인다. 이에 더하여, 북한은 전통적으로 공군력이 한국과 미국에 비해 열악했기 때문에 한미 공군전력에 대응하기 위한 대공미사일체계를 발전시켜왔다. 북한의 번개-5, 번개-6 대공미사일은 러시아의 S-300, S-400에 기반하였고, 이러한 대공미사일의 레이더와 요격체계에 대하여 러시아에게 기술 협력을 기대할 수 있으며, 노후화된 전투기에 대한 기술 지원 역시 요청할 수 있다. 이는 단지 북한뿐이 아니라 러시아도 한미일의 공군력에 대응한다는 점에서 적극적으로 지원할 동기가 충분하다.

또한, 김정은 위원장은 러시아 방문 이후에 기존 국가우주개발국을 국가항공우주기술 총국으로 개편하였으며, 러시아의 지원으로 이러한 분야에 집중할 수 있는 여건을 확보한 것으로 평가된다

....

2 KBS, 김정은-푸틴 러시아 보스토치니 우주기지에서 4년 5개월 만에 정상회담. 2023. 9. 13. https://news.kbs.co.kr/news/pc/view/view.do?ncd=7772566&ref=A (검색일: 2024. 7. 30.); 이가영, 북한 "김정은, 푸틴에 방북 초청...푸틴 수락." 『조선일보』 2023. 9. 14. https://www.chosun.com/international/international_general/2023/09/14/UWES6W77VJGQ-3AQSOLCDSFQ43Q/?utm_source=naver&utm_medium=referral&utm_campaign=naver-news (검색일: 2024. 7. 30.); UPI 연합뉴스.

(홍민 2023). 러시아와 북한이 북한에서 개최된 정상회담에서 체결한 "포괄적 전략동반자 관계 조약"에 명시된 구체적인 협력 분야 중에는 앞서 살펴본 전통적인 안보 군사 분야에 더하여 사이버 등 신안보 분야도 포함되어 있다. 즉, 에너지, 정보통신기술 분야, 공급망, 과학기술 분야(우주, 인공위성, 정보기술), 국제정보 안전보장체계 형성 추동과 인터넷에 유포된 허위정보 관련 언론 분야 협력 및 공동대처 등 사이버 안보에 관한 광범위한 협력을 시사하고 있다. 러시아는 이미 크림반도 합병, 러시아 우크라이나 전쟁, 미국과 독일 선거 개입 등에서 보여준 탁월한 사이버전, 사이버 심리전, 여론전, 정보전에 대한 기술적, 전략전술적 능력을 보유하고 있고, 북한은 오랫동안 사이버 전사 양성을 위한 지속적인 노력으로 한국의 원자력발전소, 농협 등에 대한 해킹 공격을 해왔다. 이러한 점에서 세계적 수준의 러시아의 사이버전 관련 기술, 전략전술적 노하우, 인적 교류 등의 협력이 진행된다면, 북한은 비대칭전을 위한 중요한 사이버전 기술을 이전 받는 것으로 큰 효과를 기대할 수 있다(김소정 2024; Sharma 2024).

이러한 북러 간의 군사 교류는 과학기술 중심을 넘어서 인적 교류로도 확대되고 있다. 최근 북한 군사 교육 대표단으로 북한 김일성 군사종합 대학 총장 방문단이 러시아를 방문하였다. 북한은 조선중앙TV를 통하여 북한 군사 교육 대표단의 러시아 군사 교류 협력 방문을 보도하였고, 이는 북러 간 군 인사 교류의 시작을 알리는 중요한 공개 행보였다.[3] 이와 관련 북한은 자세한 교류 협력을 밝히지

....

3 YTN, "북한 군사 대표단, 러시아방문...군사협력 노골화?" 2024. 7. 9; Reuters, "Elite North Korea Military Trainees visit Russia amid deepening ties." July 9, 2024. https://www.

않았으나, 이전에 북러 간 군 인사 및 군사 교육 협력이 많지 않았다는 점에서 북러 정상회담 이후 군사 협력의 일환으로 군 인사 교류와 군사 교육 교류가 활성화될 것임을 보여주고 있다. 북한과 러시아 군 부대, 즉 군 사령부 등 사이에 공식적인 연락장교단은 존재하지 않고, 북한은 이를 어느 나라와도 교류하지 않았으나, 최근 군 교육 인사 교류는 앞으로 양국 간 초급, 중급, 고급 군사교육은 물론 필요시 작전 부대나 국방부 수준의 연락 대표단 파견에 대한 가능성도 시사하고 있다.

또한, 북러 정상회담 이후 적극적인 후속 조치들은 양국의 군사 협력 관계가 러시아 우크라이나 전쟁과 별개로 중장기적 지정학적 환경에 대응하기 위한 주도적 성격의 교류로 진행된다는 점을 보여주고 있다. 북러 군사 협력 관계는 위와 같이 첨단 과학 기술 이전에 따른 북한의 ICBM, 위성, SLBM, 핵잠수함, 사이버 분야의 기술 협력 중심 그리고 군사 교육 교류 형태가 진행되거나 진행될 것으로 전망할 수 있다. 그러나, 이러한 교류는 군사 협력 단계에서 가장 낮은 단계의 협력 수준이라고 볼 수 있다. 더 높은 단계의 협력은 북러 연합 군사 훈련이나 작전 부대에 상시 연락단 파견, 혹은 양국 간 군 부대 주둔, 공동 작전계획 작성 및 추진, 러시아의 북한에 대한 핵우산 제공 강화, 러시아의 핵·미사일 전력 북한 배치 등이 될 수 있다.

현재로는 이러한 내용들을 전망하는 분석보고서나 연구는 거의 없으나, 한미 혹은 한미일 간 추진하는 안보 군사 협력의 수준이나 지향점이 북한 러시아 혹은 북한 러시아 중국 버전으로 추진된다

reuters.com/world/elite-north-korea-military-trainees-visit-russia-amid-deepening-ties-2024-07-09/ (검색일 2024. 8. 8.)

면 이를 중단할 수도 없으며, 이러한 추진 의도나 방향을 불가능하다고 판단할 수 없다. 특히 북한과 러시아의 협력 배경이 단순한 러시아 우크라이나 탄약 제공 기간에만 해당되는 것이 아니라 한미일, NATO, 인도 태평양 자유주의 진영의 안보 군사 협력에 대응하기 위해서 북중러 진영이 안보 군사 협력의 결속 차원에서 추진되는 것이라면 협력의 수준과 강도는 다양한 측면에서 분석되고 대응전략이 수립되어야 한다.

표 4-1 북한 러시아 군사 협력 단계별 방안

구분	초급 단계	상급 단계
북러 군사 협력	• 북한 러시아 탄약 지원 • 러시아 첨단 국방 과학기술 제공 - 전술핵, ICBM, 인공위성, SLBM, 극초음속 미사일 등 • 사이버, 정보 교류 협력 • 군사 교육 인적 교류 • 국방부, 군부대 친선 방문 교류	• 연합 군사 훈련 정례화 • 공동 작전 계획 수립 및 시행 • 작전 부대 상시 연락단 파견 • 핵미사일, 해공군 전략자산전력 상호 주둔 배치 운용 • 상호 핵우산 핵 확장억제 시행 • 자동 군사 개입 시행 정례 연습

러시아가 중국과 2018년 VOSTOK 훈련에서 처음 소규모 연합훈련을 시작했을 때 서방 전문가들의 우려는 크지 않았다. 중국과 러시아가 대륙에서 오랫동안 지정학적 경쟁자였고, 냉전기 중소 분쟁에서 보듯이 근본적으로 상호 신뢰하는 사이가 아니기 때문에, 미국이 어느 한 나라에 우호 정책을 집행하면 언제든 미국과 협상에 나서고 관계 중단이 가능할 약한 군사 협력 관계로 전망했다. 즉, 서방 전문가들은 2018년의 중러 연합훈련을 상징적인 1회성 이벤트, 정치 외교적 수준에 머물 것 등이라 평가하며, 심각한 군사적 협력 관계로 보지 않았다. 그러나 미중 패권 경쟁이 장기화되고 러시아

우크라이나 전쟁이 발발하는 등 신냉전이 강화되는 상황에서 서방 전문가들의 전망과 달리 2022년 VOSTOK 훈련을 포함한 다양한 훈련에서 중국과 러시아는 더욱 강화되고 있으며, 상호운용성을 포함한 실무적 수준의 군사 협력 관계로 발전하고 있다.

러시아 정부는 북러 정상회담 전후로 북한에게 중러 군사 훈련에 공식적으로 초청하면서 북한의 선택만이 남게 되었다. 김영준은 논문에서 북한이 6·25 전쟁과 1950년대 후반 중국군의 철수 이후 현재까지 외국군과 연합훈련을 실시하지 않은 2가지 이유를 설명하였다. 첫 번째로, 6·25 전쟁 기간 조중연합사령부나 스탈린 주도 전략 등 한반도 내의 전쟁 주도권을 빼앗긴 경험에 바탕한 주체사상의 추구이다. 북한의 김일성은 조중연합사령관인 팽덕회와 의사결정의 불일치 속에서 전쟁 주도권을 잃은 경험과 소련 지도자 스탈린이 협상 연기를 주도하며 전쟁을 장기화시키면서 불리했던 북한의 입장이 반영되지 못한 채 소련에게 유리한 국면이 지속되었던 경험을 한 김일성은 외군군에 의존한 전쟁 주도는 하지 않는다는 강한 결심을 굳혔다. 두 번째로, 북한 김씨 정권은 1956년 종파 사건과 최근 장성택, 김정남 숙청 과정에서 보여준 잠재적 정치 경쟁자인 친중파 세력 확장을 견제하기 위하여 외국군의 북한 내 주둔이나 영향력 확대를 제거하려고 해왔다. 특히, 6·25 전쟁 기간 조중연합사령부 시기 북한 내에 중국과 긴밀한 관계를 유지해오던 연안파(친중파)의 정치적 위상 강화를 견제하기 위하여, 김일성은 조선인민군의 문화부를 총정치국으로 전환 및 발전시켜 친중파 영향력 강화 견제를 위한 당군 관계를 확립한 바 있다. 이러한 점에서 친중파 등 외국군 주둔 혹은 긴밀한 연대에 의한 잠재적 정치경쟁 세력의 성장은 연합훈련 등 중국, 러시아 강대국 군대와의 협력을 중단하게 된 주요 원인이다. 그럼에도 김정은 위원장이 북중러 혹은 북러 연합훈련 동참을 결정하게 된다면 주요 원인은 신냉전 장기화 및 강화에 따른 중국 러시아와 전략적 관계 강화 측면과 트럼프 행정부 시기 비핵화 협상 실패에 따른 외교안보정책의 노선 변화 때문이다(Kim 2023).

러시아의 입장에서 북한과의 연합훈련 혹은 군사 협력 강화를 어떻게 판단하는지도 북러 군사 협력의 장기화 및 강화를 전망하는 제일 중요한 요소이다. 현재 북러 군사 협력은 러시아 입장에서 단기적으로 러시아 우크라이나 전쟁에 대한 북한의 탄약 지원 때문이고, 장기적으로 미국과 서방 주도의 자유주의 진영 강화에 대응하기 위한 북중러 연대 강화의 연장선이다. 러시아는 대국으로 대전략 차원에서 외교 안보정책을 수립 시행한다는 측면으로 볼 때 벨라루스에 대한 전술핵 배치, 러시아 무기 수입국들과의 군사외교 강화, 중러 군사 훈련 확대 등의 연장선에서 북러 군사협력도 강화할 것이다. 북러 정상회담에서는 군사 협력뿐만 아니라 경제, 사회 등 폭넓은 분야의 협력이 거론되었고, 특히 러시아 우크라이나 전쟁 이전부터 러시아 극동 지역 인구 소멸 등을 방지하기 위해 러시아 동방 경제 포럼을 통하여 블라디보스토크를 러시아의 샌프란시스코로 만들려는 노력이 지속되어 왔었다.

러시아의 극동 구상에는 한국, 일본의 자본 유치가 핵심이었는데 신냉전 강화 및 러시아 우크라이나 전쟁에 따른 러시아 국제 제재로 인하여, 한국, 일본과의 협력은 장기간 제한될 것이기에 북한의 노동력 유입을 통한 러시아 극동 지역 경제 유지가 실현 가능한 정책이 되었다. 이는 외화 유입이 필요한 북한의 입장에서도 노동

그림 4-3 러시아 전략 핵무기 부대 배치도
출처: Woolf(2022, 16)

시장 개척을 위한 상호 이익이 되는 방향이다. 러시아는 중국 노동자의 확대보다 북한 노동자가 극동 지역에서 장기적으로 바람직하기 때문에, 이러한 경제 협력 방향으로도 양국의 이해관계는 지속될 수 있다. 군사적으로도 러시아의 극동 지역은 오랫동안 러시아의 입장에서 전력의 공백이 우려되는 안보적 취약지였다. 대부분의 국가 핵심 이익 수호를 위한 전력이 유럽 지역에 배치될 수밖에 없기 때문에 재래식 전력의 열세를 극복하기 위한 극동 지역의 전력 증강은 전술핵 배치 및 활용밖에 없다는 전문가들의 판단이 있어 왔다(Blank 2011; Kim 2015b).

자연스럽게 러시아의 전략 핵미사일 부대(Russia Strategic Forces)는 대부분 서부 등에 집중되어 있으나, 동부 지역의 재래식 전력 열세에 더하여 미국, 일본 등의 위협이 이전보다 증대된다면, 전문가들이 우려해 온 러시아 극동 지역의 전술핵무기 증강이 현실화될 수 있다. 중국이라는 전략적 협력 관계에 더하여, 핵무장국인 북한이 러시아의 취약한 동부 지역 안보 강화에 군사 협력자로 강화된다면, 전통적으로 러시아 극동 지역의 안보 군사 역량은 강화될 수 있다. 특히, 핵 미사일 역량을 보유한 러시아와 북한이 핵 작전 협력이든 미사일 공세력 강화 등의 조치를 강화하거나, 중국까지 포함된 북중러 핵 미사일 전력 및 작전 협력이 강화된다면, 한미일에는 가장 큰 위협이 되는 심각한 변수가 될 수 있다. 동북아시아는 물론 세계 질서에 영향을 미칠 수 있는 북중러 군사 협력은 이러한 이유로 매우 중대한 이슈이다. 특히 중국의 핵 미사일 전력 증강은 동북아시아 지역의 매우 큰 위협으로 증대되고 있다(Weitz, Kim et al. 2023). 또한 러시아의 핵 미사일 현대화 전력 증강은 북한의 핵미사일 위협과 합쳐진다면 동북아시아 안보 환경을 전면적으로 변화시킬 수 있는 심대한 위협이 될 수 있다(김영준 2023a).

트럼프 행정부 2기가 출범하면서 대통령 선거 기간 약속했던 러시아 우크라이나 전쟁 관련 종전 협정이 미국 주도로 속도감 있게 진행되고 있다. 사우디에서 처음에 우크라이나를 제외하고 미국과 러시아 간에 시작된 종전협상에 우크라이나가 매우 큰 반감을 가졌고, 이어진 트럼프와 젤렌스키 대통령 간 정상회담에서 공개된 언성 논쟁은 미국과 우크라이나가 종전 협정을 둘러싼 시각차를 극명하게 보여주었다. 이어서 사우디에서 미국과 우크라이나 간 종전 협정 논의가 진행되고, 미국이 우크라이나와 협의한 내용을 러시아가 수용할 것을 전달하였고, 러시아는 최대한 전장에서 영토 등 우위를 확보한 상태에서 종전 관련 내용을 수용할 것으로 전망되면서, 러시아와 우크라이나, 미국이 종전 협정과 이와 연관된 광물 협정 등에 대한 시각차를 잘 보여주고 있다. 북한군은 전쟁 간 일부 포로로 잡혀 우크라이나의 병원에 치료를 받고 있는 상황에서 한국의 인사, 언론과 인터뷰 등도 진행되었으며, 북한군이 러시아 우크라이나 전쟁에서 종전과 함께 어떠한 방식으로 역할이 변경되거나, 철수가 단계별로 이루어질지 예상하기 어려운 상황이다. 다만, 미국이 러시아와 정상회담을 앞두고 있는 상황에서 북한이 트럼프 행정부를 비판하는 것과 별개로, 트럼프 대통령은 김정은 위원장과 1기 때 협상을 잘된 것으로 평가하고, 김정은 위원장과 개인 신뢰를 과시하면서, 북한에 콘도 등 관광산업을 위한 좋은 여건이라면 관계 개선 의지를 강하게 비추면서, 북한은 실질적으로 핵을 갖고 있는 Nuclear Power라는 표현을 여러 번 공개적으로 사용해 오고 있다. 이러한 맥락에서 미국과 러시아 정상회담에서는 북한군 문제나 북미 관계 개선을 위한 러시아의 중재 역할 등이 비공개든 공개적이든 이루어질 것으로 전망할 수 있다. 이러한 점에서 북한과 러시아의 현재 북한군 파병과 탄약 지원이라는 군사적 교류가, 미러 관계 개선과 이에 이은 북미 관계 개선에 따라 경제, 무역, 문화 교류의 형태로 변화되거나, 북한군의 역할은 파병군에서 경제 일꾼으로 변화될 가능성을 보여주고 있다. 현 상황에서 미국 주도의 러시아 우크라이나 전쟁이 북한 러시아 관계의 성격 변화나 북미 관계 재개를 위한 러시아의 역할 가능성이 보여지면서, 북러 관계의 성격과 행태도 변화 가능성을 보이고 있다.

3. 북한 대외 군사 관계: 북중 군사 관계 전망

최근 강화되고 있는 북러 군사 협력과 함께 북한 입장에서 매우 중요한 협력 국가는 전통적인 우방국인 중국이다. 중국은 경제적 성장과 함께 군사력 확장을 통하여 대만 위기 사태와 연계되어 미국과 서방에 매우 큰 위협으로 평가되고 있다. 특히 핵·미사일 능력의 현대화는 대만 잠재적 위기 발생 가능성과 연계하여 매우 큰 위협으로 인식되고 있다(Weitz, Kim et al. 2023). 앞서 살펴본 대로 북한은 중국의 입장과 상관없이 1950년대 후반 중국군의 철수 이후 중국과 외교적 유대는 유지하면서 군사 협력은 특별히 발전시키지 않아 왔다. 특히 1990년대부터 중국이 북한의 핵 미사일 개발에 공식적으로 우려를 표명하고, 한때 강력한 대북 제재 동참도 해왔기 때문에, 탈냉전기 강화되어 온 북중 간 경제 지원 관계와 별개로 군사 협력 분야는 공식적으로 발전되어 온 것은 없다. 실제 북중 양국은 공식적인 연합훈련도 군 부대 간 교류도 없었다. 최근 북러 군사 협력이 급진전되면서, 북중러 연합 군사 훈련이나 군사 협력에 대한 관심이 증대되면서, 북중 군사 관계에 대하여 이전보다 주목받게 되었으나, 여전히 공식적으로 북한과 중국은 외교적 관계 강화 이외에 별도로 군사 분야 협력은 증진된 것이 없다. 다만, 최근 신냉전 상황에서 북한과 중국은 전통적인 우방국임을 강조하면서, 외교적 관계를 강화하고 있으며, 대만 위기 상황에서 북중 간 협력 가능성이 어떠한 분야로 가능한지 살펴보아야 할 필요성은 증대되었다. 대만 위기 사태 발생 시에 중국과 미국의 분쟁 가능성에 따라 제한적이든 전면적이든 자연스럽게 주한미군과 주일미군은 위기 상황에서 중국의 표적이 될 수밖에 없으며, 대만 지역으로의 주한 및 주일 미군 전력의 전략적 유연성은 오랫동안 전망되어 왔기 때문에, 중국이 주한미군과 주일미군에 대하여 낮은 단계로는 사이버 공격에서부터 높은 단계로 물리적 타격을 실시할 가능성이 존재한다.

대만 위기 사태 발생 시 일본, 호주 등의 국가들은 미국에게 군사적 협력을 제공하기로 되어 있는 상황에서 북한이 중국에게 군사적 협력을 제공할 것인지, 대만에 대한 제2전선 확대를 위하여 한반도에서 도발과 한국군 및 주한미군에 대한 사이버, 물리적 공격을 시행할 것인지에 대한 전망은 매우 유의미하다. 해당 연구는 최근 주목을 받아서 실시된 연구가 거의 부재하며, 우려 가능성도 최근 시작되었다는 점에서 대만 위기 발생 시 북한과 중국 간 군사협력 전망을 하는 것은 매우 중요하다.

먼저, 대만 위기 발생 시 북한과 중국의 대외 군사 관계 차원에서 북한이 실시할 수 있는 시나리오는 다음과 같다. 첫 번째로, 제2전선을 만들어 주한미군을 한반도에 묶어두기 위한 의도된 도발이다. 도발의 종류에는 한반도 위기 증대를 위한 비대칭 공격인 군사분계선 부근의 무력도발, 서해 지역 무인도 기습 점령, 무장 공비 침투, 추가 핵실험, ICBM 연쇄 발사 시험 등이 있다. 이러한 도발을 통하여 한반도 위기 가능성을 높여 경계 태세가 강화하게 되면, 주한미군의 대만 지역으로 이동 등을 제한시키는 효과가 있으며, 인도 태평양 지역에 2개의 전선이 생길 수 있기 때문에, 미국 인도 태평양 사령부의 관심을 분산시킬 수 있다. 두 번째로, 평택 미군 기지를 포함한 주한미군 기지에 대한 사이버 해킹 공격, 지휘통신 체계 무력화 공격 등이 가능하다. 이러한 공격으로 동아시아 지역 내 미군 간 상호 운용 통신 체계를 일시적으로 중단시키거나 복구 시간 등을 발생시켜 대만으로의 집중 효과를 제한하는 것이다.

마지막으로, 전면전 가능성에 대한 위기 고조 국면이다. 이러한 방식에는 한국에 대한 일부 사상자 발생을 염두한 연평도 포격 등과 유사한 저강도 분쟁을 발생시켜, 한미 연합 전력의 강력한 대응이 있을지라도, 대만 지역에로의 집중 효과를 제한할 수 있다. 이러한 다양한 시나리오는 북중 간의 군사 협력의 정도, 북한에 대한 보상의 정도, 중국의 북한 협력에 대한 의지, 북한의 의지와 기회비용 등의 측면을 고려해야 하며, 모든 시나리오가 가능하다는 측면에서 대응전략이 수립되어야 한다. 이외에 북중 군사 관계는 양국 관계의 특성과 제한사항을 기반으로 현재까지 북러 관계처럼 양자 간 첨단 과학기술 제공이나 양국 간 군사 훈련, 상시 군대 상호 주둔 등은 제한될 것으로 전망된다.

전반적으로 미국은 중국을 포괄적인 위협으로 인식하면서, 특히, 중국 인민해방군(People's Liberation Army, PLA)에 대해서는 의회에 제출하는 연례보고서를 통하여 지역별 사령부, 핵 미사일 위협 등을 상세히 관찰 평가하고 있다. 북한과 연계된 북부 사령부에 대해서도 상세히 다루고 있는데(U.S. Department of Defense 2023), 최근 미국 싱크탱크 아틀란틱 카운실은 미국과 동맹국들은 동아시아에서 2개의 전선, 즉 북한과 중국과의 위협과 분쟁 가능성에 동시에 대비해야 한다고 강조하였다. 이제 북한과 중국은 이전처럼 북핵 개발 당사국과 이를 6자 회담, 국제 제재 동참 등으로 해결하려는 조정국 중국의 관계가 아니라 서방에 함께 맞서는 위협의 동반자 관계로 평가되고 있다(Galauskas 2023). 이는 대만에서 발생되는 미중 간의 갈등이 북중 및 한미 안보 협력 관계에서 언제든지 한반도의 분쟁 가능성으로 쉽게 확산 전이되는 맥락에서 더욱 관심을 받고 있다. 북중 관계는 1950년대 이후 오랫동안 군사협력보다 외교적, 경제적 관계로 유지되어 왔지만, 최근 미중 패권 경쟁 상황에서 양국은 상호 이익을 위하여 군사적 협력을 언제든 확대시킬 수 있는 가능성은 열려 있다고 볼 수 있다.

특히, 심리전, 정보전, 사이버전 분야는 북한과 중국이 현실적으로 협력을 통한 시너지를 극대화하기 가장 용이한 분야이다. 중국의 대학교에서 북한 사이버 전사들이 학위 혹은 실무자 과정 교육 등을 통해 북한의 사이버전 능력 배양을 추진하고 있는지는 정보가 제한되어 파악이 매우 어렵다. 하지만 미국 국무부 등 정부 기관들과 뉴욕 타임즈 등 서방 언론에서도 이미 보도한 바대로 많은 수의 북한 사이버 인력들은 중국을 기반으로 대남 사이버전을 실시해오고 있다. 그리고 북한으로 추정되는 많은 사이버 해킹 공격의 IP는 중국에 위치한 장소로 발견되고 있으나, 중국의 협조는 매우 제한적인 상황이다(Caesar 2021; The U.S. State Department 2023; Sanger, Kirkpatrick, and Perlroth 2017). 북한이 중국 지역에서 대남 사이버전을 하는 것을 넘어서, 북한과 중국이 실제 협력을 극대화하고, 중국과 북한의 사이버 전사들이 북한의 한국어 능력과 중국의 기술력을 종합하여, 한국과 한국 내 주한미군을 대상으로 한 각종 사이버전, 심리전, 여론전 등이 실시된다면 이는 매우 효과적이고 위험한 위협이 될 수 있다. 중국의 사이버 전력확대와 북한의 사이버 공격은 각각 많은 서방 정부와 싱크탱크에서 위협을 주목해왔다(Rajagopalan 2024; Doshi et al. 2021; Inkster 2016). 그럼에도 정부, 학계, 싱크탱크,

언론에서 중국과 북한이 함께 사이버 협력을 해서 한국, 미국 등을 대상으로 공격하는 시나리오에 대한 연구는 거의 없었다.

최근 북중 관계 혹은 북중러 연대에서 가장 위협적인 시너지 효과는 핵 미사일 등 대량살상무기 협력과 바로 사이버 분야에서의 협력일 것이다. 현재까지 북한이 대만 위기 발생 시 어떠한 역할을 수행하는지에 대한 구체적인 연구 보고서나 논문, 도상 훈련 등에 관한 내용 등은 심도 있게 다루어지지 않았다. 북한발 한반도 위기와 대만 남중국해 위기를 분리해서 별개의 전선으로 인식되서 개별 시나리오별로 훈련해 온 것이 현재 상황이다. 특히 한국의 입장이 대만 관련 훈련에 적극적인 참여나 역할 수행을 명확하게 내놓지 않은 상황에서 한국군과는 주로 대북 위협에 대한 한미 연합 연습 등의 훈련이 진행되고 있으며, 미국은 일본, 호주, 필리핀, NATO 등 한국 이외의 국가들과 대만 분쟁 시나리오를 기반으로 훈련하고 있다. 이렇듯 북한 및 대만 관련 시나리오를 연대하여 진행하는 연합훈련은 한국군의 입장 차이로 깊이 있게 다루어지지 않은 상황에서 대만 위기 발생 시 북한의 역할 등은 본격적으로 준비가 되어오지 않았다. 현재 인도 태평양 사령부 중심의 모든 동맹국들의 집중은 대만, 남중국해, 동중국해 등에 대한 중국 인민해방군의 예상 시나리오들이며, 이 시나리오상에서 북한의 적극적인 역할은 전제되지 않았다. 그러나 앞서 살펴본 대로 실제 상황에서 대만과 한반도는 미국과 중국의 전선의 대립 속에서 직접적으로 연계되어 있으며, 주한미군과 주일미군의 해군과 공군은 직접적으로 대만 상황에 참여하기 때문에, 이에 대한 한반도 내의 북한의 입장과 역할은 매우 중요하다. 현재 이미 한반도 내의 주한미군에게 중국 인민해방군과 대만 관련 교육 및 훈련은 적극적으로 진행되고 있으며, 주한미군은 대북은 기본으로 하고 대만 등 상황에 대한 다양한 시나리오별 중국 인민해방군 대응 훈련 체계 등이 강화되고 있다. 북한의 역할은 상황에 따라 단순히 사이버 및 국지도발을 넘어서 적극적인 개입이 예상될 수 있으므로, 한미일, 호주, 필리핀 및 NATO 등 주요 국가들 간 대만 시나리오와 북한을 연계한 준비와 대응은 매우 중요하고 필요하다.

미국은 트럼프 행정부 출범에서도 여전히 중국에 대한 사이버, 기타 경제 안보 분야에 대한 경계심을 확대하고 있으며, 이러한 차원에서 중국은 북한, 러시아 등 우호국과 미국에 대응하기 위한 연대를 강화할 것으로 보인다. 미국은 중국의 딥 시크 등 중국 유학생을 통한 미국 기술 이전 등에 매우 큰 거부감을 트럼프 행정부에서도 보여주고 있으며, 이러한 차원에서 미러 관계 개선이나 북미 관계 재개라는 외교적 변화와 상관없이 중국이 북한 등의 국가와 미국에 대응하는 군사적, 기술안보 차원의 교류를 확대할 가능성은 여전히 높다고 볼 수 있다.

II. 방산 및 무기이전 분야

북한은 최근 북러 군사 협력이 강화되면서, 다양한 방산 분야 무기 수출이 가능한 국가로 주목되고, 국제 대북 경제 제재가 중국과 러시아 불참으로 무력화되면서 러시아를 넘어선 다양한 국가들에게 무기 수출을 통한 경제적 이익의 가능성이 주목받게 되었다. 실제로 러시아 우크라이나 전쟁 당시 예상보다 많은 탄약이 북한에서 러시아에 제공되면서 이는 단순한 우려가 아닌 북한의 무기 이전이 실현 가능하다는 점에서 북한의 대외 군사 관계에서 주목해야 할 중요성이 증대되었다(Kim 2024).

미국 군사전문가 브루스 벡톨(Bruce E. Bechtol Jr.)은 북한의 대량 살상 무기가 중동의 이란과 시리아 등과 밀접하게 수출 지원 협력이 이루어져 왔으며, 이는 국제 비확산 체제에서 수평적 비확산의 가장 큰 도전 요소로 여겨져 왔다고 강조해 왔다(Bechtol 2018). 미국 정보기관들도 오랫동안 북한의 핵 미사일 기술이 중동 국가들에게 이전될 위험에 대해 지속 추적하여 왔으며, 이는 부시 행정부 시절부터 확장 실시되어 온 확산 방지 구상(Proliferation Security Initiative, PSI)의 주된 통제 대상이기도 하였다. 2023년 한국 외교부 주관으로 제주도에서 개최되고 국방대학교 김영준 교수가 주도한 확산 방지 구상 도상 훈련인 East Endeavor 2023에서는 북한의 대량살상 무기와 유사한 사례를 바탕으로 해당 사항 발생 시 국제사회가 국제법과 국가별 협력을 바탕으로 이를 통제하기 위하여 공조하는 내용의 훈련을 진행한 바도 있다(김영준 2023b). 이러한 북한의 확산 위협에 대응하기 위하여 국제연합(UN), 유럽 연합(EU), 미국 등이 국제 제재 결의안과 제재 장치들을 강화하여 북한의 다양한 시도들을 차단하여 왔으나, 현재 서방 자유주의 진영과 권위주의 국가들, 즉 중국, 러시아, 이란, 북한 등의 연대가 대립되는 상황에서는 이러한 국제적인 제재 연대가 취약해져서 그 효율성이 매우 제한되는 상황이 장기화될 것으로 평가된다(Heintz, Shurkin, and Mallory 2019).

현재 러시아 우크라이나 전쟁과 중동 위기 확산은 북한에게 방산 무기 수출 분야에서 매우 유리환 상황으로 작용하고 있다. 이미 러시아 우크라이나 전쟁에서 북한은 러시아에게 제공한 탄약 등으로 추후 벨라루스 등 권위주의 국가 진영 전체를 잠재적 판매 국가로 만들 수 있는 좋은 사례를 보여줄 수 있었으며, 동시에 중동의 위기 확산은 이란, 시리아 등 국가들은 물론 헤즈볼라, 하마스 등 비정부국가들에게 북한의 무기, 탄약 심지어 대량 살상 무기까지 수출 및 지원할 수 있는 기회가 확산되었다. 특히 자유주의 진영과 권위주의 국가 간 대립이 격화되고 양 진영의 북한에 대한 대북 제재 압박이 무력화되면서, 권위주의 국가들에게 북한의 재래식 및 비대칭 전력 무기 수출 및 이전의 기회가 확산된 것이다. 특히 이스라엘과 하마스, 헤즈볼라, 이란 등의 긴장이 심화되는 중동은 북한이 이전에 이미 재래식 및 비대칭 군사 전력을 이전한 적이 있는 주요 고객들이다. 중동에서 이러한 진영 간 분쟁이 장기화될수록 현재 대북 제재 무력화 상황에서 북한은 이러한 기회를 최대한 활용할 수 있을 가능성이 높아졌다. 이전의 러시아 무기를 주로 도입하던 이러한 중동 국가들은 러시아 우크라이나 전쟁 장기화로 러시아가 내부 집중을 위하여 수출이 제한되는 상황이 되자, 북한의 무기, 전력에 자연스럽게 더욱 집중할 환경이 조성되었고, 자유주의 진영과의 대립으로 미국과 가까운 국가들인 유럽이나 한국 등의 국가들에게 무기를 도입할 가능성은 적어졌다. 북한의 입장에서 이러한 두 개의 전쟁과 신냉전 상황은 무기 수출을 확장할 수 있는 매우 좋은 기회로 작동할 것이다. 특히 중동의 헤즈볼라, 하마스 등의 비국가 테러리스트 조직 등은 러시아가 제한되는 현 상황에서 북한으로부터의 무기 지원과 수입이 매우 중요한 상황이 되었다. 북한은 이러한 기회를 활용하여 북한식 방산 수출 기회를 확장할 것으로 전망된다(Kim

2024). 이미 대북 제재 등 국제 공조가 무력화된 상황에서 이러한 경향은 점차 강화될 것으로 보이며, 미국 중심의 유사 입장국들 간 확산 방지 구상만으로는 이러한 수출 통제 체제가 작동되기는 매우 어려운 상황이 지속될 것으로 보인다.

북한의 무기 수출 분야에서 가장 우려스러운 부분은 대량 살상 무기 확산에 관한 것이다. 1990년대 북한이 처음 핵 개발을 시작했을 때, 미국을 비롯한 국제사회는 이를 한반도 지역 위기를 넘어서 핵 보유 국가의 확산과 동시에, 이러한 국가들이 타 국가나 테러리스트 조직 등 비국가 NGO에 대량살상무기를 이전하는 것에 대한 더욱 큰 위험을 인식하고 비핵화를 다각도로 추진하였다. 즉, 북한이 여러 제재에도 핵을 보유하려고 하는 것은 다른 국가에도 북한의 핵이 수출 및 이전될 수 있다는 점에서 국제 비확산 체제의 수평적 핵확산 위기의 핵심이며, 특히 핵 테러가 가능해질 수 있다는 점에서 확산 방지 구상 등의 국제사회의 노력이 시작되었던 것이다. 북한과 시리아의 대량 살상 무기 커넥션이 알려진 것처럼, 신냉전과 중동의 위기 등은 북한이 이를 바탕으로 시리아나 헤즈볼라, 하마스 등 반미 국가와 단체 등에게 핵 무기 혹은 핵 미사일 기술을 이전 수출할 수 있다는 점에서 매우 우려스러운 상황이다. 특히, 북한이 한반도에서 한미 전력을 압도하고도 남을 무리한 핵 탄두 보유를 증대하려는 노력과 실제 사용 가능성이 높은 전술핵 및 중단거리 북한식 이스칸데르 미사일에 집중하려는 상황도 이와 연계해서 해석될 수 있다. 북한이 한반도 내 위기 상황에서 서울에 핵 보복을 하려는 점에서만 핵을 보유하거나, 미국의 주요도시에 ICBM으로 핵 타격 가능성만을 높이려는 의도라면 핵탄두의 보유량은 현재에서 더 넘어설 필요는 없다. 그러나, 현재 북한은 여러 요인들로 핵 물질, 시설을 통해서 핵 탄두 및 전술핵 개발 및 확보를 지속한다는 점에서 여러 싱크탱크에서 주목하고 있는 핵탄두 보유량의 증가는 수출이나 이전 목적이라는 의구심을 강하게 충족시켜 주고 있다. 랜드연구소와 아산정책연구원의 공동 연구 보고서는 북한이 2030년까지 핵무기를 300기까지 추구할 것으로 예상하였다(Bennett et al. 2023). 이러한 핵무기의 보유량은 위기 발생 시 서울 등 한반도 내 핵보복에 필요한 사용량을 매우 초과하기 때문에 이러한 지속적인 핵개발 노력은 자연스럽게 타국가에 대한 수출 및 확산 의도 없이는 설명하기 어렵다. 북한의 무기 수출이 재래식인 경우도 문제가 되지만, 대량 살상 무기인 핵과 미사일을 중동 및 테러리스트 비국가 단체들에게 수출 및 이전으로 핵 전쟁의 위기를 고조 시키는 것은 매우 위험한 상황들이다. 현재 자유주의 진영과 권위주의 진영 간의 신냉전 체제는 이전의 군비통제 수출통제 장치 등인 대북 제재나 확산 방지 구상 등을 약화시키는 상황이라, 이러한 북한의 핵 미사일 수출 노력을 억지하기 매우 어려운 상황이 되어가고 있으며, 협조가 필요한 중국 러시아가 이러한 제재와 통제에서 이탈되고 있는 상황이다. 북한의 핵 미사일 수출을 통한 국익 증대가 매우 심각하게 우려되는 상황이 전개되고 있다.

III. 군비통제와 군축 분야

북한은 1990년대 핵무기 개발을 본격적으로 시도한 이후 공식적인 핵 보유국이 되기 위한 노력을 지속하여 왔다. 특히 트럼프 행정부와 북미 관계 정상화 및 싱가포르 정상회담 등을 통하여 체제 안전 보장과 핵을 실질적으로 보유한 국가의 지위를 보장받기 위한 노력을 지속하여 왔다. 현재 신냉전 상황에서 북한은 핵 보유를 헌법에 반영하고 핵 보유를 국가 존재의 핵심 전제 조건으로 내세우며, 대외 군사 관계를 통하여 북한에 대한 비핵화를 사실상 포기하도록 하는 여론을 확산하고 이를 통해 실질적 핵보유국으로 국제사회가 수용하도록 만들려는 노력을 지속하고 있다. 현재 미국의 민주당 혹은 공화당 모두 전문가 그룹 등에서 핵 군축 및 핵 군비통제에 대한 여러 의견 등은 트럼프 행정부 시기 비핵화 정상회담이 성과를 거두지 못하면서, 현실적인 방안으로 다양하게 제시되어 오고 있으며, 북한은 이러한 비핵화 포기를 확산시키려는 노력을 다양하게 전개하고 있다. 이미 북한은 유엔에서 여러 연설 등을 통하여 핵 보유는 미국 등의 위협 때문에 자위권으로 갖는다는 주장을 반복하여 왔으며, 이러한 주장은 국제사회에서 전혀 용인되지 않아 왔다. 다만, 최근 북한의 비핵화가 불가능하다면 위기관리, 위협 감소 방안이라도 진행해야 한다는 주장들과 맞물려지면서, 북한이 지속 추구해 온 대외 군사 관계를 통한 대북제재 무력화, 정권 생존 전략 추구를 위한 노력이 현실화되고 있는 부분들이 있어서 매우 우려스러운 상황이다. 2022년 미국 국무부 군비통제 차관보인 보니 젠킨스는 카네기 국제평화 기금 핵정책 회의에서 다음과 같이 의견을 밝혔다.

> "만약 김정은이 전화를 들고 '핵군비 통제에 대해 대화하고 싶다'라고 말한다면 우리는 안 된다라고 말하지 않을 것이다."[4]

북한은 지속적으로 핵 보유국 지위를 얻기 위한 노력을 하였으며, 본인들의 핵 보유를 정당화하기 위하여 한미의 방어 목적 북핵 대비 훈련에 대한 비판을 지속하여 왔다. 예를 들어, 조선중앙통신 등을 통하여 주한미군 철수와 한미 핵 연습 등의 중단을 요구하며, 이에 대응하기 위하여 북한이 핵을 보유한다는 등의 논리이다.

> "남조선에서 모든 핵무기와 그 기지들을 철폐하고 세계 앞에서 검증받아야 한다… 미국이 조선반도와 그 주변에 수시로 전개하는 핵 타격수단들을 다시는 끌어들이지 않겠다는 것을 담보해야 한다… 남조선에서 핵 사용권을 쥐고 있는 미군의 철수를 선포해야 한다."(『조선중앙통신』 2016. 7. 6.)

이렇듯 북한의 핵 보유 논리는 일관되게 지속되어 온 반면 미국은 최근 트럼프 행정부 시기 비핵화 협상에 이어서 바이든 행정부 시기 한국에서 확산된 핵 무장 담론을 최소화하기 위하여 워싱턴 선언을 통한 한미 확장억제 강화와 함께 북한의 비핵화 대신 핵군축, 핵군비통제를 추진하자는 전문가들 의견이 나오면서 미국 국무부 군비통제 차관보인 보니 젠킨스의 발언들까지 나오게 되었다. 예를 들어 Toby Dalton, Ankit Panda, Sharon Squassoni, 김영준 등 한미 핵 정책 전문가 그룹은 북한 비핵화를 달성하기 위한 방안들에 다양한 방법론을 제기하면서 위협 감소, 위기관리, 군비통제 등을 제안해 왔다(Dalton and Kim 2021; Dalton and Panda 2022; Squassoni

4 "If he (Kim Jong Un) picked up the phone and said, 'I want to talk about arms control' we're not going to say no." CNN(2022); 홍민 외(2022); 김영준(2023c).

2022; 김영준 2019; 김영준 2023c). 이러한 여러 국제사회 상황은 역설적으로 북한이 대외 관계 등을 통하여 오랫동안 추진해 오던 내용들과 통하는 면이 있다. 또한 동시에 북한의 입장에서는 국제사회가 결국에 비핵화를 포기하고 사실상 북한을 핵 보유국 혹은 중간 단계라도 핵 무장국으로 수용할 수 있다는 측면에서 북한이 오랫동안 추구하려는 목적이 달성되어 가고 있는 상황으로 볼 수 있다. 최근 IAEA 사무총장은 북한의 비핵화는 매우 힘들어졌기 때문에 북한은 사실상 핵보유국(a de facto nuclear weapon possessor state)로 대화를 해야 한다고 표현하였다(정철환 2024; 이지안 2024; 이종훈 2024; 이신영 2024). 싱가포르-하노이 회담 이후 이러한 북한 비핵화 포기 및 체념, 이로 인한 북한 핵무기 보유국 사실상 인정 및 핵 군비통제와 핵 군축 제안 등은 기존의 북한이 주장하고 목표로 해왔던 대외 관계의 목표들이 달성되는 상황으로도 볼 수 있기 때문에, 더욱 심각한 상황이다. 이러한 상황은 미국 주도 자유주의 진영과 중국, 러시아의 권위주의 국가 진영이 신냉전 상황에서 북한 핵 문제에 대한 일관적인 입장, 비핵화와 대북 제재 등을 통한 북한 압박에 대한 연대가 무력화되고 무너지면서 북한은 중국, 러시아와 대외 관계 강화 등을 통하여 그동안 추구해온 북한 대북 제재 무력화 및 사실상 핵 보유국 입장 수용이라는 목적을 달성해 가고 있다. 북한은 또한 적대적 2국가론을 통하여 핵무기 보유에 대한 정당성을 더욱 강조하고 있다. 한 민족이 아닌 두 개의 국가 상황에서 한미의 위협이 북한의 생존에 영향을 주기 때문에 핵 무력 보유는 정당화될 수 있으며, 위기 시에 북한은 핵을 한국과 미국에 사용할 수 있다는 논리를 강화하는 것이다. 김여정은 최근 미국 핵잠수함 관련 비난 성명을 통

하여 핵 보유 논리 강화를 지속하고 있다(양지호 2024; 김민서 2024).

북한은 국제사회에서 이러한 분위기를 확산 고착화하기 위한 다양한 대외 군사 관계를 지속할 것으로 보인다. 기존의 UN 및 제네바 군축회의에서 지속적인 북한 핵 보유 정당성과 논리를 반복 강조하는 것은 물론 대내적으로 핵 무력 법제화, 적대적 2국가론을 대외에 공표하여, 핵 보유 정당성을 강화할 것이다. 또한 미국의 새로운 행정부 출범 시기에 핵 군비 통제나 핵 군축 등 사실상 북한의 핵 보유를 인정하고 시작될 협상에 대한 가능성을 시사하고, 이러한 협상에는 참여할 의사를 확장할 것이다. 동시에 중국과 러시아 등 북한 입장에서 대북 제재를 무력화하고 핵무기 보유 정당화 여론을 확보해 줄 유사 입장국들과 대외 군사 관계를 강화해 갈 것이다. 북한은 기존의 국제 비확산 체제를 무력화시키고, 군비통제 수행의 기존 협약들인 미사일 수출 통제 체제, 확산 방지 구상 등 국제사회의 레짐을 약화시키고, 북한과의 협상은 실현 불가능한 비핵화가 아닌 핵 군비통제나 핵 군축 등을 통해서 달성할 수 있다는 논리를 확산할 것이다. 이러한 노력은 북한의 대외 군사 관계를 통하여 중국과 러시아, 이란, 시리아 등 북한의 유사 입장국들이 국제사회에서 북한의 핵 보유 정당성 강화 여론에 동참하면서 더욱 강화될 수 있다는 점에서 매우 우려스러운 상황이다. 트럼프 행정부 2기 출범 이후 트럼프 대통령이 북미 관계 재개를 언급하며 북한을 공개적으로 여러번 Nuclear Power, 실질적으로 핵을 갖고 있다고 공언하였기 때문에, 북한은 현재 일반적인 미국 정부의 비판과 별개로 북미 관계 재개시 이러한 담론을 확산할 것으로 전망된다.

IV. 기타, 국제 분쟁관리 및 해결 분야 등

북한은 대외 군사 관계를 확장하여 국제 분쟁 관리 등에서 주도적인 역할을 수행하여 북한의 국익을 확장하려는 노력을 지속할 것이다. 이는 한반도 내 서해 수역 분쟁 등에서 북한의 입장을 옹호해줄 중국, 러시아, 이란 등 국가들과의 관계 강화를 통한 한반도 정세의 주도권 강화는 물론 북한을 옹호해 줄 러시아나 중국이 연관된 분쟁들에서 그들의 입장을 적극 지원하고 옹호함으로써 고립되어 있던 북한이 냉전기처럼 북한의 입장에서 북한의 국익을 지지해줄 국가들을 확대하려는 노력이 지속될 것이다. 냉전 종식 이후 북한은 국제사회에서 핵 개발로 인한 고립이 강화되고, 국제사회의 대북 제재와 비판적인 여론 속에서 외교 경제적으로 고립된 30년을 버텨왔다. 현재 러시아 우크라이나 전쟁과 중동 위기 고조, 대만 위기 발생 가능성을 둘러싼 미중 간 대립 속에서 북한은 다시 신냉전 상황의 외교적 지원군을 확보하게 되었다. 최근 북러 관계 복원은 물론 북중 관계 강화, 중동의 이란, 시리아 등 친북한 국가들의 지원과 대북 제재 무력화를 성과로 거둘 수 있게 된 것이다. 특히 러시아 우크라이나 전쟁에서 북한의 대대적인 러시아에 대한 외교적 지지와 탄약 지원 등을 통한 북러 관계 강화는 북한 입장에서 고립에서 벗어나는 대표적인 북한의 대외 군사 관계 성과로 신호탄이 되었다. 러시아 우크라이나 전쟁 이전에 러시아, 중국, 북한은 미국과 자유주의 진영에 각각 제재받거나 비판받으며 외교적 고립 상황에 있었는데, 러시아 우크라이나 전쟁을 기점으로 북중러 및 권위주의 국가들 간 연대가 강화되어 자유주의 진영에 대립하면서 북한에게는 외교적 고립에서 벗어나는 중대한 기회가 되었다. 이러한 점에서 러시아 우크라이나 전쟁에 대한 북한의 탄약 지원 등 적극적인 행보는 앞으로 유사한 다른 권위주의 국가 진영에 대한 북한의 적극적인 행보를 예상할 수 있다. 대만을 둘러싼 중국과 서방 진영 간의 위기에서 북한은 더욱 중국 입장을 외교적으로 지원하고, 필요 시 군사적으로 지원할 수 있다. 중동에서 이스라엘과 하마스, 헤즈볼라, 이란, 시리아 간의 갈등이 확산될 때 북한은 이란, 시리아를 외교적, 군사적으로 지원하면서 권위주의 국가 진영을 강화하고 권위주의 국가 진영 내의 북한의 위상과 네트워크를 강화할 수 있다. 이는 북한식 버전의 글로벌 중추 국가 추구가 될 수 있다. 북한이 한반도 내 문제를 넘어서서 러시아 우크라이나 전쟁, 대만, 중동 위기 국면에서 목소리를 내고 권위주의 국가들에게 외교적 지지와 군사적 지원을 확대한다면 이는 이전 북한과는 분명히 다른 새로운 북한의 대외 군사 관계 전략일 것이다. 김정은 위원장은 최근 러시아 우크라이나 전쟁에서 주목받게 된 북한의 군사 지원을 앞으로 적극적으로 활용하여 북한의 지원국을 확대하고, 북한의 외교 역량을 강화하는 쪽으로 활용할 것이다. 이러한 북한의 대외 군사 관계를 지원하는 것은 북한의 재래식 군사 역량과 대량 살상 무기 능력이 될 것이다. 미국과 서방 주도의 가치 동맹과 자유주의 진영 강화는 역설적으로 북한을 고립에서 벗어나게 하는 권위주의 진영의 글로벌 중추 국가 전략을 채택하는 상황이 확대된 상황이다. 북한은 한반도 이외 문제에 적극적인 대외 군사 관계 강화를 통하여 러시아 북한 정상회담의 후속작을 이끌어내는 데 집중할 것으로 보인다. 특히 북한의 대량 살상 무기 제공은 북한에게 외교적 고립 탈피는 물론 경제적 보상까지 얻게 해줄 수 있다는 점에서 핵 능력 수출 및 지원을 통해 다양한 목적을 추구할 것으로 보인다. 국제 비확산 체제가 신냉전 상황에서 약화될수록 북한에게 유리한 여건 조성이 강화되고 있다.

이에 더하여 북한은 한반도에서 위기 상황 발생 시 최근 대외 군사 관계 강화를 통한 다양한 성과를 기대할 수 있다. 먼저 무엇보다 북러 북중 관계 강화를 통한 위기 발생 시 중국, 러시아의 지원이다. 한반도 위기 발생 시 기존의 중국, 러시아 개입은 북한 김정은 정권 수호가 아닌 각국의 국익 확보를 위한 개입으로 해석되었고 이는 6·25 전쟁 당시 중국 소련과 다른 입장으로 보여져 왔다. 한미 연합 훈련에도 기존 중국 개입 등은 한미 전력이 북한 영토 진입 시 국경을 맞닿게 하지 않기 위한 개입 및 북한 영토 내 중국 자산과 중국 시민 보호라는 명분을 내세울 것으로 예상되었다. 러시아의 개입도 중국이 개입한다면 불확실한 상황에서 러시아의 국익을 확보하려는 개입이 가능할 것으로 보았을 뿐 김정은 정권을 수호한다는 개입으로 해석되지 않았다. 당시에는 북핵으로 인하여 한반도 주변국인 미일중러 모두 핵 보유를 추구하는 김정은 정권과 독재 정권으로 인한 북한 붕괴론에 따른 시나리오에서 김정은 레짐에 대한 지원을 목적으로 개입할 것으로 보지 않았기 때문이다. 그러나 현재 강화되고 있는 북러 관계는 정상회담에서 자동군사개입 관련 논란이 나올 정도로 현재 한반도 위기 발생 시 러시아의 지원을 예상할 수 있는 상황으로 전환되었고, 미중 경쟁 상황에서 미국과 충돌하는 북한의 입장을 지원하기 위해 중국이 쉽게 나설 것이라는 점도 현재의 상황이 되었다. 이에 더하여 북한과 유사 입장국들이 기존 북핵을 비판하던 입장에서 전환하여 북한의 논리에 동조하며 북한 입장에 서려고 변화하려는 추세 등이 최근 북한 대외 군사 관계 강화에 따른 북한의 성과라고 볼 수 있으며, 앞으로 이러한 성과를 극대화하기 위한 북한의 노력도 지속 강화될 것으로 전망된다. 특히 한반도 내 분쟁 발생 시 북한에 대한 중국, 러시아의 직접적인 군사 지원이 기존 각국의 국익 확보를 넘어서 김정은 정권 자체에 대한 지원 시도로 변화될 수 있다는 점에서 북한의 입장에서는 대외 군사 관계를 통한 최대한의 결실이라고 볼 수 있다.

V. 소결론: 정책적 함의

북한의 대외 군사 관계는 기존에 주목받지 못하였다. 지속적인 북핵 개발로 인하여 외교적으로 고립되었고 군사적으로 교류하는 국가들은 매우 제한되었다. 최근 러시아 우크라이나 전쟁에서의 북한과 러시아의 군사 협력 강화, 대만 위기 발생 가능성을 중심으로 미국과 중국의 전략적 경쟁 강화, 중동 위기 고조로 인한 이스라엘 서방 진영과 이란, 시리아, 헤즈볼라, 하마스 등의 대립 구도 강화에서 북한은 외교적으로 고립을 탈피하고, 대북 제재 등을 벗어날 기회를 확보하게 되었다. 외교적으로 고립된 러시아에게 적극적인 탄약 군사 지원으로 북한과 러시아는 냉전 종식 이후 가장 강화된 관계를 갖게 되었다. 북한은 적극적인 군사 지원과 신냉전으로 인한 국제 비확산 체제의 약화로 사실상 핵보유국 지위 추구는 물론 대량 살상 무기 수출을 통한 위상 강화를 추구할 수 있게 되었다. 또한 이러한 북러, 북중 관계 강화는 한반도 위기 상황 발생 시 북한이 러시아와 중국의 군사적 지원을 얻을 가능성까지 높이면서 북한은 대외 군사 관계를 통하여 다양한 목적 달성이 가능한 상황이 되었다. 현재 북한은 이러한 대외 군사 관계를 통한 다양한 국익을 달성하고, 특히 북중러 연대 강화를 통한 한미일, 나토 연대에 대응하는 유사 입장국 네트워크 강화에 주력할 것으로 보인다. 현재 신냉전 상황은 대북 제재를 무력화시키고, 북한이 핵 미사일 개발에 집중할 수 있게 하는 상황을 조성하고 있다. 북한은 북핵 개발 이후 30년의 고립을 벗어나, 북러, 북중, 기타 유사 입장국들과 대외 군사 관계 강화를 통하여 권위주의 국가들 진영 내에서 북한식 K 방산 수출 확대, 북한식 글로벌 중추 국가를 추구할 것으로 전망된다.

이러한 북한의 대외 군사 관계 강화는 한국과 한미일, 나토, 인도태평양 국가들의 자유주의 가치 동맹에 심대한 위협이다. 특히 북중러 군사 협력 강화는 중러 연합 훈련에 북한이 공식 초청을 받은 상황에서 동북아시아 지정학의 게임 체인저가 될 수도 있다. 북한 입장에서 오래된 전우인 중국 및 러시아와 가깝게 되었고, 대북 제재를 무력화하는 동시에, 한반도 위기 발생 시 군사적 지원을 받을 가능성을 높이고, 대량 살상 무기 수출을 통한 경제적, 외교적 이익을 확보할 가능성이 높아졌다. 이러한 적극적인 북한의 대외 군사 관계 강화는 기존의 핵미사일 개발 위협보다 더욱 광범위하고 전방적인 위협을 양산시킨다. 특히 북중러 연대 강화는 한반도의 안정과 한미일 안보 협력을 저해하는 매우 큰 잠재적 위협이다.

한국 정부와 군은 북한의 대외 군사 관계에 대응하기 위한 다양한 준비와 노력을 병행하여야 한다. 무엇보다 먼저 북중러 연대 가능성을 주시하고 분석하면서 이를 억지하고 대응하기 위한 아측의 안보협력을 강화해야 한다. 한미 동맹은 물론 한미일 안보협력, 유엔사를 중심으로 한 유사 입장국 강화, 나토와 인도 태평양 국가들과 연대를 확장 강화하고 실전적인 훈련을 확장해야 한다. 최근 일본 총리로 확정된 이시바 시게루 일본 총리는 아시아판 나토를 제안하면서, 북중러 연대에 맞서는 집단 안전 보장을 강조하였다. 핵무기 반입도 제안하였다(The Hudson Institute 2024). 이러한 구상에 한국 정부도 적극 동참하여 아시아판 나토 설립의 주역이 되어야 한다. 인도 태평양 및 NATO 국가들을 연대한 북중러 대응 집단 안보체제를 확고하게 만들어야 한다. 이와 동시에 외교적인 노력을 병행해야 한다. 특히 중국과 러시아가 완전히 북한의 입장에 동조하지 않도록 한중 및 한러 관계를 러시아 우크라이나 전쟁 이후 적극적으로 관리해야 한다. 동시에 한반도 전쟁 위기 방지 및 관리를 위한 남북 대화 노력을 병행해야 한다. 북한의 대외 군사 관계 특히 북중러 연대 강화는 북핵 이후 가장 큰 위협이다. 특히 중국의 군사력 증대는 매우 위협적이다. 북중러 연대에 적극 대응안을 강화하면서, 위기를 관리할 수 있는 다양한 외교적 노력이 필요한 상황이다.

참고문헌

기광서. 2018. 『북한 국가의 형성과 소련』. 서울: 선인.

김소정. 2024. "러북 신조약의 사이버안보 합의 및 시사점." 『이슈브리프』 576. 국가안보전략연구원.

김영준. 2019. "왜 북한은 우크라이나랑 다른가? 우크라이나 핵 폐기 과정 분석과 북한식 CTR 모델 연구." 『세계지역연구논총』 37(4): 67-93.

김영준. 2023a. "북중러 군사협력과 유엔사의 역할." 『세계일보』(10. 5.).

김영준. 2023b. 『Proliferation Security Initiative (PSI) Eastern Endeavor 2023 도상훈련 연구』. 외교부.

김영준. 2023c. "북핵 접근의 현실론과 한반도형 핵 군비통제 방안." 『통일정책연구』 32(1): 75-100.

박명림. 1996a. 『한국전쟁의 발발과 기원 I : 결정과 발발』. 서울: 나남.

박명림. 1996b. 『한국전쟁의 발발과 기원 II : 기원과 원인』. 서울: 나남.

심헌용. 2016. 『소련의 대한반도 군사정책(1917-1948)』. 서울: 국방부 군사편찬연구소.

케서린 웨더스비 · 강규형. 2010. "북중소 삼각관계가 6.25 전쟁 과정과 전후 북한외교 행태에 미친 영향: 기밀해제문서를 중심으로." 『정신문화연구』 33(3): 117-142.

홍민. 2023. "북러의 군사협력과 외교적 밀착의 전략적 함의." Online Series. CO23-35. 통일연구원.

홍민 · 이재영 · 황수환 · 김영준 · 정욱식. 2022. "북한의 대북적대정책 철회론과 대북안전보장방안." KINU 정책연구시리즈 22-05. 서울: 통일연구원.

Bechtol, Bruce E. Jr. 2018. *North Korean Military Proliferation in the Middle East and Africa: Enabling Violence and Instability: In the Middle East and Africa*. Lexington, KY: University of Kentucky Press.

Bennett, Bruce W., Kang Choi, Cortez A. Cooper, Bruce E. Bechtol, Jr., Myong-Hyun Go, Gregory S. Jones, Du Hyeong Cha, and Uk Yang. 2023. *Options for Strengthening ROK Nuclear Assurance*. Santa Monica, CA and Seoul: RAND Corportation and the Asan Institute for Policy Studies.

Blank, Stephen J. eds. 2011. *Russia Nuclear Weapons: Past, Present and Future*. Carlisle, PA: Strategic Studies Institute of the U.S. Army War College.

Caesar, Ed. 2021. "The Incredible Rise of North Korea's Hacking Army." *The New Yorker*. April 19.

Dalton, Toby and Ankit Panda. 2022. "U.S. Policy should reflect its own quiet acceptance of a Nuclear North Korea." November 15. Carnegie Endowment for International Peace. Washington D.C.

Dalton, Toby and Youngjun Kim. 2021. "Negotiating Nuclear Arms Control with Norht Korea: Why and How?" *The Korean Journal of Defense Analysis* 33(1): 1-21.

Doshi, Rush, Emily de La Bruyere, Nathan Picarsic, and John Ferguson. 2021. "China as 'cyber great power': Bejing's two voices in telecommunications." The Brooking Institution.

Galauskas, Markus. 2023. "The United States and its Allies must be ready to deter a two front war and nuclear attack in East Asia." *Report*. The Atlantic Council. Washington D.C. August 16.

Heintz, Sarah, Michael Shurkin, and King Mallory. 2019. *DPRK Sanctions: Countering DPRK Proliferation Activities*. Santa Monica, CA: RAND.

Inkster, Nigel. 2016. *China's Cyber Power*. London: IISS.

Kim, Donggil. 2011. "Stalin's Korea U-Turn: The USSR's Evolving Security Strategy and the Origins of the Korean War." *Seoul Journal of Korean Studies* 24(1): 89-114.

Kim, Youngjun. 2015a. "The CIA and the Soviet Union: The CIA's Intelligence Operations and Failures, 1947-1950." *Journal of Peace and Unification* 5(2): 45-67.

Kim, Youngjun. 2015b. "Russo-Japanese War Complex: A New Interpretation of Russia's Foreign Policy toward Korea." *The Korean Journal of International Studies* 13(3): 555-575.

Kim, Youngjun. 2018. *Origins of the North Korean Garrison State: People's Army and the Korean War*. London: Routledge.

Kim, Youngjun. 2019. "Why did Stalin not Support a Quick Victory for the Korean People's Army? Stalin's Unspoken Global Security Strategy for the Korean War." *The Korean Journal of International Studies* 17(1): 79-102.

Kim, Youngjun. 2023. "Will North Korea Join Russia and China in a Combined Military Exercise? A Game Changer for Northeast Asian Security Architecture." *The Korean Journal of Security Affairs* 28(1): 31-53.

Kim, Youngjun. 2024. "North Korea seeks to mirror the South's defense sector boom." *Defense News*. August 7. https://www.defensenews.com/opinion/2024/08/06/north-korea-seeks-to-mirror-the-souths-defense-sector-boom/ (검색일: 2024. 8. 8.)

Rajagopalan, Rajeswari Pillai. 2024. "US Official Warns of China's Growing Offensive Cyber Power." *The Diplomat*. February 12.

Sanger, David E., David D. Kirkpatrick, and Nicole Perlroth. 2017. "The World Once Laughed at North Korean Cyber power. No More." *The New York Times*. October 15.

Sharma, Abhishek. 2024. "Cyber Allies: North Korea and Russia's cyber partnership in the post-treaty era." *Daily NK*. July 17.

Squassoni, Sharon. 2022. Denuclearization of the Korean Peninsula: An Arms Control Framework. November 18.

The Hudson Institute. 2024. *Shigeru Ishiba on Japan's New Security Era: The Future of Japan's Foreign Policy*. September 25. https://www.hudson.org/politics-government/shigeru-ishiba-japans-new-security-era-future-japans-foreign-policy (검색일: 2024. 9. 30.)

The U.S. State Department. 2023. "North Korea Using Social Engineering to Enable Hacking of Think Tanks, Academia, and Media." *Joint Cyber Security Advisory*. June 1.

U.S. Department of Defense. 2023. *Military and Security Developments Involving the People's Republic of China 2023: Annual Report to Congress*. Washington D.C.

Weathersby, Katheryn. 1993. "Soviet Aims in Korea and the Origins of the Korean War, 1945-1950: New Evidence from Russian Archives." *Cold War International History Project Working Paper* No.8.

Weathersby, Katheryn. 1995. "To Attack or Not Attack? Stalin, Kim Il Sung, and Prelude to War." *Cold War International History Project Bulletin* Vol.8.

Weathersby, Katheryn. 1998. "New Evidence on the Korean War." *Cold War International History Project Bulletin* 11: 176-199.

Weathersby, Katheryn. 2002. "Should We Fear This? Stalin and the Danger of War with America." *Cold War International History Project Working Paper* No.39.

Weathersby, Katheryn. 2003. "New Evidence on North Korea." *Cold War International History Project Bulletin* 14/15: 5-138.

Weitz, Richard, Youngjun Kim et al. 2023. *Strengthening International Cooperation in Managing China-related Proliferation Challenges*. Washington D.C.: The Hudson Institute.

Wells, Samuel F. Jr., Robert S Liwak, Donggil Kim, and Youngjun Kim. 2020. "Korean War: Myths and Misconceptions." *The Wilson Quarterly* (Summer). https://www.wilsonquarterly.com/quarterly/_/korean-war-myths-and-misconceptions (검색일: 2024. 7. 30.).

Woolf, Amy F. 2022. *Russia's Nuclear Weapons: Doctrine, Forces, and Modernization*. Congressional Research Services. Washington D.C. March 1.

미디어

CNN. 2022. "US Official's suggestion of 'arms-control' talks with North Korea raises eyebrows." October 29.

KBS. 김정은-푸틴 러시아 보스토치니 우주기지에서 4년 5개월 만에 정상회담. 2023. 9. 13.

MBC. 북한 "전술핵공격잠수함 건조"...김정은 "해군 핵무장화 추진." 2023. 9. 8일.

Reuters. "Elite North Korea Military Trainees visit Russia amid deepening ties." July 9, 2024.

YTN. "북한 군사 대표단, 러시아방문...군사협력 노골화?" 2024. 7. 9.

김민서. 2024. "김여정, 부산 입항 미 핵잠 겨냥...'조선반도에서 안식처 찾지 못할 것'." 『조선일보』(9. 25.)

뉴스1. 북한 '전술핵검수함' 건조..."해군의 핵심적 수중공격수단." 2023. 9. 8.

양지호. 2021. "10시 3분 10초...미 핵잠 포착 시간 초까지 밝힌 북, 정찰능력 과시?" 『조선일보』(9. 25.)

이가영. 2023. 북한 "김정은, 푸틴에 방북 초청...푸틴 수락." 『조선일보』 (9. 14.)

이신영. 2024. "IAEA 수장 '사실상 핵무기 보유국' 북한과 대화 나서야." 『연합뉴스』(9. 27.)

이종훈. 2024. "IAEA 수장 '사실상 핵무기 보유국' 북한과 대화 나서야." SBS(9. 27.)

이지안. 2024. "북한, '사실상 핵무기 보유국'이라는 IAEA 사무총장." 『세계일보』(9. 27.)

정철환. 2024. "북은 사실상 핵무기 보유국...IAEA 사무총장 표현 논란." 『조선일보』(9. 28.)

제5장

북한의 미래 도발 양상 전망

손한별(국방대학교 전략학부)

I. 요약

한반도에서 일어날 수 있는 미래전은 한국과 북한의 군사력이나 양국의 군사전략만으로 결정되지 않는다. 허용 요인으로서 한반도의 지정학, 미중의 전략경쟁과 남북한의 장기 경쟁, 남북한의 정치, 외교, 군사, 경제, 사회, 정보적 요인들을 모두 고려해야 한다. 북한이 핵능력 증강에 박차를 가하고 있지만 전쟁양상을 결정하는 핵심변수는 여전히 중요하게 한반도의 미래전에도 적용된다. 첫째, 전쟁주체의 상호작용으로서의 지역의 복합위협과 동시적 위협 가능성은 갈수록 커진다. 둘째, 사회적 차원에서 정치사회적 안정성과 당군관계에 따라 분쟁을 기도하거나 단념할 것이다. 셋째, 작전적 차

....

* 이 장은 국방대 국가안보문제연구소의 2024년도 정책현안연구과제인 "두 개의 전쟁과 미래전쟁"의 일부를 보완한 것임을 밝힙니다.

원에서는 역시 핵과 재래식 무기의 통합이 핵심 요인이다. 즉 북한이 스스로 과신하는 핵능력을 어떻게 군사체계에 통합하여 운용할 것인가 하는 것이다. 넷째, 전쟁을 수행하기 위한 정보화 달성 수준으로서 C3의 기술적 통제 문제이다.

북한의 도발 및 전쟁 양상은 네 가지로 구분할 수 있다. 첫째, 장기 군사 경쟁은 현재의 남북한 경쟁이 지속되는 상황으로, 정치외교적, 군사적 대립과 갈등이 지속되는 가운데 경쟁이 영속화되는 상황을 의미한다. 경쟁은 지속되지만 충돌은 없는 상태로, 안정된 상태라고는 할 수 없으나 상황에 따라 경제교류와 협력이 진행될 수 있다. 이러한 관계는 다시 상대에 대한 영향력을 극대화하고 유리한 내외적 환경을 조성하기 위해 행동의 변화를 강압하려는 시도가 지속된다. 따라서 시간, 공간, 상황적 회색지대에서의 활동이 빈번해질 수밖에 없으며, 이러한 공간에서의 우위 달성이 최우선 목표가 될 것이다.

둘째는 지역분쟁에 연루되는 상황이며, 이 과정은 언제든지 제한전이나 전면전으로 발전할 수 있다. 전반적인 상황조건은 장기 경쟁과 유사하지만 외부로부터의 분쟁이 한반도에 영향을 주는 상황을 의미한다. 미중 경쟁이 지구적으로, 전 영역에서 진행되고 있다는 점에서 언제, 어디서 촉발되더라도 이상하지 않으며, 대표적인 발화지점으로는 센카쿠 영유권 분쟁과 대만 위기를 들 수 있다. 이 과정에서 북한이 핵능력에 대한 과도한 자신감을 가지고 오판할 가능성, 중국이나 러시아와 함께 의도적으로 위기를 고조시킬 가능성, 대만이나 일본에 의한 과잉대응의 가능성이 있다.

셋째는 북한의 국지도발 또한 의도적인 제한전 상황이다. 북한은 유리한 시점과 공간을 선택하여 정치군사적으로 유리한 상황에서 상황을 종결하는 것을 목표로 군사행동을 감행할 것이다. 한국에 대한 기선제압, 주도권 확보, 정치경제적 이익 확보 등을 목적으로 국지도발을 일으킬 수 있다. 제한된 전쟁지속능력을 고려할 때, 한미동맹이 신속하게 대응하여 북한지역으로 확전되는 상황을 차단하기 위해서는 기습의 효과를 달성하려고 할 것이다. 또한 위기의 고조와 완화를 관리하고, 유리한 여건을 조성한 상태에서 정치적 협상을 통해 상황을 마무리하는 출구전략도 사전에 마련할 것이다. 북한은 지금까지 다양한 방법과 수단으로 도발을 자행해 왔으며, 사이버, 우주, 인지 영역에서의 새로운 방법과 수단이 더욱 적극적으로 활용될 것이다.

넷째, 북한과의 전면전이다. 북한이 단순히 한국 정부를 압박하여 유리한 정치적 협상을 이끌어내는 데 그칠 수 없는데, 핵무기 보유로 인해 억제, 기습, 정밀타격 등의 중요성이 더욱 커졌기 때문이다. 북한은 무력으로 한반도를 통일하는 "조국해방전쟁", 최소한 한국군의 전략적 중심에 대한 치명적인 공격을 통해 군사적 성공을 입증하려고 할 것이다. 북한 언론, 탈북자, 정보공개 등을 통해 공개된 북한의 전면전 계획이 있으며, 최근의 변화된 상황을 고려하면 다음과 같은 특징을 가진다. ▲핵무기 사용 기정사실화, ▲한반도 남부지역에서 종결, ▲신속기동을 통한 전략적 마비, ▲핵/재래식 화력에 의한 중심타격 등을 들 수 있다.

II. 한반도 미래전의 결정요인

1. 허용 요인: 미래 안보환경과 군사력 균형

한반도에서 일어날 수 있는 미래전은 한국과 북한의 군사력이나 양국의 군사전략만으로 결정되지 않는다. 무엇보다 그 허용요인으로서 글로벌 및 지역 안보상황과 전쟁양상의 변화를 면밀히 관찰할 필요가 있다. 한반도가 가지고 있는 지정학적 중요성은 한반도가 강대국들의 전략적 이익이 중첩되는 지점으로 만들었다. 또한 그러한 이유로 남북한의 군사력만으로 전쟁이 진행될 수도 없다.

첫 번째 허용요인으로 글로벌 미중 간의 전략적 경쟁관계는 지속될 것이다. 경제, 군사뿐만 아니라 기술, 정치외교, 사회문화 등의 다양한 부분에서의 상대적 우위와 영향력을 유지하기 위한 경쟁이 심화될 수밖에 없는데, 장기적 경쟁관계에서 두 강대국은 구조적 충돌은 회피하면서 상황을 관리해나갈 것이고, 이는 지역 차원에서 비구조적인 충돌 가능성을 오히려 높일 수도 있다(정하용 2012).

다음으로 남북한의 장기적 경쟁관계도 지속될 것이다. 물론 이는 남북한 군사력 균형을 파괴할 만한 사변적인 사건이 발생할 가능성은 낮다는 것을 의미하지는 않는다. 북한의 핵능력 고도화에도 불구하고 한국은 동맹/우방국들의 협력을 통해 정치외교적, 군사기술적으로 위협을 상쇄할 수 있고, 반대로 북한이 한국의 위협을 심각하게 위협하지 않는다면 한국 역시 북한 정권의 생존을 위협할 가능성이 크지 않다는 것을 의미한다.

따라서 비교적 근미래에는 미중의 구조적 경쟁, 남북한의 비구조적 경쟁관계가 현재의 전략균형을 유지하는 배경이 될 것이나, 개별 동인들이 심대한 변화를 촉발하거나 각 요인들이 상호 증폭요인으로 작용할 가능성은 상존한다. 이는 한반도를 둘러싼 전략균형이 그만큼 취약하고, 언제든지 군사분쟁으로 비화될 가능성이 크다는 것이다.

글로벌 및 지역	• 지역 불안정성 심화 및 전략적 동시성의 일상화 • 수정주의 국가군의 전략적 공조 심화 • 북·중·러 공조 강화의 딜레마
전쟁수행방식 변화	• 미래전에서의 주도권을 위한 위한 경쟁 심화 • 한반도 미래전 경쟁의 양상

2. 고려 사항: 정치, 외교, 군사, 경제, 사회, 정보

한반도 군사력 균형과 북한의 군사도발 양상을 전망하면서 개략적으로 북한의 내부 상황을 검토한 내용은 아래와 같다. 남북한 군사력 균형을 중심으로 정치, 외교, 군사, 경제, 사회, 정보 등 각 요소들이 진행되는 상황을 조금 더 구체화할 수 있는데, 이들 요소는 상호작용을 통해 전혀 다른 시나리오를 구성할 수 있다. 또는 여기에서 다루어지지 않은 시나리오 공백(Scenario space)을 구체화하는 요소로 활용할 수도 있을 것이다.

첫째, 남북한의 정치체제는 그대로 유지될 가능성이 크지만 현 체제 내에서 내부적인 변동의 폭은 크게 달라질 수 있는데, 가장 큰 변동은 김정은 정권 또는 백두혈통에 의한 정권이 유지될 것이냐에 따라서 달라질 것이다. 또는 북한 사회의 변동에 따라 내부의 새로운 정치세력이 등장할 가능성도 적지 않다. 반면 한국의 경우 보수, 진보의 정책이 극단화되고, 국민들의 정치적 성향 역시 양극화될 것인데, 이 경우 장기적인 전략목표에 따라 대북정책 및 통일전략을 일관되게 유지하지 못하는 원인이 될 것이다. 인구감소 및 연령분포에 따라 세대 간의 견해 차이 역시 크게 달라질 수 있으며, 특히 통일에 대한 국민적 공감대를 형성하기 어려울 것임을 의미한다.

둘째, 외교 분야에서는 비교적 단기적인 외교정책이나 외부의 사건에 따라 가변적인 외교 분야는 미중 경쟁의 큰 틀 속에서도 지엽적인 사건으로서의 분쟁이나 갈등에 따라 연쇄적인 변화를 가져올 수 있다. 중국의 타이완 침공의 사례처럼 예민한 상황에서 발생할 수 있는 사건들은 현재의 외교관계에 변화를 야기할 수 있다. 또한 중국의 성장세가 둔화되어 미국의 단극체계가 회복되는 경우, 전통적 불신을 극복하기 어려웠던 북-중-러의 연대가 획기적으로 강화되거나, 한-미-일 군사협력의 수준이 심화되는 경우 한반도 주변의 국제질서는 요동치게 될 것이다.

셋째, 군사 분야는 비교적 장기적인 추세에서 벗어나기 어려운데, 획기적 군사기술이 등장하여 전쟁양상을 바꾸는 것은 장기간이 소요되고, 전력화에는 상당한 시간이 필요하기 때문이다. 다만 4차 산업혁명 기술의 적용은 군사기술이 전장 적용을 예상치 못하게 가속화시킬 수 있다. 결과적으로 군사분야의 변화는 공격우세 또는 방어우세의 환경을 조성하게 되는데, 전장영역, 주체, 수단 등의 확장은 공격우세의 상황을 만들어내기 쉽다. 방어무기의 개발보다는 역공격 무기를 개발하기 쉬운 환경이라면 공격우세의 환경은 쉽게 무너지지 않을 것이다.

넷째, 경제 분야에서 개방과 성장을 동시에 달성할 수 없는 북한 경제체제의 모순은 지속될 것이다. 다만 시장화와 경제성장의 균형을 결정하는 결정요인들이 존재하는데, 대북경제제재는 신냉전 상황에서는 부가되기 어렵고, 국제사회와의 금융거래, 무역 등은 점차 정상화될 수밖에 없을 것이다(문예찬 외 2024; 마원·이화준 2023; 김태현 2023 등). 또한 지구적인 경제 상호의존성이 심화되는 경우 북한의 고립감은 커질지 모르나 틈새(loof hole)가 발생할 개연성이 크다. 이러한 경제적 요인은 국가의 전쟁수행능력 및 군사력과 직결되는데, 식량, 유류와 같은 전쟁수행물자가 안정적으로 확보되어야 할 뿐만 아니라, 장기적으로 경제와 군사의 딜레마 속에서 군사비 지출을 감축하기 위한 노력은 남북한 공히 강화될 것이다.

다섯째, 사회 분야에서 남북한의 사회 변동은 일관된 방향성을 가질 것으로 예상된다. 북한의 경우 사회의 불안정성이 커지면서 불만이 높아질 것이고, 특히 국경지대로부터 평양 방향으로 통제력이 약화되는 상황을 맞게 될 것이다. 반면 한국의 경우에는 세대 간, 남녀 간, 진영 간 양극화가 심화될 것임을 예상할 수 있다. 다만 북한의 경우에는 불만을 잠재우기 위한 반동적 작용으로 급진적인 이념적 사회통제 조치가 취해질 가능성도 있다.

여섯째, 정보 분야에서 남북한은 상호 취약성을 그대로 가지고 있을 것으로 예상된다. 북한이 "국경독제체제"를 유지하면서 내외부 정보를 엄격히 통제하려는 노력은 시민의식의 태동, 정보통신기술의 발전 등으로 점차 무력화될 수 있다(김태현 2017b). 다만 일정 수준에서 권위주의 정권의 통제력이 유지된다면, 외부에서의 강제적인 정보 유입을 제외한다면 급격한 사회변동은 발생하지 않을 것이다. 반면 다원화된 한국 사회의 특성, 우주 및 사이버 등 정보수단의 확대 발전 등을 고려하면 정보전에 대한 한국의 취약성도 결코 작지 않다.

- 정치Ⓟ/Ⓓ: 북한의 정치사회 상황(체제 안정성, 내구력)은 약화될 것임
- 경제Ⓔ: 북한의 경제상황은 현 지표 수준을 유지하거나 악화될 것임
- 군사Ⓜ: 북한 군사력 추세의 유지
  - 국방비는 경제상황과 무관하게 GDP의 20%~30%를 사용할 것임
  - 재래식 무기체계는 일반적으로 현 수준을 유지할 것임
    (전력화 가능 수량만큼 도태, 추가배치한다고 해도 유의미한 증가는 없음)

위의 각 분야별로 변수들은 대체로 일관된 추세를 가지고 발전할 것이며, 따라서 특정사건으로 인한 변화보다는 일관된 추세의 '정도'에서 차이를 가져올 것이다. 위의 변수들을 종합하여 도출 가능한 몇 가지 시나리오를 구성해보면 아래와 같이 네 가지 정도로 대별할 수 있다. 다만 위에서 언급한 바와 같이 취약한 전략적 균형 상태는 특정 요소에 의해서 큰 변화를 가져오고, 이는 완전히 다른 시나리오를 구성하게 될 수도 있음을 인식해야 한다.

북한의 회색지대 위협

P-① 김정은 정권의 공고함 유지

D-② 북-중-러 연대 강화

D-③ 한-미-일 군사협력 심화

M-③ 우주 공간의 군사화, 무기화

E-① 대북 경제제재의 실효성 감소

E-② 북한 장기 경기침체로 인한 전쟁지속능력 약화

I-② 북한 정보에 대한 통제력 유지

지역분쟁에의 연루

D-① 중국의 성장세 둔화와 불안정 요소 증폭

D-③ 한-미-일 군사협력 심화

D-④ 지역 차원의 전쟁 발발

M-① 초음속 미사일, 무인공격기 등 공격무기의 혁신과 확산

M-④ 사이버 공간의 전장화

북한의 국지도발 또는 제한전 기획

D-② 북-중-러 연대 강화

D-③ 한-미-일 군사협력 심화

M-③ 우주 공간의 군사화, 무기화

M-④ 사이버 공간의 전장화

E-② 북한 장기 경기침체로 인한 전쟁지속능력 약화

S-② 북한 국경지역의 통제력 약화

핵무기를 포함하는 전면전

P-③ 한국 국내정치의 양극화로 정책 일관성 유지 곤란

D-② 북-중-러 연대 강화

D-③ 한-미-일 군사협력 심화

M-① 초음속 미사일, 무인공격기 등 공격무기의 혁신과 확산

S-① 북한 사회체제의 불안정성 심화

S-③ 한국 시민사회의 갈등 심화

III. 핵심 변수별 전망과 영향

위에서 본 바와 같이 한반도에서의 전쟁양상을 전망하는 데 있어서는 허용요인으로서의 국제질서의 변화와, 영향요인으로서의 PMESII 요소를 고려해야 한다. 그럼에도 북한의 도발양상을 구체적으로 정리하기 위해서는 정치외교적 차원의 변화보다는 군사적 수준의 변화에 주목하여야 한다. 전쟁양상을 결정하는 아래의 네 가지 요소는 한반도의 미래전에도 그대로 적용된다.

1. 전쟁 주체의 상호작용: 지역의 복합위협과 동시적 위협

허용요인과 영향요인을 통해 확인한 바와 같이 북한이 독단적으로 군사적 도발이나 전쟁을 기획할 가능성은 크지 않다. 그렇다고 해서 러시아나 중국과 같은 후견국의 지원이 없이는 결코 도발하지 않는다는 뜻은 아니다. 오히려 강대국 간의 전략경쟁이 첨예해지면 주변부에서부터 힘의 균형이 무너지게 되고, 북한은 이를 기회주의적으로 활용할 가능성이 크기 때문이다. 오랜 기간 동안 동아시아 지역에서는 불안한 균형이 이어지고 있었지만, 북핵, 타이완, 센카쿠 문제가 발화점으로 인식되어 왔다(손한별 2013). 타이완이나 센카쿠에서 위기가 고조되는 경우에는 북한이 이를 적극적으로 활용할 것이며, 미국을 중심으로 한 동아시아 네트워크는 이러한 동시적 위협에 대응할 수 있는 제도와 태세가 부족하다는 것을 고려해야 한다.

- 북-중-러의 결속과 전면전 기획
- 북한의 기회주의적 국지도발 및 제한전
- 오인과 오판에 의한 북한의 군사적 도발

2. 전략의 사회적 차원: 정치사회적 안정성과 당군관계

클라우제비츠가 강조한 바와 같이 전쟁은 국가, 국민, 군대의 3요소가 "경이로운 삼위일체"로 작동한다. 민주주의 국가에 비해서 권위주의 국가의 전쟁기획이 상대적으로 용이한 것으로 인식되지만, 북한의 전쟁기획은 "정치사회적 안정성과 당군관계"에 따라 결정될 것이다(권지민 2023; 김보미 2017; 김선호 2018 등). 결국 북한 사회가 태생적으로 가지고 있는 딜레마를 극복하지 못한다면 김정은이 독단적으로 전쟁을 시도할 수 없다는 점이다. 이론적으로 김정은이 북한의 국가적 자원과 사회적 지지를 통합할 수 있어야 하지만, 반대로 그와 같은 통합을 달성하기 위해서 전쟁을 기획할 수 있다는 "전환전쟁" 이론도 존재한다(정성철 2013). 어떤 경우이든 국내정치와 사회 전반의 통합성에 따라서 전쟁의 양상이 달라질 것임을 예상할 수 있다.

- 김정은 독재체제의 안정성
- 당군 권력관계에 따른 정치구조의 변화
- 북한 경제, 사회의 안정성과 주민의 지지/불만

3. 작전적 차원의 미래전 요소: 핵과 재래식 무기의 통합

냉전기간 동안 6·25전쟁으로부터의 재래식 전력을 보강하는 수준에서 군사력을 유지해왔던 북한이 냉전 직후부터 공개적으로 핵개발에 나섰다는 점에서, 북한은 향후 군사적 중점을 핵무기에 둘 수밖에 없다. 75년 전 재래식 군사력으로 한반도를 석권하려고 했던 전쟁기획이 유지되지 않을 것이라는 것을 의미한다. 대규모 재래식 군사력을 활용한 단기속결전쟁 계획을 공개하기도 했지만,[1] 이를 달성하기 위해서는 무엇보다 한미동맹에 대한 재래식 열세를 극복해야 한다는 점에서 핵무기의 역할은 더욱 커질 수밖에 없다. 문제는 핵무기와 재래식 무기를 어떻게 통합할 것인가를 면밀하게 분석해야 하는데, 다양한 사례와 변수를 종합적으로 분석할 것을 요구한다.

- "핵학습"에 의한 핵무기의 방어적 성격 강화
- "핵그림자" 위협하의 재래식 전면공격: 우크라이나 전쟁 사례
- 전술핵무기의 핵선제사용 및 재래식 전력의 보완적 활용

4. 정보화 달성 수준: C3의 기술적 통제

미래전을 일컫는 개념은 다양하지만 "정보화"가 핵심적인 위치

1 https://www.news1.kr/world/northeast-asia/1059993

를 차지한다는 데 있어서는 이견이 없다. 우크라이나 전쟁에서 드론, 우주자산의 군사적 활용이 크게 확대된 상황에서 미래전에서는 보다 다양한 무기체계가 기존의 무기체계와 통합될 것이다. 다양한 수단의 활용보다 중요한 것은 이들을 어떻게 통합할 것인가 하는 것이다. 미국의 경우에도 "모자이크전" 개념을 통해서 다양한 수단을 네트워크화하고 있으며, 한국 역시 다양한 플랫폼을 지휘통제하기 위한 인공지능 기반의 감시-결심-타격체계를 구축하기 위한 "국방혁신4.0"을 추진하고 있다. 북한이 다양한 핵·미사일을 전력화하고 있는 상황도 우려할 만하지만, 이들을 어떻게 기술적으로 통제할 것인가에 따라서 전쟁의 양상은 달라질 수 있다.

- 독단적 지휘통제에 따른 경직된 C3체계 유지
- 우주 및 사이버 중심의 확대된 재래식 네트워크
- 인공지능 중심의 비대칭적, 공세적 정보화체계 구축

IV. 선핵전략(先核戰略): Enabler로서의 핵무기의 우선성[2]

2022년 9월 8일, 북한 최고인민회의는 『핵무력정책에 대하여』(이하 "핵무력정책법")라는 명칭으로 새로운 핵무력법령을 채택하였다(황일도 2022). 『핵무력정책법』은 2013년에 채택된 『자위적 핵보

....

2 이 절은 박용한 박사의 자문(2024.9.25.)을 기초로 발전시킨 것이다.

유국 지위를 더욱 공고히 할데 대하여』(이하 "핵보유국지위법")를 대체하는데, 북한의 핵정책은 개발정책에서 운용정책으로 진화했고 관련 원칙도 더욱 구체화되었음을 알 수 있다.

『핵무력정책법』은 ① 핵무력의 사명, ② 핵무력의 구성, ③ 핵무력에 대한 지휘통제, ④ 핵무기 사용 결정의 집행, ⑤ 핵무기의 사용원칙, ⑥ 핵무기의 사용조건, ⑦ 핵무력의 경상적인 동원태세, ⑧ 핵무기의 안전한 유지관리 및 보호, ⑨ 핵무력의 질량적 강화와 갱신, ⑩ 전파방지 및 ⑪ 기타 등 총 11개항으로 구성되어 있다.

새로운 핵무력법령에 따라 북한은 핵능력을 우선적으로 구축하면서 이에 바탕한 전쟁전략을 추구할 것임을 예상할 수 있다. 북한은 대남 적대적 관계 전환 등 '강대강 대결 구도'를 공고화하면서 핵능력 증강에 매진하고 있고, 진영 간 대결 구도를 활용해 대북제재 무력화 및 체제 공고화 기도에 중점을 두고 있다. 북한은 '군사적 억지력'과 '정치적 협상력'을 동시에 창출하는 데 목적을 두고 핵무력을 증강하고 있고, 북한의 핵무력 건설과 운용의 방향성에 따라서 한반도의 미래전 양상이 결정될 것임을 알 수 있다.

1. 핵무력 건설의 방향

북한의 핵무기 보유 수량 및 운용능력 등은 미국을 비롯한 핵강대국에 비견하기 어려울 정도로 비대칭적인 열세에 있다. 하지만 북한의 핵무기가 양적으로 증가했고, 은밀한 운용을 통한 사용이 가능해졌기 때문에 1차 공격만으로 핵능력을 완전히 무력화시킬 수 있다는 전망은 성립하지 않는다. '불확실성의 확실성' 때문에, 북한은

단 하나의 핵무기만으로도 '실존적 억지' 달성을 기대할 수 있다.[3]

향후, 북한은 핵능력을 계속 고도화할 전망인데, 핵무력 보유와 지속에 상당한 제약과 비용이 있을지라도, 결정적 국면에 대비한 핵무기 보유는 북한의 생존에 필수 불가결한 요건으로 인식할 것이다. 2040년대 이후 북한은 '선제적' 및 '공세적' 핵 전략 구현에 필요한 최소 수준의 핵 능력을 보유한다고 전망할 수 있다. 핵능력 고도화의 몇 가지 특성과 이에 따른 방향성은 다음과 같이 정리할 수 있다.

첫째, 북한은 투발 수단 고도화를 다양한 수준에서 진행하고 있다. 열차 기반 단·중거리 미사일 탑재 운용 및 장거리 미사일 표적 대상의 사일로체계 운용 등이 그것이다. 2021년 9월 15일 북한은 열차에 탑재된 신형전술유도탄(KN-23)을 쏘는 '철도기동대'를 최초로 공개했다. 이는 구소련의 핵무기 ICBM 12발 탑재 열차 '몰로데츠'와 유사한 체계이다. 이를 통해서, 북한이 이동형 및 고정형 발사대를 동시에 운용하면서 전술적 운용능력을 강화한다는 것을 알 수 있다.

둘째, 2022년 10월 10일에 북한이 저수지 발사체계를 처음 공개함으로써 북한 특성에 부합하는 사일로(silo) 체계 구축 가능성을 나타낸 바 있다. 사일로는 생존성을 보장함으로써 TEL 운반체의 부족 현상을 해소하고 단·중거리 TEL 운용에 추가 자산 할당을 가능하게 만들어 북한의 공세적 작전 여건을 유리하게 조성하도록 할 수 있다. 한편, 향후 북한은 도심 및 산악 등의 북한 전역에 사일로 발사체계를 도입해서 운용할 전망인데, 핵탄두의 탑재 가능성이 매우

....

3 실존적 억지와 관련해서는, Rauchhaus(2009); 김태현(2016) 참고.

크다.

셋째, 정밀유도방식(GPS 방식 등)을 적용하여 기술적으로 북한 신형 발사체의 정확성을 강화하고 있다. 직접적인 핵 폭발효과뿐만 아니라 수반하는 EMP 공격 효과도 고려할 수 있다. 정밀성이 강화된 핵탄두는 한미 연합군이 우세를 갖고 있는 비행장, 항만, 지휘통제체계 등에 심대한 타격을 상당 기간 강요할 수 있다.

2. 핵무력 운용의 방향

북한은 지금까지 소위 '조건부 선제 불사용(No First Use)' 원칙을 유지하면서 사실상 선제사용의 가능성을 배제하지 않았다. 하지만 북한이 법제화한 핵사용 조건은 상당히 포괄적이어서 핵무기가 전시 및 국지도발 시(위기 시)뿐만 아니라 사실상 평시 등 모든 상황에서 사용될 수 있음을 의미한다. 북한이 적화통일, 현상변경 및 한반도 주도권 장악 등을 위해 핵을 적극적으로 활용하는 '공세적 핵전략'을 채택했다고 추정할 수 있는데, 여건에 따라 선제 핵사용으로 확전도 불사하는 전략을 염두에 두었다고 할 수 있다.

북한의 핵무력 운용의 방향을 몇 가지로 정리해보면 다음과 같다. 첫째, 북한은 재래식 무기에 의한 선제타격(First Strike) 행위가 이루어지더라도 핵으로 대응하겠다는 의지를 보이고 있다. 이는 한국형 3축 체계의 자위권적인 조치를 억지하고 북한의 선제사용에 정당성을 부여하는 시도라고 할 수 있다. 한·미 연합군과 대비하여 북한의 재래식 전력 열세를 만회하기 힘든 상황에서 북한이 언제든지 핵무기 사용 상황을 조성할 수도 있음을 가리킨다. 또한 미국의 핵사용 회피 상황에서 기습 침공 및 핵무기 선제 사용 등을 바탕으로 서북 5도와 같은 한국 영토를 제한 점령하려고 시도할 수 있다.

둘째, '한반도 공산화 통일' 목적의 침공 시에 북한군은 한반도 이외 지역에서 유입되는 미국 증원전력의 한반도 도달 이전에 한반도를 '조기 점령하려는 전략'을 추구할 것이다. 이를 위해 '속도전'을 통해 한미의 반격 기회를 빼앗고 외부 개입을 차단하면서 조기 종전을 유도할 것이다. 핵무기 사용 능력을 갖추고 기습전을 감행한 뒤에 협상을 통해 점령지역에 대한 통제권을 확보하려는 전략을 펼칠 수 있다. 단기간에 수도권을 장악한 뒤에 핵 위협을 수단으로 연합군의 수도권 재탈환이나 북한 지역 반격을 억지하려는 방책을 쓸 수 있는 것이다.[4]

셋째, 탄도미사일과 방사포의 혼합 'Salvo 공격' 시, 우리 군의 대응개념인 선제타격(Kill-Chain), 대화력전, 미사일 방어체계 취약성이 우려된다. 타격 원점과 관련이 있는 선제타격과 대화력전은 탄도미사일의 발사대의 위치를 발사 이전과 이후에 정확히 식별하는 것을 전제로 한다는 점에서 혼합 Salvo 공격은 북한에게 매우 효과적인 운용전술이다. 게다가 아측 방어자산의 동시교전 능력을 초과할 경우 유효 낙탄 효과는 증가하고, 북한이 요망하는 공격 효과는 증가하게 된다. 핵 피격 가능성이 현실화된다는 우려가 나오는 배경이다.

4 수도권 제한 점령에 관한 구체적인 내용은 박휘락(2016, 119)을 참조.

V. 한반도에서의 주요 분쟁 시나리오

북한은 핵무기 개발로 군사적 억지력과 정치적 협상력을 동시에 창출했다. 재래식 전력의 절대적 열세에도 불구하고 핵무기와 탄도 미사일 등의 개발을 통해 외부 위협에 대한 방어를 가능하게 한다는 사실을 대내에 보여줄 수 있었다. 국내 차원에서는 핵개발이 최고지도자에 대한 충성심을 쌓는 수단이 되었음을 의미한다. 한편 대외적으로도 북한이 군사 능력을 과시하고, 잠재적인 핵 협상에 영향력을 행사할 수 있는 능력을 갖도록 만들었다.

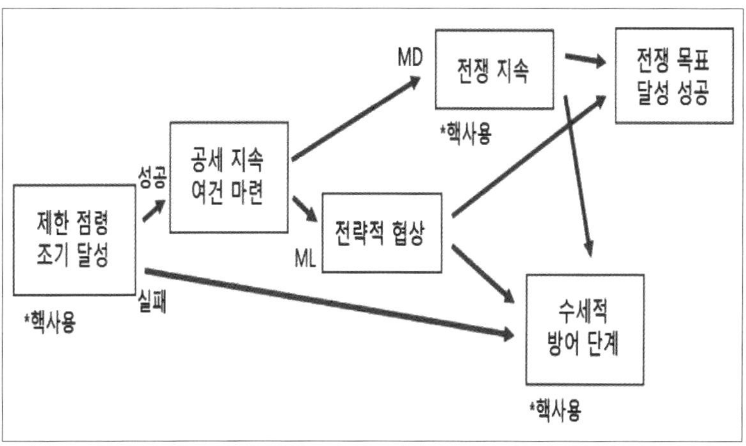

그림 5-1 북한의 도발 과정 및 핵사용 전망

출처: 박용한, 서면자문 자료 (2024.09.25.)

개략적인 시나리오를 먼저 살펴보자. 북한은 자신의 핵능력과 한·미 연합군의 대응 조건 등을 종합해서 핵사용 여부를 결심할 것이다. 핵(EMP)의 '선제 사용'으로 한·미 무력화를 시도할 수도 있다. 북한이 한국군의 군사시설을 핵무기로 공격하면, 해·공군 등이 밀집된 장소에서는 상당한 피해가 예상된다. 특히, 핵무기에 의한 직접 피해와 EMP 효과에 의한 피해 등이 섞인 광범위한 지휘통신 장애가 우려된다. 또한, 북한군 타격이 공군기지에 집중되면, 한·미 연합군은 개전 초기에 공중우세를 달성하지 못해서 북한군 침공을 효과적으로 막아내지 못할 우려도 있다. 한편, 지상 공격이 아닌 공중 폭발에 따른 EMP 효과도 치명적일 것임을 예상할 수 있다.

개전 초 핵(EMP) 공격을 동반한 기습 효과가 극대화되면, 북한은 사전에 정한 제한적 목표를 점령하고 본격적인 핵무기 사용을 협박하며 조기 종전을 유도할 수 있다. 북한은 전쟁 지속이 가능한 '가장 치명적 위협(MD)' 여건에서 미국의 '핵 보복 가능성'과 자신의 잠재적인 '핵사용 부담'을 우려해서 '가능성 큰 위협(ML)' 방책을 선택할 수 있다. 하지만 전황이 불리하면 북한은 핵무기의 '방어적 사용'으로 조기 종전을 유도할 가능성이 커진다. 전략적 협상 또는 제한 점령에 실패해서 전장의 북한 지역 이전 면에서 북한은 휴전선 부근에서의 핵무기 사용 또는 위협으로 한국의 공세 전환을 억지하려고 할 것이다.

전장 상황의 '절박성'이 핵사용 '신뢰도'(가능한 선택과 실현 가능성)를 높일 가능성이 큰데, '체제 생존을 위한 최후 수단'이라는 특성으로 인해서 핵무기의 '선제적 사용'보다는 '방어적 사용'이 예상된다.[5] 다만 방어 목적일지라도 그것이 선제 핵사용으로 유리한 고

....

5 한편, 대남침략에서 확보한 목표를 점령을 기정사실화하고, 한미연합군을 억지하려고 핵을 '우선적 보복' 및 '선택적 보복' 수단으로 사용할 가능성도 있다. 북한 핵사용 조건에 관한 구체적인 내용은 김태현(2016)을 참조.

지를 점하려는 전략의 일환이라면 북한 핵전략은 '최소 억지'를 넘어서는 '제한적 억지'의 기능을 수행할 수 있다. 미국의 압도적인 대응으로 핵무기 사용기회 상실이 우려된다면 북한은 오히려 조기 핵사용을 검토할 수 있다는 것이다. 개전 초에도 핵의 공세적 사용으로 전황을 유리하게 이끌려고 할 수 있다. 대만을 비롯한 동북아 지역 분쟁으로 미국이 한반도에 전력을 신속하게 전개하기 어려운 여건의 빈틈을 노려서 도발을 시도할 수도 있다.

위에서 설정한 바와 같이 각각의 시나리오는 서로 다른 상황에 의해 진행될 수 있으나, 정치, 외교, 경제, 사회적 요소에서 일부가 부각되거나 다른 요소와의 상호작용이 예상치 못한 방향으로 발전할 수 있다. 아래 그림은 위에서 언급한 시나리오가 시간과 상황에 따라서 어떻게 발전할 수 있을지를 개략적으로 제시한 것이다. 다만

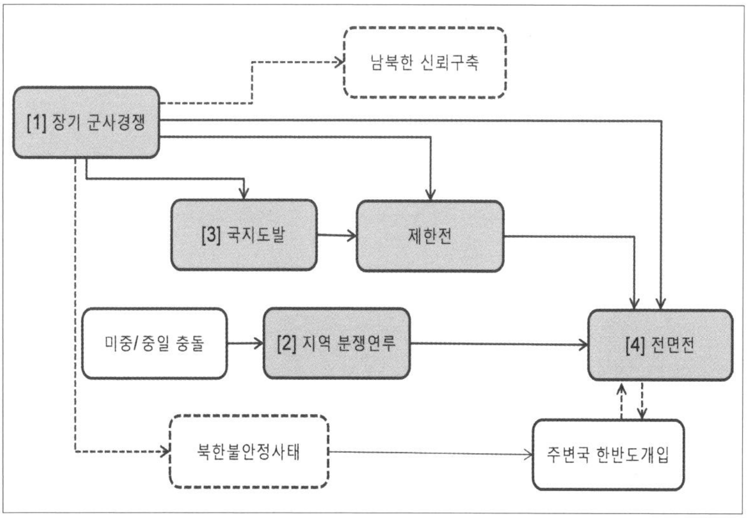

그림 5-2 북한의 미래전 시나리오

특정 시나리오가 다른 시나리오로 발전하는 과정은 자동적인 것이 아닌데, 최소한 우측에 위치한 상황은 보다 복잡하고 다양한 요인에 의해서 결정된다는 점에서 상대적인 가능성은 낮다고 볼 수 있다.

1. 북한의 회색지대 위협

1) 상황 배경 및 조건

P-① 김정은 정권의 공고함 유지

D-② 북-중-러 연대 강화

D-③ 한-미-일 군사협력 심화

M-③ 우주 공간의 군사화, 무기화

E-① 대북 경제제재의 실효성 감소

E-② 북한 장기 경기침체로 인한 전쟁지속능력 약화

I-② 북한 정보에 대한 통제력 유지

한국의 5년 단임정부는 정권에 따라 일관적이지 않은 대북정책을 취해 왔지만, 북한 김정은 정권 또는 백두혈통의 공고함은 유지되어 왔다. 북한 내외부의 정보에 대한 통제력 역시 유지할 것으로 보이는데, 권위주의 국가들의 안정성은 장기간 지속될 것이다. 미국과 중국 역시 구조적 충돌을 회피하는 가운데 강대국을 중심으로 한 신냉전의 블록화가 심화됨으로써 국제체제와 한반도의 경쟁체제가 공고화될 수밖에 없다.

충돌의 가능성만을 두고 볼 때, 남북한의 군비경쟁이 지속되는 가운데 우위를 차지하기 위한 양측의 노력은 지속되지만 불안한 전략적 안정은 지속될 수 있다. 특히 우주를 비롯한 새로운 공간의 군사화, 무기화, 북한의 핵무기 고도화에 대한 한국의 첨단 군사기술 확대 등으로 비대칭성에 대한 복잡한 셈법이 작용할 것이다.

이러한 북한 체제의 취약성에도 불구하고 전환전쟁(diversionary war)을 기획하기는 어려운데, 이는 대북제재의 실효성에 대한 부정적, 비관적 평가에도 불구하고 북한 경제의 취약성, 북한 사회의 취약성 등으로 인해 전쟁지속능력을 스스로 확신할 수 없기 때문이다.

2) 시나리오 개요

현재의 남북한 경쟁이 지속되는 상황으로, 정치외교적, 군사적 대립과 갈등이 지속되는 가운데 경쟁이 영속화되는 상황을 의미한다. 경쟁은 지속되지만 충돌은 없는 상태로, 안정된 상태라고는 할 수 없으나 상황에 따라 경제교류와 협력이 진행될 수 있다.

6·25전쟁 이후 지속되어 온 상황과 조건들이 추세를 따라 지속된다고 볼 때, 특별한 내외부의 사건이 없다면 현재의 상황이 이어질 수 있다. 이러한 관계는 다시 국력의 (비)대칭성, 협력의 범위와 수준, 통일정책 여부 등에 따라 유형화할 수 있다. 당사국 간 전쟁으로 인해 분리독립된 유사한 사례로만 좁혀보면, 중국-대만, 인도-파키스탄의 모델로 구분해볼 수 있다.

이 같은 장기 경쟁체제에서는 상호 간에 전쟁을 억제하면서, 경쟁적 우위를 달성하기 위한 목표를 가진다. 그러면서도 상대에 대한 영향력을 극대화하고 유리한 내외적 환경을 조성하기 위해 행동의 변화를 강압하려는 시도가 지속된다. 따라서 시간, 공간, 상황적 회색지대에서의 활동이 빈번해질 수밖에 없으며, 이러한 공간에서의 우위 달성이 최우선 목표가 될 것이다(김창곤 2020; 양욱 2020).

결국 필연적으로 발생하는 공간을 누가, 어떻게 선점하느냐가 핵심이 될 수밖에 없는데, 이러한 공간을 의도적으로 만들어내고 선점할 수 있는 힘과 주도권이 중요하다. 전반적으로 미국과 중국의 강대국 경쟁, 한국과 북한의 체제 경쟁이 지속된다고 볼 때, 장기경쟁 관계에서는 외부에서는 일본, 러시아, 인도, 호주 등의 행위자가, 내부에서는 경제 및 기술요인이 경쟁의 양상과 우위를 결정하는 핵심변수가 될 수 있다.

3) 세부 시나리오

6·25전쟁 이후 평화와 무력분쟁의 이분법적 구분의 전형이었던 한반도는 그동안 경쟁의 공간이 크지 않았다. 휴전선을 사이에 두고 어떠한 지리적 공간이 허용되지 않았고, 상호교류가 단절되었기 때문에 남북한이 장기적 경쟁을 하고 있었지만 경쟁의 공간은 작았다. 그러나 한반도의 전략환경은 남북한의 경쟁 영역이 확대되는 양상을 보이고 있다. 몇 가지 중요한 변화의 원인은 다음과 같이 정리할 수 있다.

첫째, 미·중의 강대국 경쟁과 그 영향에 있다. 한반도는 남북한 경쟁의 공간이었지만, 중국이 경제적, 군사적 부상하면서 영향력이 한반도를 포함하는 1도련선을 넘어 2도련선으로 확대되고 있다. 결국 한반도는 미국과 중국의 영향력이 중첩되는 지역에서 양국의 경쟁 공간 한복판에 위치하고 있다는 점에서 새로운 경쟁의 공간으로서 인식되고 있다.

둘째, 북핵의 고도화에 따른 핵그림자가 평시부터 전략적 강압의 효과를 가진다. 북한은 핵무력을 통해 한국에 대한 상대적 열세를 반전시켰다고 판단할 가능성이 크다. 특히 상당한 횟수의 핵·미사일 실험을 통해서 이 같은 군사적 우위 상황을 고착화시켰고, 이익균형의 변화를 이미 야기했다고 오판할 수 있다.

셋째, 경쟁 영역이 극적으로 확대되었다. 새로운 공간에 대한 접근 가능성은 지리적으로 경쟁의 공간이 허락되지 않았던 한반도 상황을 변화시켰다. 특히 사이버와 우주 공간은 과학기술의 획기적인 발전과 급속한 전파 속도로 인해 지리적인 제약을 완전히 극복하였고, 공간의 군사적 활용을 제한하는 국제레짐이 완성되기 이전에 수정주의 국가들의 공세성이 더욱 강화될 가능성이 매우 큰 상황이다.

넷째, 회색지대 전술의 확산과 적용에 있다. 회색지대 전술에 대한 명확한 정의는 없지만, 대응이 준비되지 않은 다양한 형태의 회색지대 전술이 세계적으로 전파되고 있으며, 상대적 약소국이 활용할 수 있는 중요한 전술로 자리잡았다. 공공과 민간영역을 교묘하게 파고들어 취약점을 공략한다는 점에서 자유시장 경제체제와 개방된 민주주의 국가인 한국이 더욱 취약할 수밖에 없다.

따라서 남북한 간의 경쟁은 단순히 분리된 상태에서 체제의 우월성을 과시하기 위한 장기적 경쟁에 머무르지 않는다. 경쟁적 우위를 창출하기 위해 보다 적극적으로 행동하는 "일상적 경쟁"의 단계로 발전하게 됨을 의미한다(손한별·전경주 2023). 우세 확보가 그 목적으로서 다양한 수단과 방법을 통해서 상대에게 비용을 부과하는 것이다. 군사력을 직접 사용하는 것은 아니지만 상대의 물리적 잠재력과 심리적 요소를 공격하여 점진적으로 상대의 의지를 약화시키고 피아 간의 강약점 격차를 확대할 것이다.

경쟁 공간에서의 다양한 위협은 중국, 러시아, 북한에 의해서 확인할 수 있다. 전통적 대응방법으로는 효과적으로 대응하지 못하고 내재된 취약성만 증폭시킬 수밖에 없는데, 북한뿐만 아니라 한국이 경쟁 공간에서 활용할 수 있는 행동에는 다음과 같은 것들이 있다.

먼저, 북한이 지금까지 추구해온 회색지대 위협은 다음과 같으며, 체제의 모순과 불확실성, 재래식 군사력의 상대적 취약성 등을 극복하기 위해서 더욱 적극적으로 이를 활용하려고 할 것이다.

표 5-1 북한의 회색지대 위협: 목표, 수단, 양상

목 표	수 단	양 상
• 정치적 양보 강요 • 내부 정치갈등 조장, 동맹 약화/와해 • 사회불안 조성 • 내부 정치적 기반 강화	• 정치적 강압 • 정보작전, 역정보 • 사이버, 전자기 • 대리 지원 • 국지도발	• 핵·WMD 활용한 강압, 동맹 내 갈등 조장 • 사회혼란 조성을 위한 역정보 전파, 정보작전 • 반정부 정치집단 지원 • 주체가 모호한 사이버, 전자기 공격, 테러지원

출처: 김창곤(2020, 115)

장기경쟁에서 북한이 취할 수 있는 수단과 방법은 몇 가지로 정리할 수 있다. 첫째, 자신의 핵능력을 기반으로 억제력을 강화할 것이나, 한미동맹에 비해 상대적 열세를 보완하기 위해 더욱 공세적인 핵태세를 추구할 것이다. 둘째, 다양한 무력시위와 과시를 통해 정치적, 전략적 차원의 메시징으로 목적을 달성하려고 할 것이다. 셋째, 강압을 통해 최소한 한반도 차원의 현상을 변경하려고 할 것인데, 전술핵무기 및 다양한 사거리의 미사일이 활용될 것이다. 넷째,

그러면서도 기술적 핵지휘통제체계를 구축하는 등의 상황관리를 통해 의도치 않은 확전을 차단하려고 할 것이다.

그러나 이 같은 위협은 북한이나 중국의 전유물이 아니며, 경쟁에서의 우위를 확보하기 위해 적극적으로 활용할 수 있어야 한다. 이미 중국과의 경쟁 체제에 돌입한 미국은 경쟁의 연속체(Competition Continuum)에서의 행동을 분석하고, 이를 국가이익 차원에서 활용할 수 있도록 대비하고 있다. 한국 역시 장기 경쟁에서 우위를 차지하기 위한 다양한 능력과 수단을 갖추게 될 것이다.

분절된 공간에서 우열을 가리는 정도라면 어려움이 없으나, 경쟁 공간에서 상호 간에 주도권을 확보하기 위한 실효적 개입과 행동이 필요하다는 점에서 이에 대한 국가 차원의 노력이 결집되어야 한다. 따라서 수직적, 수평적으로 확장된 경쟁 영역에서 사용되는 외교, 정보, 군사, 경제, 재정, 법률, 사회문화, 기술산업, 환경, 이념, 보건 등 제 국력수단을 활용해야 한다는 점에서 국가 차원의 접근이 요구된다고 할 수 있다.

우선적으로 한국군은 기술적 요소에서 비대칭적인 우세를 달성할 수 있을 것인데, 경쟁전략은 군사기술적 요인을 대전략의 차원으로 확장하는 특징이 있다. 사이버, 우주 영역에 대한 접근 자체가 고도의 첨단기술을 요구할 뿐 아니라, 군사기술적 요소는 적에 대한 비대칭 우위를 장악하고 경쟁적 우세를 확보할 수 있는 강력한 수단이기 때문이다. 이를 통해 북한에게 감당할 수 없는 경쟁적 열등감을 심어주고, 그것으로 감당할 수 없는 비용을 부과하게 될 것이다.

이렇게 장기경쟁 속에서 북한이 비정형의 회색지대 위협을 통해서 우위를 달성하고자 하는 노력은 한국의 경쟁전략 발전에 따라 무

표 5-2 경쟁 공간에서의 행동

수 준	행 동
공 세	• 직접적인 군사 또는 준군사 행동 • 일반적으로 책임귀속 • 영토 보전 또는 주권에 대한 중대한 위협 • 대응에 있어 즉시 '두 가지 대안 중 하나의 선택(binary)'을 강제 • 명백한 국제법 위반
온 건	• 비군사적 형태가 주를 이루는 직접 행동 • 일반적으로 책임귀속 • 목표는 주장과 강압을 확립하는 것 • 영토를 즉각적으로 위협하지 않음 • 행동의 합법적인 수준에 대한 논쟁 존재
지 속	• 경쟁 공간의 일부로서 광범위하고 낮은 수준의 일상적인 활동 • 국제법이나 규범을 명백히 위반하지 않음 • 개별적인 사건보다는 지속적인 양상 • 사실의 속성을 흐리게 하는 방식 수행

출처: Morris et al.(2019, 137)을 기초로 보완

력화될 것이다. 현재 국방 차원에서 추진하고 있는 "국방혁신4.0" 역시 이러한 경쟁전략의 일환이며, 이를 통해 한국은 남북한 경쟁에서의 우위를 달성하게 될 것이다. 몇 가지 특성을 살펴보자.

먼저, 정보융합능력을 통해 일관된 상황과 위협인식, 분산된 정보의 수집 및 융합, 공세적, 방어적 정보작전을 수행하며, 전략적 메시지를 개발 및 전달하게 될 것이다. 가장 두드러지는 공간은 사이버 공간인데, 데이터의 수집, 분석, 융합을 통제하기 위한 국가 차원의 노력이 이루어질 것이다.

다음으로는 전략적 융합능력이 구비될 것이다. 정치적 목표와 공약을 수행할 수 있는 신뢰성과 치명성을 갖춘 군사력을 통합하게

될 것이며, 이는 "전영역작전"을 통한 교차영역 시너지를 창출하여 전투력 운용 융통성과 생존성을 동시에 증진할 수 있다. 아울러 비군사요소인 유관기관 및 민간 분야의 자산, 동맹 및 다국적 전력을 효과적으로 융합하게 될 것이다.

마지막은 복원력으로, 경쟁 공간에서의 주도권을 빼앗기거나 열세는 군사분쟁으로 이어질 가능성이 크다. 전투력의 방호, 보전 및 지속지원을 위한 능력도 보강될 것이나, 민관군경 통합의 피해통제 및 복구체계는 거부적 억제의 핵심요소로서 억제뿐만 아니라 경쟁에서의 우위달성과 직결된다.

4) 발생 가능성 및 파급효과

남북한 장기경쟁 시나리오는 6·25전쟁 이후 대규모의 군사충돌 없이 지속되어 온 시나리오의 연장으로서, 사변적 사건이 발생하지 않는 이상 가장 발생 가능성이 높다. 오히려 우리 군이 대비해온 제2의 6·25전쟁보다는 경쟁의 영역이 더욱 확대될 가능성이 높은 것이다. 또한 북한의 핵고도화는 장기적으로 "핵학습(Nuclear Learning)"을 통해 안정성을 가져올 가능성도 높다.[6] 전략전술적으로 핵무기의 보유가 현상변경보다는 현상유지에 적합하다는 것을 북한 스스로 인식하게 됨을 의미한다.

미중 간의 경쟁이 심화되는 가운데 한반도의 위기가 무력충돌로 비화되는 경우 양측에 심각한 피해를 가져올 수 있다. 미중 양국을 비롯한 국제사회의 개입 등으로 무력충돌의 가능성은 크지 않다

6 핵학습에 대해서는, Nye(1987); Knopf(2012); Horowitz(2009) 등.

는 점에서 향후 장기경쟁 시나리오의 가능성이 더욱 높아질 수 있다. 이는 이후에 언급될 군사충돌에 대비함과 동시에 경쟁에서의 주도권과 우위 확보를 위한 노력을 병행해야 함을 의미한다. 그럼에도 불구하고 장기경쟁이 평화체제로의 전환을 의미하는 것은 아니므로 안보딜레마의 심화와 선제공격의 가능성, 상대에 대한 레드라인 전달 실패, 국내정치의 반대와 국론분열, 한미동맹의 이견 등으로 발전할 위험가능성도 판단해야 한다.

2. 지역분쟁에의 연루

1) 상황 배경 및 조건

D-① 중국의 성장세 둔화와 불안정 요소 증폭

D-③ 한-미-일 군사협력 심화

D-④ 지역 차원의 전쟁 발발

M-① 초음속 미사일, 무인공격기 등 공격무기의 혁신과 확산

M-④ 사이버 공간의 전장화

장기 경쟁과 유사한 상황에서, 외부로부터의 분쟁이 한반도에 영향을 주는 상황이다. 이는 미중 경쟁이 더욱 첨예해지고, 국가이익과 영향력 경쟁이 지구적으로 진행되는 가운데 위기가 분쟁으로 비화되는 상황을 의미하는데, 이미 북-중-러의 결속이 강화되고, 한-미-일의 군사협력이 심화되는 추세 속에서 분쟁의 촉발요인이 내재되어 있다. 북한은 중국, 러시아로부터의 거리를 유지하여 자주노선을 추구해왔으나, 현재의 불만족스러운 상황을 타파하기 위해

서는 강력한 후원국을 필요로 하는데, 이러한 추세가 지속된다면 냉전기의 블록화가 명약관화하다.

분쟁은 방어우세의 상황보다는 공격우세의 상황에서 쉽게 발생할 수 있다. 특히 초음속 미사일, 무인공격기 등의 기술이 확산되면 공격우위의 상황이 조성되며, 기습을 통한 주도권의 확보가 중요해질 것이다. 뿐만 아니라 사이버 공간이 전장화되는 경우 분쟁의 시점이 시기적으로 빨라지며, 어떠한 수준이든 기습의 중요성은 더욱 커질 수밖에 없다. 북한의 경우 핵 자신감으로 인해 오판할 가능성은 매우 높다.

2) 시나리오 개요

전반적인 상황조건은 장기 경쟁과 유사할 수 있으나, 남북한의 전략적 균형이 유지되는 가운데 외부로부터의 분쟁이 한반도에 영향을 주는 상황을 의미한다. 미중 경쟁이 지구적으로, 전 영역에서 진행되고 있다는 점에서 언제, 어디서 촉발되더라도 이상하지 않으며, 대표적인 발화지점으로는 센카쿠 영유권 분쟁과 대만 위기를 들 수 있다.

한국은 미국과, 북한은 중국과 공식적인 동맹관계를 맺고 있으며, 이 같은 비대칭 동맹관계에서 연루와 방기의 딜레마는 일반적이다. 제도와 체계, 평판, 이념적 동질성 등에 의해 동맹의 분쟁에 연루될 수 있다. 그러나 북한의 경우 중국과의 동맹관계뿐만 아니라, 역내 분쟁이 발생한다면 이를 적극적으로 활용하여 남북한의 균형을 변경하려고 할 수 있다.

대만이나 센카쿠의 경우는 지정학적으로 한국과 근접해 있고,

한국의 해상교통로의 대부분이 지나며, 현대 무기체계의 특성상 그 피해가 직접 한반도에 영향을 줄 수 있다. 위기 발생과 그 대응에 대한 다양한 시나리오를 발전시킬 수 있을 것이며, 이에 대한 한미동맹 간, 한미일 삼국, 국내정치적 숙의가 필요한 상황이다.

특히 북한이 핵능력에 대한 과도한 자신감을 가지고 오판할 가능성, 중국이나 러시아와 함께 의도적으로 위기를 고조시킬 가능성, 대만이나 일본에 의한 과잉대응의 가능성 때문에 역내 문제는 단지 비대칭 동맹에 의한 연루 가능성만으로 판단할 수는 없다.

3) 세부 시나리오: 중국의 대만 침공에 따른 연루

중국의 대만 침공의 가능성에 대해서는 다양한 연구와 시나리오가 있지만, 군사력의 격차나 중국 국내사정을 고려할 때 언제 공격하더라도 이상하지 않다. 중국이 지속적으로 군사력을 강화해왔다는 점에서, 중국의 국력 및 군사력의 성장이 정점에 이를 것으로 보이는 미래에는 그 가능성이 더욱 커질 수 있다.

중국은 이미 2005년 "반국가분열법"에서 "① 대만을 중국에서 분리시키려 하거나, 또는 ② 대만을 중국에서 분리시키려는 '중대한 사건'이 발생하거나, 또는 ③ 평화통일의 가능성이 완전히 사라질 경우, 정부는 '비평화적인 조치'와 기타 필요한 조치를 동원하여 국가 주권과 영토 보전을 수호할 것"이라고 규정한 바 있다.

2025년 현재, 시진핑의 4번째 집권을 이어갈 2027년에 침공할 것이라는 예상들이 난무하고 있다. 하지만 중국 스스로가 2049년까지 "부강한 사회주의 현대화 국가", "초강대국"이 되겠다고 공언했다는 점에서 당장의 가능성을 낮게 평가하는 연구들도 있다.

이는 전반적으로 중국의 군사력이 크게 증강된 사실에 기반한다. GDP의 1.3%에 해당하는 2,090억 달러를 국방예산으로 쓰고 있는데, 이는 대만 국방비의 13.6배이고, 한국의 4.4배이다. 무엇보다 눈에 띄는 것은 핵무기와 미사일이다. 미국은 중국이 현재 400개 이상의 핵탄두를 보유하고 있으며 2035년에는 1,500개까지 확대될 것이라고 보았다. 과거에 핵무기를 "종이호랑이"라고 부르거나 최소 억제 수준에 머물렀던 것에서 한참이나 벗어난 것임을 알 수 있다.

중국이 대만을 침공하게 되면 1950년대 2차례, 1990년대 한 차례의 위기와는 다를 것이다. 질량적으로 세계 최강대국 수준에 이른 중국의 핵무기, 첨단 재래식 전력이 투입된다면 단지 대만에 머무르는 것이 아니라 지역 분쟁으로 비화될 가능성이 크다.

이미 많은 연구들이 시나리오를 구체적으로 내놓은 바 있다. 미 국방부는 봉쇄, 제한전, 미사일공격, 침공 등의 네 가지 옵션을 제시했고, 대만 국방부도 스스로 3단계의 시나리오를 공개한 적 있다. 훈련을 가장한 접근과 봉쇄, 항공 및 미사일 공격, 상륙 및 공정작전에 의한 침투가 그것이다. 그리고 중국이 핵무기를 사용할 가능성을 포함한 시나리오도 충분한 가능성이 있다.

중국은 대대적인 폭격을 통해 대만의 해군력과 공군력을 무력화시키면서 전쟁을 시작하고, 강력한 로켓군의 지원과 함께 대만을 봉쇄하고 선박과 항공기의 대만 접근을 차단한다. 이어서 수만 명의 중국인민해방군이 수륙양용 전차와 민간 로로선(Roll-on & Roll-off)을 이용해 대만 상륙을 시도하는 동안, 중국의 폭격이 이어지고 중국인민해방군 공정부대는 대만의 해안 교두보에 낙하할 것이다.

그러나 일본 자위대의 지원을 받는 미국 잠수함, 폭격기, 전투기가 중국의 수륙양용 부대를 궤멸시키면서 중국의 침공을 실패할 것이라고 평가한다. 중국 인민해방군 37개 대대 병력이 대만에 상륙하지만, 대만 지상군의 저항과 미국 공군의 공습으로 빠르게 패퇴하였고 양측의 막대한 피해를 입히고 14일 만에 종료될 것으로 본다(Kim and Cho 2022; Saunders 2023).

한국의 입장에서 중요한 것은 이러한 위기가 한반도의 안보에 미치는 영향이다. 중국은 한반도 상황을 고려하지 않고 대만을 침공하는 일은 없을 것이다. 그런 의미에서 북한과 모종의 협의를 하거나, 상황의 종결조건을 고려하여 대만과 북한을 교환하는 거래를 할 가능성에 대한 논의도 있다.

먼저 한국은 대만 위기에 대해 즉각적인 대응을 하게 될 것이다. 당시 상황에 따라서 전략적으로 판단해서 대응방향과 수준을 결정할 것이나 우선적으로 6,000여 명 수준의 교민보호, 6개의 핵심교통로의 보호와 악영향 최소화, 무력에 의한 침공에 대한 국제연합 규탄, 불필요한 확전을 막기 위한 외교적 노력 등이 그것이다.

그러나 한국이 직접적인 전투병력을 파병하지만 않으면 한반도로의 확전은 일어나지 않을 것이라고 기대하기는 어렵다. 주한미군의 전략적 유연성을 거론하지 않더라도 한미동맹의 결속력, 강력한 한국의 군사력, 한국과 일본에 대한 경고 성격의 공격은 불가피하다. 결국 대만 위기는 한반도로의 확전을 막기 어렵다.

가장 위험한 시나리오 중의 하나는 중국이 북한과 함께 미국의 군사적 개입을 억제하고, 그 능력을 상쇄하려는 목적으로 한반도로 의도적으로 확전하는 경우이다. 중국이 직접 한국에 핵 및 재래식 공격을 할 수도 있지만, 북한을 지원하여 핵을 사용하게 하는 것이

더 가능성이 높다는 견해가 존재한다(Lisowski 2022, 95-96).

북한이 한반도의 상황을 주도하기 위해 기회주의적으로 군사행동을 감행한다는 것으로, 북한이 스스로 군사충돌을 기획하는 것보다 중국과의 협력에 기댄다는 점에서 더욱 위험할 수 있다. 어떠한 시나리오든 북한은 주한미군의 일부에 공백이 발생한 상황을 적극적으로 활용하려고 할 것이기 때문에 한국은 경험해보지 않은 위험한 상황을 맞이할 수 있다.

북한은 우선 주한미군 일부의 공백을 활용하여 취약점을 공략할 것인데, 전략정보 및 감시정찰, 미사일방어, 사이버 기반시설 등에 대한 태세를 확인할 수 있다. 지상보다는 서해상에서의 해상도발, 잠수함 기동 및 SLBM 시험발사로부터 시작될 가능성이 큰데, 연평도 등에 대한 과감한 상륙작전도 예상 가능하다.

한국은 기동화된 즉응전력 및 첨단 재래식 플랫폼으로 방어에 나설 것이나 연합방위태세의 일부 공백이나 취약성은 불가피하다. 북한이 이를 빠르게 식별한다면 추가적인 도발을 통해 위기를 급격히 고조시킬 가능성이 있다.

4) 발생 가능성 및 파급효과

발생 가능성 측면에서 1) 중국이 대만을 침공할 가능성, 2) 북한이 이를 활용할 가능성이 모두 평가되어야 하겠지만, 여기서는 한반도에 미치는 영향을 고려하여 후자만을 다룬다. 불안한 장기경쟁에서 승리할 것을 기대하기 힘든 북한의 입장에서는 대만 위기를 비롯한 국제분쟁을 더욱 적극적으로 활용할 것이라는 점이다.

북한은 주한미군의 일부가 이동하는 경우 이를 오판할 가능성이 크고, 한미 연합방위태세의 취약점을 공략할 가능성이 가장 크다(Garlauskas 2023). 다만 중국과 사전 협의 없이는 아무리 낮은 단계의 분쟁이라고 해도 실행에 옮기기 쉽지 않을 것이다. 따라서 북한이 중국과 사전 협의하에 위기를 촉발하고, 이를 한반도 지역으로 확전시킬 가능성은 위험하고도 현실적이다. 핵무기를 보유하고 있는 두 국가가 미국의 역내 투사를 억제하기 위해 협력할 가능성이 있다.

외부의 군사충돌이 한반도로 확대된다면 이는 3차 세계대전에 다름 아니다. 따라서 미국과 중국은 확전을 차단하려고 노력할 것이며, 한국의 즉응태세와 현장종결된 상황이 향후 남북한 경쟁체제의 주도권 타툼을 결정하게 될 것으로 예상된다.

3. 국지도발 또는 제한전

1) 상황 배경 및 조건

D-② 북-중-러 연대 강화

D-③ 한-미-일 군사협력 심화

M-③ 우주 공간의 군사화, 무기화

M-④ 사이버 공간의 전장화

E-② 북한 장기 경기침체로 인한 전쟁지속능력 약화

S-② 북한 국경지역의 통제력 약화

전반적인 상황조건은 장기경쟁 또는 역내 분쟁에 대한 연루 상황에서 시작된다. 신냉전이 심화되는 가운데 구조적 차원에서는 미국과 중국, 한반도 차원에서는 한국과 북한이 첨예한 경쟁관계를 지속하게 되는 것이다. 따라서 북-중-러, 한-미-일의 삼각협력이 강화되는 상황을 의미한다.

국지도발 및 제한전 시나리오는 북한 정권에 의한 국면전환용 군사행동을 상정한다. 특히 우주 및 사이버 등 확장된 영역의 회색지대를 활용할 수 있고, 핵무기를 통해 기존 군사력 균형에 변화가 발생(또는 그렇게 인식)하는 경우 더욱 적극적으로 상황을 활용할 것이다.

여기에는 북한 스스로 고도화된 핵능력에 대한 자신감이 바탕이 된다. 다만 북한 스스로 전면전을 감당할 수 있는 경제력, 사회통제력, 회복력 등을 갖추지 못한 경우이며, 따라서 제한된 목표와 방법, 수단에 국한된다는 것으로 매우 다양한 형태와 수단을 활용한 국지도발과 제한전 상황을 전망할 수 있다.

2) 시나리오 개요

북한은 유리한 시점과 공간을 선택하여 정치군사적으로 유리한 상황에서 상황을 종결하는 것을 목표로 군사행동을 감행할 것이다. 한국에 대한 기선제압, 주도권 확보, 정치경제적 이익 확보 등을 목적으로 국지도발을 일으킬 수 있다.

제한된 전쟁지속능력을 고려할 때, 한미동맹이 신속하게 대응하여 북한지역으로 확전되는 상황을 차단하기 위해 기습의 효과를 달성하려고 할 것이다. 또한 위기의 고조와 완화를 관리하고, 유리한 여건을 조성한 상태에서 정치적 협상을 통해 상황을 마무리하는 출구전략도 사전에 마련할 것이다. 북한은 지금까지 다양한 방법과 수단으로 도발을 자행해왔으며, 사이버, 우주, 인지 영역에서의 새로운 방법과 수단이 새롭게 활용될 것이다.

3) 세부 시나리오

국지도발과 제한전 상황은 북한이 현 상황을 타개하고 유리한 위치를 점하기 위해서 시작될 것이다. 일상적 경쟁이나 지역 분쟁 연루와 같은 상황이 발전한다는 것인데, 북한은 확대된 전략공간을 활용할 수 있을 것이나 물리적 방식의 성공을 추구하는 기존의 목표를 유지할 것으로 예상된다.

북한이 제한된 목표를 가지고 도발을 감행하더라도, 핵그림자를 이용하여 대규모 타격자산과 기동 자산을 동원하게 될 것이다(김재엽 2014). 이는 한미동맹이 재래식 우세를 활용하여 신속하고 강력하게 대응할 것임을 예상하고 있기 때문인데, 핵그림자는 한미동맹의 정치적 및 군사적 노력의 통합을 방해하는 요인이다. 따라서 핵그림자 아래에서 적극적으로 핵무기를 운용하려고 할 것이다.

대표적인 국지도발의 유형은 한국의 서북도서 강점, 수도권 북부에 대한 화력공격이 있다(장용 2023; 류인석 2021 등). 군사적 승리를 통한 기정사실화는 한국에 정치적, 군사적으로 타격을 주고, 미국이 전격적으로 개입할 수 있는 시간적 여지를 차단할 수 있다는 점에서 여전히 가능성이 높은 도발유형 중의 하나이다.

이러한 공격은 한국 민간인의 피해를 초래할 수 있으나, 제한된 지역에 대한 제한된 공격으로 짧은 시간 내에 고강도 도발을 통해 상황을 조기에 종료할 수 있다고 판단할 수 있다. 오히려 북한은 강력한 공격을 통해 한국 국민의 국론분열과 전쟁의지 약화를 야기할 수 있다고 오판할 가능성이 크다.

북한은 국지도발 또는 제한전을 기획하면서 한국의 총력전을 촉발하지 않는 수준에서 상황을 종료하려고 할 것이다. 이를 위해서는 분명한 전략적 성공을 과시할 만한 목표가 설정되는 동시에, 제한된 수단과 방법을 통해 그것이 제한된 목표를 가지고 있음을 보여주어야 한다.

- 정보심리전, 법리전, 여론전 등 비군사적 수단에 의한 인지전 수행
- 중국, 러시아와의 연합작전을 통한 한, 미, 일 인프라 파괴 및 무력화
- 사이버/전자전 능력을 활용하여 군사자산 무력화 및 경제적 이익 편취
- 무인기를 활용한 테러, 은밀공격
- 특수전 및 기습상륙전 전력에 의한 서북도서 강점
- 핵그림자하에서의 수도권에 대한 화력공격

북한은 고도화된 전술핵무기 능력과 의지를 과시함으로써 핵그림자를 확연히 드리운 후에 국지도발에 나설 것이다. 독단형 핵지휘통제를 위한 기술적 장치까지 확보하는 경우 한미동맹에 대한 실질적인 억제력을 갖추게 되는 것이며, 과시를 통해서 한국 국민의 전쟁수행의지를 약화시킨 상태에서 개시할 수 있다. 이를 위해 도발 전 또는 중간에도 미사일 위협을 강화할 수 있다.

군사도발의 유형을 조금 더 구체화하면, ▲한국 영토 일부 점령(서북도서지역, 수도권 북부), ▲대도시와 군사기지에 대한 화력공격, ▲한국군 부대의 고립 등이 있을 수 있다. 전면전으로의 확전 가능성이 크지만, 강력한 화력의 지원하에 수도권 북부 지역에 대한 기

동전력의 투입 시나리오도 배제할 수 없다.

신속하고 대담한 도발을 감행하더라도 핵전쟁 또는 전면전의 문턱을 넘어서지 않도록 주의할 것인데, 최초부터 전면전을 기획하지 않았다면 정권의 생존을 직접적으로 위협하게 될 수준으로 비화되지 않도록 상황을 관리하기 위해 세밀한 작전수행을 추구할 것이다.

이러한 도발은 정보전, 정치심리전, 사이버/전자전 등의 다양한 영역에서 동시다발적으로 진행함으로써 한국의 혼란을 야기하려고 할 것이다. 또한 제한된 수준을 넘지 않으면서도 신속하고 과감한 제한전을 추구하여 한미동맹이 본격적으로 대응하기 이전에 상황을 종료하고 군사적 성과를 기정사실화할 것이다.

한국은 이러한 북한의 도발양상에 대한 대응방안을 마련하고 있으며, 한국군의 강력한 방위능력은 북한으로 하여금 낮은 수준의 도발조차 감행할 수 없도록 하게 될 것이다. 국지도발에 대비하여 한국군은 "국지우세"와 "현장종결"이 가능하도록 요구능력을 구체화하고 있으며, 비교적 단기간에 구비될 것으로 예상된다.

우선 한국군은 전략거점을 사전에 선점 및 방위할 수 있을 것으로 기대된다. 서부도서 지역에 지상기반 원거리 지대함 및 지대공 미사일 배치, 한국형 항모전단 및 공격 핵잠수함, 수중탐지 체계, 한미의 첨단 전투기 등으로 단시간 내에 국지우세를 달성할 것이다. 공격을 받더라도 네트워크의 복원, 기동화된 다층통합방공 체계, 레이저 무기 등 고출력 에너지 기술을 적용한 장거리 대공 및 미사일 방어 능력을 통해 현상을 복구하게 될 것이다.

또한 육·해·공군의 기반전력은 현장에서의 상황종결 및 군사적 승리를 달성할 수 있다. 항모 등 대형함정 공격 가능한 원거리 지대함 탄도 및 크루즈 미사일, 스텔스 소형함정의 스워밍(swarming) 작전, 해군력 사용 거부를 위한 공격핵잠수함 전력, 무인잠수정 등 수중 로보틱스 및 자율무기 체계, 인공지능화된 장거리 스텔스 드론 등이 활용될 것이다.

4) 발생 가능성 및 파급효과

북한의 전반적인 전쟁수행능력과 전쟁지속능력이 약화되고 있으며, 정권 생존을 걸고 전면전을 감행할 가능성은 낮다는 점에서 제한전쟁을 기획할 가능성이 높다. 특히 핵무기 보유를 빌미로 한국의 전쟁수행의지를 약화시키고 승리의 가능성을 오판할 가능성이 크다. 군사적 능력의 한계 외에도 전면전을 수행하기 위한 국제적 정당성을 얻기 힘들고 유리한 여건을 조성하기도 어렵다. 정권의 생존을 최우선시하는 북한 체제의 특성, 체제경쟁력 약화 등을 우려할 것이므로 제한전쟁을 위한 전략적 접근에 중점을 둘 것이다.

다만 실질적인 영토의 점령은 원상회복을 위한 한미동맹의 대규모 군사작전을 야기할 수 있으므로 기동/상륙전력에 의한 점령보다는 미사일 및 방사포를 활용한 화력타격을 통해 전략적 마비를 추구할 것이다. 여기에 특수전 전력을 병행하여 심리적 마비를 강요할 수도 있다.

전면전보다 제한전의 가능성이 높은 것은 사실이지만 북한이 이를 통해서 얻을 수 있는 이익은 크지 않으며, 북한의 핵능력은 한미동맹의 선제적이고 적극적인 대응을 촉발한다는 점에서 유리하지도 않다. 따라서 북한이 상황을 오판하거나 중국과의 모종의 거래가 성립되지 않는다면 제한전은 오히려 한국이 유리한 상황에서 종료

될 가능성이 크다.

4. 핵무기를 포함하는 전면전

1) 상황 배경 및 조건

P-③ 한국 국내정치의 양극화로 정책 일관성 유지 곤란

D-② 북-중-러 연대 강화

D-③ 한-미-일 군사협력 심화

M-① 초음속 미사일, 무인공격기 등 공격무기의 혁신과 확산

S-① 북한 사회체제의 불안정성 심화

S-③ 한국 시민사회의 갈등 심화

한반도에서 다시 한 번 전면전이 일어난다면 위에서 언급한 것에 국한되지 않을 것이다. 북한의 정치, 외교, 군사, 사회, 경제 등 전 분야의 동인들이 복합적으로 작용해야만 북한 정권의 전면전 기획을 촉발할 수 있다. 외부적으로는 중국과 러시아의 지원 또는 묵인이 선결되어야 하고, 국제정세 차원에서도 한반도 외부로부터의 개입을 최소화하기 위해 중국, 러시아와 협조되어야 한다. 한미일의 군사협력이 강화되는 것은 전면전 개시의 명분으로 활용할 수 있고, 한미동맹의 강력한 연합방위체제는 그동안 북한이 강조해온 "압살책동"으로서 빌미를 제공할 수 있기 때문이다.

휴전선을 사이에 두고 남북한의 군사력이 고도로 집중되어 있는 한반도의 상황을 고려할 때, 최초부터 전면전을 의도하여 기획할 가능성도 있지만, 낮은 단계의 위기가 언제든지 전면전으로 확전될 가

능성도 있다. 특히 핵무기 보유를 통한 자만심도 있지만, 초음속미사일, 무인공격기와 같이 공격무기의 혁신과 확산으로 공격우세의 상황으로 판단하는 경우 전면전을 시도하는 것이 현상을 변경할 수 있는 가장 담대한 방법이 될 것이다.

중요한 것은 북한 내부의 정치, 사회, 경제 체제가 불안정하여 전쟁이 아니고서는 내부적인 모순을 극복할 수 없는 상황이 이어질 때, 최고지도자가 전면전을 불사하는 결심을 하게 될 것이라는 것이다. 김정은 정권이 계속 이어진다면 독재자로서의 성과를 과시하려는 목적에서도 "조국해방전쟁"을 기도할 가능성이 충분하다.

2) 시나리오 개요

북한과의 전면전은 단순히 한국 정부를 압박하여 유리한 정치적 협상을 이끌어내는 데 그칠 수 없는데, 핵무기 보유로 인해 억제, 기습, 정밀타격 등의 중요성이 더욱 커졌기 때문이다. 북한은 무력으로 한반도를 통일하는 "조국해방전쟁", 최소한 한국군의 전략적 중심에 대한 치명적인 공격을 통해 군사적 성공을 입증하려고 할 것이다(김정기 2024; 이강경 2024).

북한 언론, 탈북자, 정보공개 등을 통해 공개된 북한의 전면전 계획이 있으며, 최근의 변화된 상황을 고려하면 다음과 같은 특징을 가진다. ▲핵무기 사용 기정사실화, ▲한반도 남부지역에서 종결, ▲신속기동을 통한 전략적 마비, ▲핵/재래식 화력에 의한 중심타격 등을 들 수 있다.

물론 한미동맹은 보다 빠른 시기에 북한의 기동부대를 저지할 수 있을 것이며, 강력한 화력공격을 통해 평양을 비롯한 북한의 전략 중심을 타격하여 마비할 수 있을 것이다. 특히 우주, 사이버 영역에서의 주도권 확보, 신속한 공중 및 해양우세 달성을 통해서 전선을 MDL 이북지역으로 이전하게 될 것으로 전망할 수 있다.

3) 세부 시나리오

북한은 지속적으로 한반도 전역을 석권할 전면전 계획을 언론을 통해 공개 및 과시해왔으며, 핵무기와 재래식 무기를 배합하여 "속전속결의 단기전"으로 전쟁을 치르려는 의지를 분명히 표시해왔다. 김정은은 2013년 "우리식 전면전"(3월 8일), "3일 단기속결전"(3월 22일)을 잇따라 발표하였고, 2023년 8월 31일에는 "전군지휘훈련"을 진행하면서 남한 점령을 목표로 하는 핵전면전쟁 계획을 공개한 바 있다.[7]

김정은의 전쟁계획은 기존의 소련군 전술에서 탈피하여 개전 3-5일 이내에 한반도의 완전한 장악을 목표로 하며, 서해 기습상륙, 중부권 문산과 광덕산 루트로 수도권을 3각 공격하며, 한국의 전략 중심인 서울을 고립시켜 전쟁의지를 조기에 말살하려고 한다. 이 계획은 2013년 2월 12일, 제3차 핵실험을 감행한 직후에 공개되었다는 점에서 새로운 전면전은 핵자만심의 발로일 뿐 아니라, 핵과 재래식의 배합전이 될 것임을 분명히 한 것이다.

북한은 전통적으로 배합전을 추구해왔는데, 현재에 이르러 핵배합전을 수행하기 위한 더욱 다양한 비대칭 무기와 장비를 구비하고 있다(김태현 2017a; 박용환 2012). 북한은 전술 및 전략핵무기, 미사

....

7 https://www.spnews.co.kr/news/articleView.html?idxno=69950

일, 포병, 특수전 전력, 사이버/전자전, 전방집단군 등의 전략자산을 갖추고 있으며, 이를 활용하여 ▲회색지대와 정규전의 배합, ▲정치전과 군사전의 배합, ▲핵과 재래식 전력의 배합, ▲전쟁과 협상의 배합을 통해 전략목표를 달성하려 할 것이다.

개전 이전에도 정치외교적 여건을 조성하고, 사이버/전자전과 우주전을 통해 한국군의 지휘통제체계를 마비시키며, 전쟁 초기부터 강력한 화력공격을 통해 기동여건을 조성하려고 할 것인데, 특히 한국군의 전략시설에 대한 전술핵 공격을 통해 전략적 마비, 미군 증원저지 등을 추구할 것이다.

특히 핵과 재래식 탄두를 "섞어쏘기"하면서 한미동맹의 미사일 방어를 투과하여 전략적 중심을 타격하려 할 것인데, 생존성과 기동성을 보유한 TEL 탑재 단거리 탄도탄과 방사포를 동시다발적으로 발사하여 한국군의 군사적 능력을 제거하는 데 주안점을 둘 것이다. 극초음속 미사일, MIRV 등은 한국군의 감시정찰 및 미사일 방어를 타격할 수 있는 자산이며, 대함순항미사일(ASBM)은 해상우세를 상쇄하는 데 활용될 것이다.

이후 전방집단군, 전선사 및 최고사 예비부대를 축차적으로 투입하여 제파식 공격을 감행할 것이나 순서에 관계없이, 축선별로 무인기 부대, 포병부대와 함께 기동과 화력의 배합전을 실시하면서 신속하게 기동하는 데 주안점을 둘 것으로 보인다.

북한의 핵위협 고도화와 핵/재래식 배합전에 대비하여 한미동맹은 다양한 작전계획을 발전시키고 있으며, 한미 합참-(인도-태평양사)-한미 연합사/전략사-구성군사의 협조된 체계를 통해 북한의 전면전 의도를 신속하게 저지할 것이다. 한미동맹은 우주/사이버 공간에서의 정보활동, 감시정찰을 통해 북한의 공격징후와 취약점을 빠르게 식별하고 있으며, AI 및 빅데이터, 무인전투체계를 활용하여 강화된 방어작전을 수행한다. 따라서 초기의 화력공격을 효과적으로 방호한다면 혼란을 방지하고 신속하게 공세를 이전할 수 있다.

한미 연합군은 지해공에서의 강력한 화력과 기동력을 바탕으로 신속하게 이북지역으로 전선을 이전하고, 전략적 중심인 평양을 고립시켜 전쟁지도부를 마비시키고 전쟁종결을 압박할 수 있다.

전시에도 핵억제(intrawar deterrence)의 중요성은 지속된다(류기현·조홍일·차명환 2017). 북한이 전쟁 초기의 주도권 확보를 위해 전략적, 작전적 중심에 대한 공격, 미국의 증원을 차단하기 위한 공격, 한국군의 MDL 이북 진출 및 평양압박을 저지하기 위한 공격으로 구분할 수 있으며, 각각의 지점에서 핵사용을 결심하지 못하도록 전면전 개시와 함께 핵능력을 무력화하고, 정치외교적 압박을 지속할 것이다.

북한은 스스로 전면전의 명분을 미국과 한국, 일본에서 찾으려고 할 것이나, 재활성화 이후 실질적 능력을 강화해온 유엔군사령부는 외교적 명분과 지지를 제공하고, 실질적인 전시 전력을 제공하며, 중국을 비롯한 3국의 개입을 차단하는 효과를 가질 수 있다.

4) 발생 가능성 및 파급효과

북한이 전면전 감행을 결심하기 위해서는 다양한 조건들이 충족되어야 하지만, 북한 정권의 특성상 정권의 생존이 위험해지는 국내정치 상황을 전환하기 위해서도 결심을 단행할 수 있다. 전면전과 핵사용은 불가분의 관계이며, 핵자만심을 가지고 한미동맹의 우세에 도전하는 비대칭적인 접근을 시도하게 될 것이다.

북한은 정권의 운명을 건 도박으로서 전면전을 결심하기는 쉽지 않다. 만약 전면전을 결심한다면 핵무기에 기반한 오만과 내외부 상황에 대한 오판, 비합리적인 위기의 확전 등에 따른 것이다. 그러나 북한은 한반도 영토의 완전한 석권과 무력통일을 기대하기 어렵다는 점에서, 최초의 목표를 수정하여 수도권을 중심으로 한 일부 지역에 대한 점령으로 목표를 제한하는 제한전으로 전환할 가능성도 있다. 물론 핵무기 사용 여부와 관계없이 한국은 핵위협을 완전히 무력화하고 통일의 여건을 조성하는 기회로 삼고자 하는 공세적 목표를 추구할 것이다.

북한의 전면전 시도는 최초부터 수도권 지역에서 결전이 이루어질 가능성이 있으므로 한국의 정치, 경제, 사회적 중심도 함께 파괴될 것이다. 북핵 위협에 직면하여 회복력을 강화하기 위한 다양한 방안을 마련하고, 신속하게 이북지역으로 전선을 이동하더라도 남북한의 심대한 피해는 피할 수 없다.

결국 한반도에서의 전면전은 북한뿐만 아니라 동아시아의 장기적 미래를 결정짓는 결정적 사건이 될 것이며, 미중 경쟁의 향배를 완전히 바꾸어놓을 수 있는 사변이 될 것이다. 전면전 이후 북한 정권과 사회기반은 완전히 파괴될 것이며, 이는 지정학적 차원에서 미국에 유리하게 작용할 가능성이 있다. 특히 우려되는 것은 북한이 개전 초기, 미군 증원 차단, 전세 역전과 이북지역 유입 차단, 평양 압박 저지 등의 지점에서 핵무기를 사용할 가능성이 있는데, 어떠한 경우든 핵무기가 사용된 이후 한미동맹, 중국, 러시아, 일본, 기타 세계 각국의 반응 및 대응에 심대한 변화를 가져올 것이다.

VI. 평가

위에서 6개 영향요인, 4개의 핵심변수와 enabler로서의 핵능력을 상정하여 4개의 시나리오를 구체화하였다. 확인한 바와 같이 각각의 시나리오는 독립적, 상호 배타적이지 않으며, 또한 상황의존적이다. 그렇다고 해서 김정은의 도발 및 전쟁 기획의도를 파악하지 못할 만큼 비합리적이라고 전제할 수도 없다. 자세히 서술한 북한의 미래전 시나리오를 핵심변수를 중심으로 재차 평가해보면 아래와 같다.

첫째, 전쟁 주체의 상호작용으로서의 지역의 복합위협과 동시적 위협 가능성은 갈수록 커진다. 북한 체제의 불안정성, 비우호적인 지역안보환경을 고려할 때 북한이 독단적으로 군사적 도발을 할 가능성은 크지 않다. 따라서 역내 위기 발생 시에 스스로의 핵능력을 과신하여 기회주의적 도발을 할 가능성이 더욱 크다. 미국 및 지역 동맹/협력국의 태세가 분산되는 경우를 기회로 활용할 것이기 때문이다. 따라서 북한의 입장에서는 중국, 러시아와 밀착 관계를 유지할 필요가 있고, 사전협조되지는 않더라도 이들 우방이 최소한 반대편에 서지 않도록 노력할 것이다.

둘째, 사회적 차원에서 정치사회적 안정성과 당군관계를 평가해보자. 북한의 핵능력을 고려하더라도 도발이나 전쟁은 그렇지 않아도 취약한 김정은 정권의 취약성을 배가시킨다. 따라서 군사적 도발은 분명히 정권의 안정성과 연계되어 있다. 독재체제가 안정적일 때보다는 불안정할 때 군사적 위기를 통해 재차 정권을 굳건히 지키려고 할 것이다. 다만 군부에 대한 신뢰성과 완벽한 통제는 도발을 위한 필요조건이다. 김정은 정권의 핵심은 군부이며, 특히 전략군을 중심으로 새롭게 부상하는 친위부대의 충성심을 바탕으로 사회 전반의 불만을 전환하고, 외부위협을 강조하여 내부결집을 강조하게 될 것이다. 따라서 당군관계의 미묘한 변화를 지속적으로 분석할 필요가 있다.

셋째, 작전적 차원에서는 역시 핵과 재래식 무기의 통합이 핵심 요인이다. 즉 북한이 스스로 과신하는 핵능력을 어떻게 군사체계에 통합함으로써 운용할 것인가 하는 것이다. 핵무기는 기본적으로 "사용할 수 없는 무기"이자 "방어적 목적의 억제수단"이며, 이를 공세적으로 활용한다고 해도 핵무기만으로 전쟁을 종결시킬 수는 없기 때문이다. 핵과 재래식의 통합 과정에서 북한은 몇 차례 중요한 기점을 맞이할 수 있는데, 핵무기 사용 가능성에 대한 핵학습, 핵강압의 제한적 효과, 재래식 기반전력의 압도적 열세 등을 인식하는 경우 북한이 스스로 자제할 가능성이 있는 것이다.

넷째, 전쟁을 수행하기 위한 정보화 달성 수준으로서 C3의 기술적 통제 문제이다. 스스로 자신감을 표명하고 있지만 지휘통제통신의 신뢰성은 전쟁 수행의 핵심적인 요건이다. 불확실한 군사환경 속에서 복잡한 무기체계를 통합운용할 수 없다면 도발을 시작할 가능성은 매우 낮다. 특히 핵무기의 파급효과, 독재국가의 불안정성, 낮은 기술수준 등을 고려할 때 북한의 C3 능력이 북한의 전쟁수행 전반을 결정하는 요인이 된다. 핵무기 사용권한의 위임을 위한 기술적 통제방안, 우주 및 사이버 네트워크 처리능력, 공세적 AI 운용에 대한 위험요인 등이 복합적으로 작동한다.

참고문헌

권지민. 2023. "북한과 중국의 당군관계 비교연구." 『한국군사』 14: 157-185.

김보미. 2017. "북한의 당군관계, 그 결과: 북핵개발의 국내정치적 요인과 핵전력 지휘통제체계." 『현대북한연구』 20(3): 99-137.

김선호. 2018. "북한의 당군관계 출현과 통일전선의 군대." 『현대북한연구』 21(2): 7-47.

김재엽. 2014. "핵무장국 사이의 제한전쟁수행과 한반도에의 적용: 1999년 인도-파키스탄의 카르길 전쟁 사례를 중심으로." 『국가안보와 전략』 14(3): 105-144.

김정기. 2024. "김정은 시대 북한의 전쟁지도체제 유형 변화와 특징." 『국가전략』 30(2): 5-36.

김창곤. 2020. "한반도 주변의 회색지대 위협과 대응방향." 『군사연구』 149: 91-130.

김태현. 2016. "북한의 핵전략 적극적 실존억제." 『국가전략』 22(3): 5-36.

김태현. 2017a. "북한의 공세적 군사전략: 지속과 변화." 『국방정책연구』 33(1): 131-170.

김태현. 2017b. "북한의 국경독재체제와 핵전략." 『국방정책연구』 33(3): 31-68.

김태현. 2023. "대북제재 회피를 위한 북한의 복합전략." 『한국국가전략』 8(2): 27-54.

류기현·조홍일·차명환. 2017. "전시억제이론(Intra-War Deterrence theory)과 한반도 적용." 『국방정책연구』 33(3): 9-29.

류인석. 2021. "한국군 군사전략의 새로운 구상: 제한전쟁 개념 적용." 『국방정책연구』 37(1): 71-103.

마원·이화준. 2023. "대북제재의 북한 장마당에 대한 영향분석." 『현대북한연구』 26(1): 130-174.

문예찬·황태희·허재영. 2024. "대북제재와 통일인식: 한국적 맥락에서 제재효과의 재발견." 『21세기정치학회보』 34(1): 61-86.

박용환. 2012. "북한의 선군시대 군사전략에 관한 연구." 『국방정책연구』 28(1): 189-218.

박휘락. 2016. "제7차 당대회 후 북한의 대남 군사정책 전망." 통일전략 16(3): 85-124.

손한별. 2013. "미중관계와 한미동맹: 연루상황하 약소국의 전략적 선택." 『신아세아』 20(2): 117-147.

손한별·전경주. 2023. "회색지대에서의 우세 달성: "경쟁전략"과 "캠페이닝"의 한국군 적용." 『국가전략』 29(4): 139-170.

양욱. 2020. "회색지대 분쟁 전략: 회색지대 분쟁의 개념과 군사적 함의." 『전략연구』 27(3): 249-280.

이강경. 2024. "북한의 대남전략 변화와 시사점 고찰." 『한국군사』 15: 159-189.

장용. 2023. "핵무기 시대의 제한전쟁 수행요인에 관한 연구." 『군사연구』 155: 1-35.

정성철. 2013. "관심전환전쟁이론: 논리와 증거." 『한국정치학회보』 47(5): 389-405.
정하용. 2012. "단극체계와 한미동맹의 변화." 『한국정치연구』 21(1): 231-254.
황일도. 2022. "북한 핵무력정책법 분석: 핵전력 용도 및 지휘통제 조항을 중심으로." 『IFANS Focus』 (9. 14.).

Albright, D. et al. 2024. "North Korea's ELWR: Finally operational after a long delay." Institute for Science and International Security, 23 Jan.
Garlauskas, Markus. 2023. "The United States and its allies must be ready to deter a two-front war and nuclear attacks in East Asia." *Atlantic Council Report* (August 16.). https://www.atlanticcouncil.org/in-depth-research-reports/report/the-united-states-and-its-allies-must-be-ready-to-deter-a-two-front-war-and-nuclear-attacks-in-east-asia/
Horowitz, Michael C. 2009. "The Spread of Nuclear Weapons and International Conflicts: Does Experience Matter?" *Journal of Conflict Resolution* 53(2): 234-257.
Kim, Myungjin and Kwanhaeng Cho. 2022. "Taiwan's Concepts of Military Strategy and Military Power: Construction in Response to Chinese Threats." *The Korean Journal of Defense Analysis* 34(4): 579-602.
Knopf, Jeffrey W. 2012. "The Concept of Nuclear Learning." *Nonproliferation Review* 19(1): 79-93.
Kristensen, Hans M. & Matt Korda. 2024. "North Korean Nuclear Forces." *2024 SIPRI Year Book*.
Kristensen, Hans M., Matt Korda, Eliana Johns, & Mackenzie Knight. 2024. "North Korean nuclear weapons." *Bulletin of the Atomic Scientists* 80(4): 251-271. DOI:10.1080/00963402.2024.2365013.
Lisowski, Eva. 2022. "Potential Use of Low-Yield Nuclear Weapons in a Korean Context." *Journal for Peace and Nuclear Disarmament* 5(S1): 85-100.
Nye Jr., Joseph S. 1987. "Nuclear Learning and U.S.-Soviet Security Regimes." *International Organization* 41(3): 371-402.
Rauchhaus, Robert. 2009. "Evaluating the Nuclear Peace Hypothesis: A Quantitative Approach." *The Journal of Conflict Resolution* 53(2): 258-277.
Saunders, Phillip C. 2023. "Stressing the Alliance: The United States and the ROK in a Conflict with China over Taiwan." *The Korean Journal of Defense Analysis* 35(1): 141-152.

저자 소개

박영준 국방대학교 국가안전보장문제연구소 소장/안보대학원 전략학부 교수
연세대학교 정치외교학과를 졸업하였고 서울대학교 대학원 외교학과에서 석사학위를 취득하였다. 육군사관학교 교수부 교관을 거쳐 일본 도쿄대학교 대학원에서 국제관계 박사학위를 받았다. 미국 하버드대학교에서 방문학자로 체재하였고, 현대일본학회장, 한국평화학회장, 한국정치외교사학회장 등을 역임하였다. 주요 연구분야는 일본외교안보, 동아시아 국제관계, 국제안보 등이고, 대표 저서로는 『제3의 일본』(2008), 『해군의 탄생과 근대 일본』(2014), 『한국 국가안보전략의 전개와 과제』(2017), 『제국 일본의 전쟁, 1868-1945』(2021) 등이, 공저로는 『한국 안보의 이해』(2025), 『핵무기와 핵전략』(2025) 등이 있다.

함형필 한국국방연구원 안보전략연구센터장/책임연구위원
육군사관학교 물리학과를 졸업하였고 미국 M.I.T.에서 핵공학 석사 및 박사 학위를 취득하였다. KIDA 북한군사연구실장, 국방부 북핵대응정책과장, 외교부 북핵평화자문관 및 국방협력관 등을 역임하였다. 주요 연구분야는 확장억제, 핵전략, 북핵문제, 동맹태세 등이고, 대표 저서로는 『김정일체제의 핵전략 딜레마』(2009) 등이, 공저로는 『한반도와 핵무기 정치』(2025), 『미국의 핵전략』(2024), 『대량살상무기 이해와 실제』(2018), 『남북한 군사력의 미래와 현재』(2010) 등이 있다.

김태현 국방대학교 안보대학원 전략학부 교수
육군사관학교 및 독일 육군사관학교를 졸업하였고, 독일 함부르크 Helmut-Schmidt대학교에서 정치학 석사학위를 취득하였으며, 한국 국방대학교에서 군사학 박사학위를 받았다. 주요 연구분야는 북한 군사안보, 전쟁과 전략, 군사동맹, 독일 통일연구 등이며, 대표 저서로는 『핵무기와 핵전략』(2025, 공저), "전환기 동독 주민의 집단행동 분석과 함의"(2025), "북한의 사실상 핵보유국 지위 추구를 위한 경로 검토"(2025), "북한 김정은의 기회주의적 군사전략"(2024) 등이 있다.

강동수 국방대학교 국방과학학부 국방과학학부장/국방관리대학원 사이버·컴퓨터공학과 교수

해군사관학교 전기공학과를 졸업하고, 고려대학교에서 컴퓨터공학 박사학위를 받았다. 제1연평해전에 참전하여 무공포장을 받았으며, 해군 무기체계실험담당, 방위사업청 함정사업관리담당과 SW획득정책담당 임무를 수행하고, 국방대학교 국가안보문제연구소 군사과학센터장 등을 역임하였다. 주요 연구분야는 SW(보안)테스팅, 북한 ICT, 모델링&시뮬레이션, AI 응용, 국방획득 등이고, 연구 실적은 ECC based Authentication Protocol for Military Internet of Drone(IoD): A Holistic Security Framework (IEEE Access, 2025), Designing Simulation Logic of Cyber Operations on Physical Space using C2 Effectiveness Measurement (DSJ, 2025) 논문과 보고서 등 170여 편이 있다.

김영준 국방대학교 안전보장대학원 교학처장/전략학부 교수

영국 런던대 킹스칼리지에서 정책학 석사를 미국 캔자스대학에서 국제정치사 박사학위를 취득하고, 미국 국방부 싱크탱크 FMSO 국제선임연구원, 청와대 국가안보실 정책자문위원, 통일부 정책자문위원, 한국핵정책학회 부회장, 미국 싱크탱크 NBR 객원연구원, 국방부 군비통제검증단 자문위원, 미국 조지워싱턴대 방문교수, 육군 화생방 병과 자문위원, 한미연합사 전략자문단 위원, 국무총리실 정부업무 평가위원, 국방홍보원 홍보정책자문위원, 민주평통 상임자문위원, 중앙일보 및 세계일보 고정 칼럼리스트, 연세대학교 국제대학원 객원교수, 외교부 한미 핵정책 네트워크 책임 등을 역임해 오고 있다. Routledge에서 "Origins of the North Korean Garrison State: People's Army and the Korean War", "The Future of the Korean Peninsula: Korea 2032 and Beyond", UBC Press에서 "Canada and the Korean War" 등의 저서를 출간하였다.

손한별 국방대학교 국가안전보장문제연구소 핵WMD대응연구센터장/전략학부 교수

서울대학교 독어교육학과 학사, 정치학과에서 석사학위를 취득하고, 국방대학교에서 군사학 박사학위를 받았다. 미국 조지워싱턴대학교 및 독일 뒤스부르크-에센

대학교 방문학자, 안보문제연구소 군사전략연구센터장, 합동참모본부 전략기획본부 실무자 경력을 갖고 있다. 주요 연구분야는 전략기획, 핵전략, 한미동맹 등이고, 대표 공저로는 『핵무기와 핵전략』(2025), 『사이버 안보의 국제정치학』(2024), 주요 논문으로는 "핵-재래식통합의 개념과 구조"(2025), "회색지대에서의 우세 달성"(공저, 2023) 등이 있다.